毒ガス戦と日本軍

毒ガス戦と日本軍

吉見義明

岩波書店

はじめに

大規模な毒ガス戦が展開された第一次世界大戦が終結してから八五年がたった。日本が毒ガス戦を行なった日中戦争・アジア太平洋戦争が終結してからでも五九年がたった。日本による毒ガス戦の準備・展開ははるか昔の事柄となった*。

しかし、毒ガス戦の「遺産」は今も日本から消え去ってはいない。日本政府は、中国に遺棄した毒ガスを廃棄するための調査を一九九一年から実施しているが、廃棄作業の実行はこれからである。日本国内では、二〇〇〇年と二〇〇三年に福岡県苅田港で毒ガス弾が発見され、大型船接岸のための浚渫工事が中断された。二〇〇二年から二〇〇三年にかけては、茨城県神栖町や神奈川県平塚市・寒川町で、毒ガスやそれに基因するとみられる有毒物による被害者（「被毒者」ともいう）が出ており、日本政府は一九七三年に行なった廃棄・投棄毒ガスの全国調査を再点検しなければならなくなった。中国では、二〇〇三年八月、日本軍が遺棄した毒ガス缶が黒龍江省チチハル市で掘り出され、四四名が被毒し、一名が死亡するという痛ましい事故が起った。

また、二一世紀に入ってから、大量破壊兵器の危険性が強調されるようになり、生物化学兵器テロの問題が大きく浮かび上がっている。その背景には、第二次世界大戦後にこれら兵器が拡散していったことがある。日本では、オウム真理教が一九九四年に松本市でサリンを撒布し、その翌年には東京の地下鉄でもサリンを使用した。民間人による化学兵器テロが大規模に実行されたのは日本が最初であった。

なぜこのようなことが起こるのだろうか。それは、第一次世界大戦以降の日本の毒ガス戦準備、満州事変以降の使用、そして戦後の隠蔽と関わりがある。内外の毒ガス事故は日本軍の開発・配備・遺棄によるものである。化学兵器テロについていえば、極東国際軍事裁判(東京裁判)で日本軍の毒ガス戦追及が中止され、戦後、世界に化学兵器が拡散していったことは無視できない。化学兵器の開発・生産は野放し状態だった。

この間、日本軍の毒ガス戦は日本国内でも海外でも意外なほど知られていなかった。なぜなら、第二次世界大戦後もそれが意図的に隠蔽されてきたからである。かくいう私自身も、日中戦争や第二次世界大戦で日本軍も毒ガスを使用しなかったという説をある時まで信じていた。

このような認識が大きく変わりはじめたのは一九八四(昭和五九)年であった。この年に日本軍の毒ガス戦の実態を明らかにする重要な基本資料があいついで公表されたからである。この新しい研究を最初に開始したのは立教大学の粟屋憲太郎教授であった。彼は、一九八三年に東京・池袋で開かれた東京裁判を問う国際シンポジウムで、日本の生物化学戦という戦争犯罪が敗戦直後に免責されたことを明らかにし、ついで、アメリカ国立公文書館NARAで、陸軍習志野学校案「支那事変ニ於ケル化学戦例証集」という、証拠書類として採用されなかった毒ガス戦に関する決定的な記録を発見した。これは、一九八四年六月一四日の『朝日新聞』にトップニュースとして報道され、大きな反響を呼んだ。ついで、慶応大学の松村高夫教授を中心とするグループが、八月一五日の『毎日新聞』に、加茂部隊(七三一部隊)編「きい弾射撃ニ因ル皮膚傷害並ニ一般臨床的症状観察」と題する、糜爛《びらん》性ガス(イペリット・ルイサイト)を用いた人体実験の極秘報告書を公表した。これは、当時大学院生であった兒嶋俊郎長岡大学助教授が古本屋で発見したもので、関東軍による大規模な毒ガス人体実験の記録であった。さらに、この年には、中支那派遣軍司令部が作成した「武漢攻略戦間ニ於ケル化学戦実施報告」という一大毒ガス戦の詳細な報告を、私自身が見つけることとなった。これは、一〇月六日の『朝日新聞』で大きく報道された。

その後、私は粟屋教授とともに研究を進め、翌年に共同で「毒ガス作戦の真実」(『世界』九月号)を執筆し、一九八九年に『毒ガス戦関係資料』(不二出版)を編纂《へんさん》した。また、松野誠也氏(現明治大学大学院生)とともに、一九九七年に『毒ガス戦関係資料』Ⅱ(同)を刊行した。この間、多くの資料が発掘され、日本軍の毒ガス戦の解明は大幅に進んだ。しかし、その実態は現在でもよく知られているとはいえない。

政府の認識はどうなっているだろうか。「支那事変ニ於ケル化学戦例証集」の発見が一九八四年に報道されると、直ちに衆議院で質問が行われたが、安倍晋太郎外務大臣(当時)は、「ああした化学兵器(イペリットなどの毒ガス)というものは使ってはならないものであ」り、「日本もかつてそうした一つ過ちを犯しておるだけにこれ(化学兵器軍縮)に対して積極的に取り組んでいかなければならない、そういうふうに考えます」と答弁した(「衆議院外務委員会会議録」六月二〇日)。これは、イペリットをふくむ毒ガス使用の事実と、それが違法であったことを認めたもので、とても重要な認識であった。

ところが、敗戦五〇周年にあたる一九九五年になると政府の見解はかなり後退していった。たとえば、秋山昌広防衛庁防衛局長(当時)は「旧軍がくしゃみ剤などの非致死性の化学剤を充てんした兵器を使用したことは防衛研究所に保存されております戦史資料から明らかでございます」としながらも、「旧軍がイペリットなどの致死性の化学剤を充てんした兵器を実際に使用したか否かにつきましては、資料が断片的でございまして確認することが不可能でございました」と答弁した(「参議院外務委員会議録」一一月三〇日)。嘔吐性(クシャミ性)ガスの使用については認めるが、糜爛性ガスや青酸ガスなど、いわゆる「致死性ガス」**の使用については認めなくなったのである。

これは一例であるが、資料の相次ぐ発見や報道にもかかわらず、日本軍が毒ガスを使用したという事実に限ってもあまりよく認知されていない。それが、いつ、どこで、どのように使用されたかについてはなおさらである。その原因の一つは、日本軍の毒ガス戦についての総合的な歴史叙述がまだないことにあると思われる。

そこで、本書では、日本軍の毒ガス戦の全体像をなるべく包括的に明らかにしたいと思う。それは、直接には日本軍の毒ガス戦の歴史とその「遺産」を解明するもので、第一次世界大戦以降の毒ガスの開発、一九三〇年の霧社事件から一九四五年の敗戦にいたるまでの毒ガス戦の展開、戦後の免責や遺棄・廃棄の問題を含む包括的なものである。しかし、それはまた、日中戦争・アジア太平洋戦争とはどのようなものだったのか、日本軍の性格はどのようなものだったのか、戦後処理はどのように行なわれ、あるいは行なわれなかったかを、毒ガス戦という側面から、明らかにすることになるであろう。***

＊　現在では、「毒ガス」という用語よりも「化学兵器」という用語の方がよく使われるようになっている。これは、戦争に兵器として用いられる化学物質がガスだけではなく、枯葉剤などのガス状にならないものもあるからである。しかし、広義の化学兵器の中には、焼夷剤・発煙剤なども含まれる。そこで、この本では、これらを除外し、当時の国際法で使用が禁止されていた化学兵器をさすものとして毒ガスという用語を用いる。たとえば、一九二五年のジュネーブ議定書では「窒息性ガス、毒性ガス、又はその他のガス、及びこれらと類似のすべての液体、物質又は考案を戦争に使用すること」が禁止されていたが、その中には、イペリット(英米圏などではマスタードガスという)・ルイサイト・ホスゲン・青酸・塩素などだけでなく、一般に「暴動鎮圧剤」とよばれている嘔吐性ガス(ジフェニールシアンアルシンなど。クシャミ性ガスといういい方もあるが、本書では嘔吐性ガスと呼ぶことにする)・催涙ガス(クロロアセトフェノンなど)も含まれる。このうち、催涙ガスの使用が違法であるかどうかは議論が分かれるが、一九三二年のジュネーブ一般軍縮会議での多数意見は違法とするものであった。一九九七年に発効した化学兵器禁止条約では、開発・生産・貯蔵も含めて禁止される化学兵器と、それが許される暴動鎮圧剤を区別しながらも、後者の戦争での使用は禁止している。

＊＊　イペリット・ルイサイト・ホスゲン・青酸・塩素などを「致死性ガス」、嘔吐性ガス・催涙ガスを「非致死性ガス」と呼んで区別する考え方があるが、何が致死性であり、何が致死性でないかは一義的に決定できるわけではない。単なる煙であっても密閉した空間では死亡することがある。嘔吐性ガスを大量に吸い込めば死亡する。野外で青酸ガス攻撃をうけても急速に拡散するので、高濃度でなければ死亡する可能性は低い。イペリットで受傷しても死亡するとは限らない。そこで、本書では、致死性・非致死性という定義はしない。

＊＊＊　以下では、引用資料名や引用文中のカタカナはひらがなに直し、引用文中の旧漢字は新漢字に直し、句読点・濁点を適宜追加する。引用文中の〔　〕は、引用者による註であることを示す。また、歴史上の人物につ

いては敬称を省略させていただいた。なお、文中、「粛正」「討伐」などには、カッコをつけるべきであるが、煩雑になるので省略した。

目次

毒ガス戦と日本軍

内蒙古自治区
張家口
北京
天津
山西
河北
黄河
太原
石家荘
寧夏回族自治区
山東
青島
曲沃
甘粛
陝西
鄭州
徐州
西安
河南
江蘇
安徽
信陽
商城
南京
上海
四川
長江（揚子江）
湖北
成都
宜昌
武漢
安慶
杭州
浙江
重慶
岳州
九江
常徳
洞庭湖
南昌
鄱陽湖
衢県
麗水
長沙
貴州
湖南
江西
建瓯
貴陽
衡陽
贛州
福建
台北
桂林
台湾
広西チワン族自治区
広東
仏山
広州
高雄
南寧
香港
ハノイ
海南島

中国関連地図（除東北）

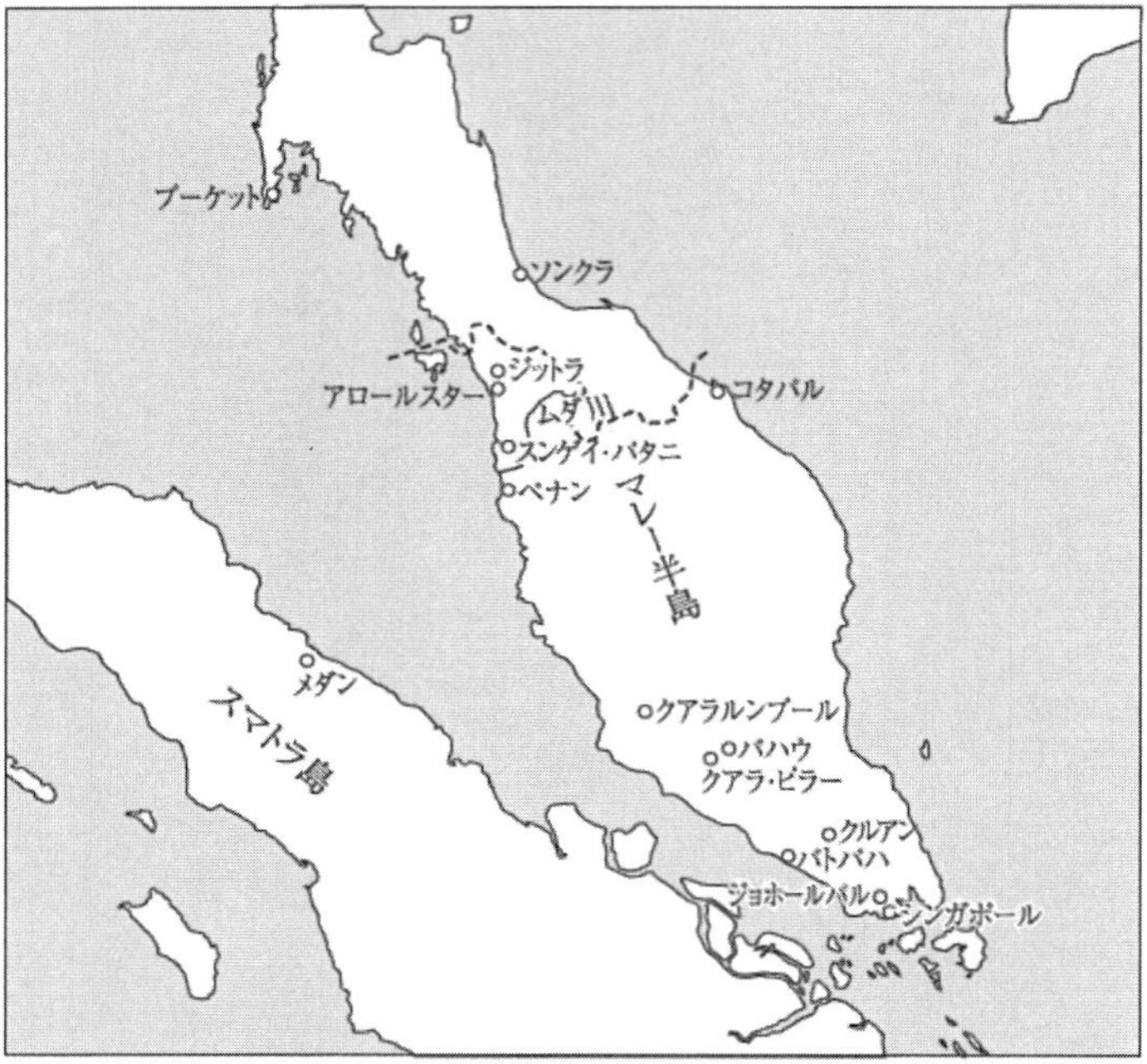

マレー作戦・シンガポール作戦関連地図

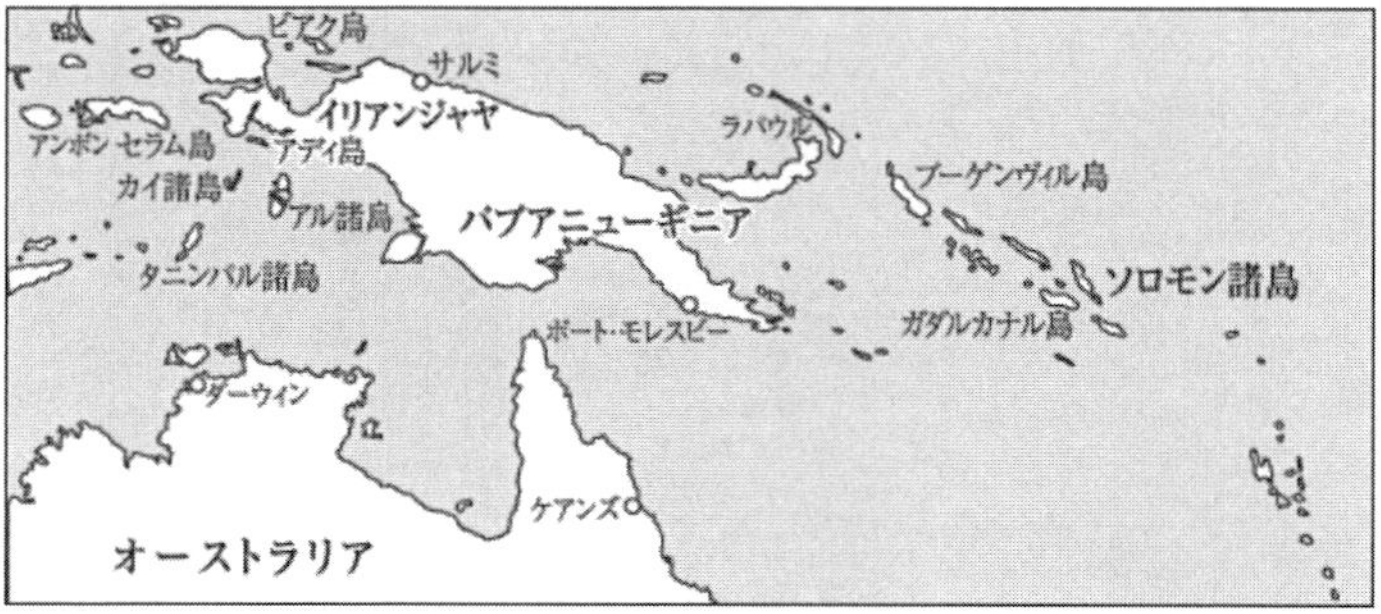

太平洋戦域関連地図

I　第一次世界大戦の衝撃　一九一五―一九三〇

1　毒ガス開発の開始

第一次世界大戦

第一次世界大戦が始まってから九ヵ月後の一九一五(大正四)年四月二二日、ベルギーの町、イープル附近の塹壕《ざんごう》で好適な風が吹くのを待っていたドイツ軍は、午後五時三〇分から大量の塩素ガスをフランス・アルジェリア軍の前線陣地に向けて放射し始めた。[1] 黄緑色のガス雲を見て、フランス・アルジェリア軍はパニック状態になり、多くの兵士が倒れていった。この奇襲攻撃が本格的な毒ガス戦の開始を告げるものであった。

その後、ドイツ軍は六月にアルゴンヌ戦で窒息性ガスの臭素を使用した。[2] これに対抗して、イギリス軍はローヌ戦場で同じ六月に塩素ガスを放射し、フランス軍はシャンパーニュ戦で水銀剤をつめた弾丸を使用した。一九一六年二月にはフランス軍が窒息性のホスゲン弾を、七月に血液中毒性の青酸を使用し、ドイツ軍は七月に窒息性のジホスゲンを使用した。

さらに一九一七年七月一二・一三日には、ドイツ軍はイープルの戦場ではじめて糜爛《びらん》性ガスのイペリット(マスタードガス)弾五万発をイギリス軍に対して発射した。(3) この攻撃でイギリス軍兵士の多くが失明し、皮膚に水疱ができ、肺炎になり、重症の者はやがて死亡した(死亡率は約三パーセントだった)。一九一八年七月には、ガスマスクを透過するガスとして開発された嘔吐性ガスのジフェニールシアンアルシンが、ドイツ軍によって使用された。

次々に実戦に投入されるこれらの毒ガスは、同盟国側・連合国側の両方の軍によって使用されていく。こうして、第一次世界大戦に参加したドイツ・イギリス・フランス・アメリカ・ロシアなどの欧米諸国は、激しい毒ガス戦を体験することとなった。毒ガスによる死傷者数は八八万人から一二九万七〇〇〇人に達するといわれている。(4)

このような戦闘と新兵器の開発競争に日本軍は大きなショックを受けた。化学戦準備の中心的人物の一人として、関東軍化学部長・第六陸軍技術研究所長などを歴任した小柳津《おやいづ》政雄元陸軍中将は「第一次世界大戦に於ける化学戦の出現が如何に世界を驚駭《きょうがい》せしめたかは、今次大戦末に於ける原爆から推察し得よう」と、敗戦後に回想している。(5)

一九一六年末頃から、陸軍技術審査部は毒ガス戦に関する文献収集をはじめていたが、一九一七年一〇月、陸軍省は正式に技術審査部に研究・調査を命じた。(6) また、陸軍軍医学校には毒瓦斯《がす》研究室が新設された。技術審査部第二課が最初に取組んだのは攻撃用の雲状ガス使用と、防毒マスクの研究だった。

しかし、第一次世界大戦の軍需により急速に業績を伸ばして行った日本の化学会社は、欧米から殺到する注文に応じるのに忙しく、軍の毒ガス研究はまったく相手にしなかった。軍が攻撃用に開発しようとしたのは塩素ガスだが、そのためには塩素の液化が必要であり、塩素電解工場に協力を求めた。しかし、塩素は漂白剤としての需要が多く、その求めに応じる者がいなかったのである。このような中で、一九一八年四月、株式会社程谷曹達《ほどがやそうだ》工場（一九二三年から保土谷曹達会社。専務取締役・磯村音介）が協力を申し出る。[7]

シベリア戦争（シベリア出兵）

停滞していた毒ガスの開発を推し進めることになったのは、ロシア社会主義革命の勃発だった（一九一七年一一月）。日本陸軍は、ロシア帝国の崩壊に伴なってシベリアへの野心を増大させ、一九一八年八月二日にはシベリア戦争（シベリア出兵）を開始した。陸軍科学研究所は、ロシアの革命派がシベリアに押し寄せたこと、「毒瓦斯器材及其の使用法の教官を独逸《どいつ》より送れりとの情報」があったこと、日本が支援している反革命派から「防毒覆面《ふくめん》の供給を望む」との要望があったこと、シベリアへの「部隊出征の議」が起っていることを挙げ、「時局は逼迫《ひっぱく》し、戦用瓦斯の研究、特に防毒覆面の制定は焦眉の急務」となったとのべている。[8] このように、科学研究所は、とくにガスマスクの制定が急務になったというが、戦用ガスの制定も同様に重視されたとみるべきであろう（製法を定め、呼称をきめることを制定という）。

こうして、一九一八年五月九日、大島健一陸軍大臣は、陸密第一二九号により、陸軍省に「臨時毒瓦斯調査委員」を設置し、「毒瓦斯の応用」を調査研究することを命じた（「陸密」は陸軍大臣の秘密命令）。[9]この委員会は、陸軍省兵器局長渡辺満太郎少将を委員長とし、兵器局松村法吉大佐（幹事）・技術審査部田口祥次郎大佐・東京砲兵工廠朽木綱貞大佐・軍医学校小泉親彦一等軍医・交通兵団安達十九大尉など二二名からなっていた。その任務は、毒ガス(塩素)の液化・発射器、毒ガス弾、毒ガス防護具、毒ガス中和剤に関する研究で、臨時軍事費から一五万円の予算がつけられた(10)。

委員会は程谷曹達工場に液体塩素を製造させる契約を結んだ(11)。程谷曹達工場は、アメリカから製造装置を購入し、安達大尉の指導で、一九一八年九月から液体塩素を製造した(12)。その生産量は、一九一九年四月には日産三〇〇―四〇〇ポンド(一三六―一八一キロ)程度だった。また、関東酸素などの工場でも液体塩素を製造するよう指導した。さらに、日本鋼管を指導し、一〇リットル入・二〇リットル入の発射管を試作した。

ガス弾用の毒ガスとしては、塩化ベンジル・塩化ピクリンの製造を程谷曹達工場に、塩化ピクリン・フェニールカルヒールアミンクロリドなどの研究・製造を中村研究所に、三塩化砒素(発煙剤)の製造を足尾銅山に命じた。陸軍衛生材料廠ではイペリットを試験的に製造した。しかし、放射用の液体塩素はできたが、砲弾用のガスはどれも「完了の域に至らず」、研究の続行が必要だとの結論になった(13)。

毒ガス弾(二五糎榴弾《せんちりゅうだん》砲・七五粍《みり》野砲)の発射試験は、愛知県伊良湖《いらご》射場で一九一八年六月から八月にかけて三回行われ、九月一七日の委員総会で、資源が豊富で「毒力強大」であるという理由で、臭素を塡実《てんじつ》用毒ガスとして採用することが決定された(弾につめることを陸軍は塡実といった(14))。なお、略称として、塩化ベンジルは比重が軽いから「カ号」、臭素は重いから「オ号」と命名された(表1参照)。

しかし、開発された毒ガスの中には、ホスゲンもイペリットもジフェニールシアンアルシンもなく、

表1　臨時毒瓦斯調査委員会が決定した毒ガス

名称	成分	毒　性	使用法	決定時期
オ号	臭素	激しく皮膚を冒し，粘膜を刺激，催涙させる．	砲弾用	1918年9月17日
カ号	塩化ベンジル	催涙剤．一時視力障害・結膜炎を起す．	砲弾用	1918年9月17日
	塩素	呼吸器・肺に障害を与え窒息させる．	放射用	1919年12月10日

出典：陸軍科学研究所「本邦化学兵器沿革誌」1925年，防衛研究所図書館所蔵．

第一次世界大戦で欧米諸国が到達したレベルと較べると、著しく見劣りするものであった。

第一次世界大戦の終結

一九一八(大正七)年一一月一一日、第一次世界大戦が終結した。この大戦で戦車・飛行機・機関銃などの兵器が著しく発達したことは、日本軍にとって脅威であった。そこで、陸軍省は、一九一九年四月一五日、欧米の戦力・技術に追いつくため陸軍技術本部を創設し、その下に陸軍科学研究所を設置した。科学研究所は第一課が物理関係、第二課が化学関係とされ、第二課には化学兵器研究室が置かれた。

臨時毒瓦斯調査委員は、戦時の態勢から平時の態勢に移るため、一九一九年一二月一〇日の総会で委員会の解散問題を審議した。しかし、解散は留保され、第二期の調査として、放射用の毒ガスは塩素とし、程谷曹達工場の指導を継続することと、ガス弾用の毒ガスとして臭素・ホスゲン・イペリット・臭化アセトンの研究を行なうことが決定された(15)。しかし、大戦終結のため臨時軍事費も支出されなくなった。新たな成果も、一九二〇年一一月中旬に岡山県日本原演習場で一五糎榴弾砲ガス弾(臭素一一五〇キロ分）の試験を行った以外には、見るべきものはなかった。

その後、陸軍の化学兵器開発の中心となったのは久村《ひさむら》種樹砲兵中佐であった。久村中佐は、大戦中フランスの毒ガス製造施設を調査していたが、終戦とともにドイツで調査を開始し、ついでアメリカの毒ガス製造に関する状況を調査して帰国し、一九二一年一〇月に陸軍首脳に報告した。そして、陸軍科学研究所第二課化学兵器研究室の主任となった。化学兵器研究室では、一九二三年五月一五日に、ホスゲンの最初の合成に成功し、七月二四日にはイペリットの合成に成功する。[16] しかし、開発はそれ以上進まなかった。第一次世界大戦後の不況のため、日本の財政は厳しい状況に陥っていたのである。

シベリア戦争と毒ガス戦計画

シベリア戦争で、日本は最大の兵力を派遣して戦ったが、戦争の大義名分がなく、何の成果も挙げられなかった。こうして、日本は一九二二年にシベリアから、一九二五年には北樺太から兵力を引き上げることになる。

この戦争で、極東共和国やシベリアの民衆の抵抗に直面した日本軍は、一九二一（大正一〇）年に毒ガス戦を計画する。二月二五日、陸軍省は、浦潮《うらじお》派遣軍（ウラジオストック。司令官・立花小一郎大将）に毒ガス砲弾三〇〇〇発を至急送るよう、陸軍兵器本廠に命じた。それは「瓦斯弾並器材を左記に従ひ浦潮派遣軍兵器廠宛追送方取計ふへし」というもので、三八式野砲ガス弾三〇〇〇発・ガスマスク用中和剤二万個・馬用ガスマスク二〇〇〇個などを送るというものだった。[17] すでにみてきたように、送るべきガス弾とは臭素ガス弾ということになる。

しかし、この追送計画は三月二日に中止される。それは田中義一陸軍大臣がこの計画を聞いて、国際的な配慮から反対したためである。陸軍省副官は「大臣閣下は毒瓦斯弾の追送を不可とするの御意見なりしを以《もっ》て、人道上の問題を惹起す可き瓦斯弾の追送を中止す」とのべている(18)。しかし、革命勢力による毒ガスの使用があるかも知れないとして、防毒資材は予定通り追送された。

なぜこの時期に、日本軍は毒ガス戦を展開しようと一度は計画したのだろうか。それは、第一次大戦に参戦しながら、毒ガス戦の主要な戦場がヨーロッパ方面であったため、いまだ毒ガス戦に習熟することができていないという焦りがあったためであろう。

しかし、ロシア革命軍が内戦で毒ガスを使用しはじめたという現実もその背景にあった。たとえば、一九二〇年春にはじまり、一九二一年の春・夏に頂点に達した黒海地方タンボフ県の大規模な農民反乱に対して、ロシア革命政府は無慈悲な鎮圧策をとったが、その中で毒ガスも使われたのである。六月一二日、ミハイル・トハチェフスキー西部方面軍司令官は「匪賊が隠れている森林は毒ガスで浄化される。その際、毒ガスの雲が森林全体に完全に広がって、隠れているものすべてを皆殺しにするよう注意深く準備するものとする」という命令を出したという(19)。

また、シベリア方面でも、革命派が「毒瓦斯を有す」という情報が流れ、中華民国の陸軍大学校が、一九二〇年一一月二七日に日本軍にガスマスク一式を求めるという事態も生まれていた(20)。翌二一年一月一九日には、浦潮派遣軍参謀長、高柳保太郎少将は、ハルビン方面に毒ガス弾が集積されているとの報告に接したので、これに「対抗準備」するため、野砲毒ガス弾二〇〇〇発・山砲毒ガス弾一〇〇〇発・馬用ガスマスク二〇〇〇個を至急追送してほしい、と陸軍次官に要請した。[21] これが毒ガス弾送付の決定になっていったのである。

とはいえ、赤軍が反乱軍に対して毒ガスを使ったとしても、外国軍に対して使用することには慎重であったと思われる。外国軍に対して使用すれば重大な国際問題になるからである。日本軍側も同様であった。そこで、陸軍大臣副官は毒ガス弾の追送中止を指示したのだが、同時に「過激派は或は瓦斯弾の射撃をなすやも計られ」ないと注意している。[22] 反乱住民に対する革命軍の毒ガス使用の事実を、日本軍もつかんでいたのである。

しかし、幸いにも、シベリア戦争では、日ロ間で毒ガス戦が展開されることはなかった。また、シベリアからの撤兵とともに、臨時毒瓦斯調査委員も活動を休止し、一九二四年六月三〇日には廃止される。

2　毒ガス使用禁止国際条約への対応

第一次世界大戦以前の国際条約

一九九三(平成五)年に締結された化学兵器禁止条約が一九九七年四月に発効するまでは、毒ガスを開発・生産・貯蔵・移譲すること自体は違法ではなかった。戦争での使用が禁止されていただけである。第一次世界大戦以前に、日本が加入していた毒ガスの使用禁止にかかわる国際条約は二つあった。一八九九(明治三二)年に締結された「毒ガスの禁止に関するハーグ宣言」(一九〇〇年に日本批准)と、一九〇〇年に締結され、一九〇七年に改正された「陸戦の法規慣例に関する条約」(ハーグ陸戦条約。それぞれ一九〇〇年・一九一一年に批准)である。

ハーグ宣言は「窒息せしむへき瓦斯又は有毒質の瓦斯を散布するを唯一の目的とする投射物の使用を各自に禁止す」るもので、窒息性ガスだけではなく、有毒ガスの使用をも禁止するものだった。日本・中国(加入時は清国)・イギリス・ドイツ・フランス・イタリア・エチオピアなど二七ヵ国が批准ないし加入していた(アメリカは調印も加入もしなかった)。

宣言は、毒ガスを投射物(砲弾・爆弾など)につめて使用することしか禁止していなかったので、第一次世界大戦では、ドイツ軍が塩素ガスをボンベから放射するという抜け道を利用し、これがきっかけとなって全面的な毒ガス戦がはじまってしまった。また、「唯一の」という規定を拡大解釈し、砲弾には炸裂による殺傷という目的があるので、この規定をクリアーできるという主張もなされた。しかし、炸薬を充塡した投射物は爆発時にすべて少量の有毒ガスを発生するという指摘を受けて、通常弾と区別するために「唯一の」という規定が導入されたのだから[23]、毒ガスをつめた投射物の使用が違法であることは事実であり、日本はこれに拘束されていた。

もう一つの問題は総加入条項があることであった。総加入条項とは、参戦した諸国の一国でも条約に加入していない国があれば、その条約は適用されないというものである。第二次世界大戦では、アメリカが一九四一年一二月に参戦するが、それ以降は適用されないことになる。しかし、総加入条項があったとしても、一九三七年から一九四一年までの日中戦争は二国間の戦争であり、そこでの毒ガス使用は、投射物を用いた場合には当然にハーグ宣言に違反することになる。

ハーグ陸戦条約は、陸戦に関する法規慣例をまとめて協定した包括な条約で、毒ガスに直接言及した条項はない。しかし、その附属書である「陸戦の法規慣例に関する規則」をみると、第二三条に「特別の条約を以て定めたる禁止の外、特に禁止するもの左の如し」として、「(イ)毒又は毒を施したる兵器を使用すること」「(ホ)不必要の苦痛を与ふべき兵器、投射物其の他の物質を使用すること」という項目がある。毒ガス使用はこれに該当すると思われる。(24) これによれば毒ガス弾(爆弾・砲弾)の使用だけでなく、毒ガスの放射、雨下(飛行機から撒くこと)・撒布(地上で撒布車・撒布器・柄杓などにより撒くこと)の場合も違法となる。

ハーグ陸戦条約と同規則は、日本・中国・アメリカ・イギリス・ドイツなど三一ヵ国が批准ないし加入している。なお、この条約にも総加入条項があり、一九四一年一二月以降に未加入の中南米諸国が参戦している。しかし、ハーグ陸戦条約は当時存在した国際慣習法を確認したものとみなすことができる。そうだとすれば、毒ガスの使用を違法とする国際慣習法は成立していることになり、総加入条項にかかわりなく、一九四二年以降の毒ガスの使用も違法ということになるであろう。

このような条約があったにもかからず、第一次世界大戦では全面的な毒ガス戦がはじまってしまった。その反省から第一次世界大戦後の世界は出発する。

ヴェルサイユ平和条約

その第一歩は一九一九年に締結されたヴェルサイユ平和条約であった。その第一七一条には「窒息性、毒性、其の他の瓦斯及之に類似する一切の液体、材料又は考案は其の使用を禁止せられあるに因《よ》り、独逸《どいっ》国内に於て之を製造し又は輸入することを厳禁す」とある。これは直接的にはドイツの再軍備を制限するための規定の一部である。しかし、この条文の前半の宣言的規定(「其の使用を禁止せられある」まで)は、あらゆる有毒ガスの戦争での使用を禁止する国際慣習法の存在を改めて確認したものとみなすことができる、極めて重要なものであった。

もちろん、この条約には日本をはじめ主要な国はほとんど加入している(四九ヵ国)。アメリカは批准しなかったが、後に、第一七一条と同様の条文を含む対独講和条約を単独でドイツと締結したので、この規定に拘束されることになった。中国は署名したが、批准しなかった。

なお、オーストリアとの平和条約であるサンジェルマン条約の第一三五条、ブルガリアとの平和条約であるヌイイー条約の第八二条、ハンガリーとの平和条約であるトリアノン条約の第一一九条にもほぼ同様の規定があることが注目される。たとえば、サンジェルマン条約第一三五条には「火焔発射器及窒息性、毒性又は類似の瓦斯並之に類似する一切の液体、材料又は考案は其の使用を禁止せられあるに因り、墺地利《おーすとりー》国内に於て其の製造又は輸入を厳禁す」と規定されている。これらはすべて、毒ガス使用禁止の国際慣習法が成立していることを確認しているものとみなすことができるであろう。ヴェルサイユ条約を批准しなかった中国はサンジェルマン条約とトリアノン条約を批准している。(25)

潜水艦および毒ガスに関する五国条約

一九二一(大正一〇)年一一月、ワシントンで開かれた軍縮会議で、米英仏日伊の五ヵ国により軍備の制限問題が討議された。会議では毒ガス委員会(専門分科会)が設置され、毒ガス禁止の国際協議が始まった。

日本全権は、「毒ガスの使用に関しては人道上の見地より之に反対す」という訓令を政府から受けていた。[26] しかし、委員会では、毒ガス戦は承認すべきであり、禁止は不可能であるという原案をアメリカ代表のヒューズ国務長官が持ち出し、イギリスがこれに賛成した。アメリカ代表は、アメリカ陸軍化学戦統轄部隊(Chemical Warfare Service, 略称CWS)の意見に引きずられていた。[27] フランスは、ヴェルサイユ条約第一七一条で毒ガス使用禁止は確認してあるので、新たな条約は必要ないとのべた。

軍縮会議で、アメリカ・イギリス・フランスが毒ガスの使用禁止に消極的であったのは、毒ガス戦能力で優位に立っているからであり、日本とイタリアが積極的であったのはその能力が劣っていたからであった。

しかし、翌一九二二年一月六日の総委員会でアメリカ代表兼議長のルートは、突然、毒ガス使用禁止に関する決議案を提出した。これは、毒ガスを禁止すべきではないという立場を際立たせることはアメリカの世論と対立することとなり得策ではないことにヒューズ国務長官が気づいたからであった。[28] これに対し、日本全権、加藤友三郎首相や、イタリア代表は賛成し、フランスやイギリスも態度を翻して賛成に廻ったので、アメリカの新提案は七日、原案通り全会一致で可決された。潜水艦の使用禁止も議論されたが、フランスが強硬に反対したため、潜水艦を商船攻撃に使用することを禁止するという決議案が成立した。

この二つがまとめられて「潜水艦及び毒ガスに関する五国条約」となり、一九二二年二月六日に調印された。この五国条約の第五条は「窒息性、毒性又は其他の瓦斯及一切の類似の液体、材料又は考案を戦争に使用すること」は、「文明世界の世論」により非難を受け、使用の禁止は「文明国の多数を当事国とする諸条約中に声明」されているので、これが国際法の一部としてあまねく採用されるため、その禁止に同意するとともに、他の諸国にこの取極めに加入するよう勧誘するというものであった。

この文言は、ベルサイユ条約第一七一条の規定を受けて、毒ガスの使用を禁止する国際法が存在していることを確認し、それを広く定着させようとするものであった。しかし、ベルサイユ条約の「禁止せられある」という断定的な文言からやや後退した印象を受けるものでもあった。しかも、この条約は署名した五ヵ国のすべてが批准してはじめて発効するとされており、アメリカ・イギリス・イタリア・日本は批准したが、潜水艦の規定に不満を抱くフランスが批准しなかったので、発効しなかった。

この条約の日本による批准は、アメリカが批准した二ヵ月後の一九二三年八月であった。これは、欧米の強国、とくにアメリカが批准すれば日本も批准するが、そうでなければ日本も批准しないという姿勢が形成されたことを示すものとして、注目される。

毒ガス・細菌兵器の禁止に関するジュネーブ議定書

一九二五年五月から「武器弾薬その他戦用資材の国際的取引取締に関する国際会議」がジュネーブで開かれた。この会議では「武器取引取締に関する条約案」が審議された。アメリカ代表はこの条約の中に、戦用化学剤の輸出禁止規定を盛り込むことを提案し、ポーランド代表は、細菌兵器の使用禁止規定の追加を提案した。アメリカの案が戦争での使用禁止を含まなかったため、スイス代表が、毒ガス・細菌兵器の使用は既存の国際法で禁止されていることを最終文書で確認しようとの提案を行った。[29]

そこで、アメリカ代表は、自らの主導権を確保するため、潜水艦及び毒ガスに関する五国条約の第五条を基礎とする決議を提案し、六月一〇日、毒ガス・細菌兵器の使用禁止に関するジュネーブ議定書が採択され、一七日に調印された。

議定書では、「窒息性ガス、毒性ガス、又はその他のガス、及びこれらと類似のすべての液体、物質又は考案を戦争に使用すること」が「文明世界の世論」によって正当にも非難されており、その使用禁止が世界の大多数の国が当事国である諸条約中に宣言されているので、この禁止が国際法の一部として広く受諾されるために、締約国は禁止諸条約の当事国になっていない場合この禁止を受諾する、また、この禁止を「細菌学的戦争手段の使用」にも適用することに同意する、さらに、非締約国に加入を勧告すると規定されていた。この規定は、五国条約と類似しているが、毒ガスの使用禁止がすでに国際法の一部をなしていることを認めるものであった。また、総加入条項もなかった。

日本代表は、毒ガスの使用禁止のために「輿論《よろん》と正義を楯」とし「〔毒ガス〕非製造国側の陣頭に立つて」努力し、その「主張を貫徹せしめ得た」としている。[30] その努力は、毒ガス使用禁止の国際法をより普遍化するために積極的な意味を持っていた。

しかし、日本はこの議定書を長い間批准しなかった。日本が批准するのは、第二次世界大戦が終了してから二五年も経過した一九七〇年のことであった。戦前に批准しなかった理由は、人道的考慮よりも軍事的考慮を優先したからであった。五国条約と同様に、欧米主要国、とくにアメリカの動向・態度を見ていたのである。海軍は、欧米列強が毒ガス使用の経験を積んでいるので、日本としては禁止した方が有利であると考えていたが[31]、それもアメリカが批准しなければ意味がなかった。陸軍は、一九二五年の宇垣軍縮の時から、毒ガス開発を本格的に開始していたという事情があった。[32] 使用された場合報復(復仇)の権利を留保するか、非締約国に対しては使用の権利を留保して議定書を批准するという方法もあったが、日本はこのような方法すら採らなかった。

この議定書は、フランス・イタリア・ソ連・オーストリア・ドイツ・中国などが批准ないし加入していった。議定書は一九二八年二月八日発効した。そして、ついに一九三〇年四月イギリスが批准したので、日米を除く主要国はほとんど加入することとなった。

しかし、日本はいつまでも批准しようとしなかった。日本は、軍縮会議などで毒ガス・細菌兵器の使用禁止について積極的な発言を繰り返していくが、アメリカが批准しない限り、自らの手を縛りたくないと考えていた。アメリカ国内では、化学協会・化学工業界・退役軍人協会などが批准に強く反対していた。議会上院でも議定書批准反対の意見が強く、審議は進まなかった。アメリカがこの議定書を批准するのは一九七五年一月二二日だったから、日本が第二次世界大戦の開始以前に批准することはありえなかったのである。

ジュネーブ一般軍縮会議準備会議

国際連盟は一般軍縮会議準備委員会を一九二五年一二月に設置していた。審議の結果、軍縮条約案の概要についてある程度の合意がえられたので、一九三〇年一二月、連盟理事会は全般的軍縮会議の開催を決定した(本会議の開催は、満州事変開始後の一九三二年から)。

準備会議では、兵力削減や特定攻撃兵器全廃などの提案が審議された。また、化学的戦争手段の制限の決議案が作成された。審議の過程で出された毒ガスの使用禁止に関する各国の意見には重要なものがあった。一九三〇年一一月に軍縮会議準備委員会から提案された軍縮条約案第五編「化学兵器」の第三九条は「締約国は窒息性、毒性又は類似の瓦斯及一切の類似の液体、物体又は方法を相互条件の下に戦争に使用せざることを約す、締約国は一切の細菌学的戦闘手段を絶対的に使用せざることを約す」というものだった(一九三一年一月連盟理事会に提出)[33]。

「相互条件」というのは、相手が使用した場合同様の方法で報復する権利を留保するということである。この案は、ベルギー・ポーランド・ユーゴスラヴィア・ルーマニア・チェコスロヴァキアの五国が提案した原案を修正したもので、原案は、化学兵器の禁止も絶対主義とする、化学兵器・細菌兵器の準備も禁止するというものだったから、すでに相当後退したものであった。

一九三〇年一一月、イギリス代表は、一九二五年のジュネーブ議定書やこの軍縮条約案が禁止しているガスの中に催涙ガスが含まれるかどうか、各国の意見を質してきた。そこで、幣原喜重郎外務大臣は陸海軍の見解を問い合わせたが、その返答は、陸海軍ともに、催涙ガスも禁止されたガスに含まれる、というものだった(34)。

陸海軍の回答のうち、小林躋三《せいぞう》海軍次官のそれは出色のものであった。彼は、催涙ガスは普通毒性をもたないとみなされるが、「瓦斯其のものにより戦闘力を減殺するものなるを以て」議定書などにいうその他のガスに含まれると解釈すべきであり、禁止の趣旨を徹底するためには「一切の攻撃的瓦斯の使用を禁止するを必要とす」とのべていた(35)。

陸軍の意見を確認した上で、幣原外相は、一一月二二日、ジュネーブの佐藤尚武連盟事務局長にあてて「催涙瓦斯を含むものと解す」と打電した(36)。日本政府は、満州事変開始の直前には、催涙ガスの使用も違法であるという立場を対外的に明確に示したのである。

3　毒ガス開発の再開

宇垣軍縮

一九二四年の臨時毒瓦斯調査委員廃止後、毒ガス開発の本格化のきっかけとなったのは、皮肉なことに軍縮であった。大きな破壊を生んだ第一次世界大戦の反省から、大戦後は国際協調の中で陸海軍の軍縮が進められた。また、大戦後の日本は、一九二〇年の戦後恐慌から一九二九年の世界恐慌まで不況が継続し、厳しい経済状況に陥ったため、行財政整理は不可欠となった。陸軍は、加藤友三郎内閣の山梨半造陸軍大臣の下で、一九二二年から将校一八〇〇名・下士官兵五万六〇〇〇名を整理する軍縮を行なった(山梨軍縮)。ついで、一九二五年には、加藤高明内閣の宇垣一成陸軍大臣が二一個師団のうち四個師団を廃止した(宇垣軍縮)。

しかし、これは単なる軍縮ではなかった。陸軍は軍縮で削減できた予算を軍装備の現代化に振り向けたのであった。その中心は、第一次世界大戦でその威力を実証した飛行機・機関銃・戦車・高射砲と毒ガス兵器であった。一九二五年度予算では、軍縮で浮いた経費が、多い順に①飛行一〇個中隊の増設、②歩兵部隊への軽機関銃定数の増加、③戦車隊二隊の新設、④化学兵器研究設備の新設と陸軍科学研究所の拡張および技術官の欧米常駐、⑤高射砲六個中隊の新設、⑦通信学校の新設、に振り向けられた[37]。

この順位は、軍現代化の重点がどこにあったかをよく示している。宇垣陸相は、その目的は「軍科学化、機械化」による実力の整備であったと回想している[38]。化学兵器関係の予算は、陸軍科学研究所の化学兵器研究設備新設に八〇万円、造兵廠の毒ガス製造設備新設に七六万円、軍医学校の化学兵器設備新設に九万円、諸経費に毎年六〇万円(一九二七年まで)が割り振られた[39]。

毒ガス兵器の制定と制式化

このような新しい取組みの中で、陸軍省は一九二五年末、ドイツからメッツナー博士を招いて開発を進めた。その結果、次々に毒ガスの製法が決定され、化学兵器として制定されていった(表2参照)。

一九二九(昭和四)年四月、ホスゲン(あを一号)・フランス式製造法イペリット(きい一号)・クロロアセトフェノン(みどり一号)・臭化ベンジル(みどり二号)・三塩化砒素(しろ一号)が制定された。(40)「あを」「きい」「みどり」などの呼称は本態を隠すための秘匿名であった。

ホスゲンは、塩素と同様に呼吸器系統に障害を起こし、即効的に窒息死させるもので、肺の充血・出血、肺気腫、肺水腫、気管支肺炎を起す。イペリットは、皮膚や粘膜を糜爛させ、眼や呼吸器・消化器を侵すもので、症状の発現は遅いが、強力な効力を持つ。地上に撒布した場合、一、二週間効力が持続する。被毒をさけるためには、ガスマスクだけでは不十分で、防毒衣で全身を覆わなければならない。不純物が混じると、マスタードの臭いがするので、米英ではマスタードガスとよばれている。クロロアセトフェノンと臭化ベンジルは催涙ガスであるが、前者は眼に灼熱的な刺激を与える。三塩化砒素は、毒ガスではなく発煙剤で、ホスゲン弾に混ぜて使用される(あをしろ弾。ホスゲンは無色なので、着弾点を確認するため発煙剤を混ぜた)。

少し先回りして満州事変以降の開発についてのべると、一九三三年三月にルイサイト(きい二号)・ジフェニールシアンアルシン(あか一号)が制定された。一九三六年一月にはドイツ式製造法イペリット(きい一号甲)が制定された。この時、従来の「きい一号」(フランス式製造法)は「きい一号乙」と改定された。日中全面戦争期には、一九三七年一〇月に不凍性イペリット(きい一号丙)が制定された。一九三八年四月五日には、陸密第三七四号により、新たに「陸軍制式化学兵器表」が定められ、開発された毒ガス

表 2　日本陸軍の制定・制式化学兵器

呼称	種　類	制定(年)	制式(年)	毒性等	常温での状態	製　法
みどり一号	クロロアセトフェノン	1929	1938	催涙性	無色または淡黄色の粉状結晶	ベンゾールにモノクロアセチルクロライドを反応させる.
みどり二号	ブロムメチルベンゾール	1929	1938	催涙性	橙黄色または黒褐色の液体	トリオールに臭素を反応させる.
あを一号	ホスゲン	1929	1938	窒息性	無色の気体. 液化すると無色または淡黄色	塩素と一酸化炭素を反応させる.
しろ一号	三塩化砒素	1929	1938	発煙剤	無色または褐色の液体	亜砒酸を塩素 化させる.
あか一号	ジフェニールシアンアルシン	1933	1938	嘔吐性	淡黄色または褐色の固体(24℃ 以上で溶融)	ジフェニール砒酸を還元, 塩素化し, シアンナトリウムを作用させる.
きい一号甲	イペリット(ドイツ式製造法)	1936	1938	糜爛性	無色または褐色の液体	グリコール一号を塩素化させる.
きい一号乙	イペリット(フランス式製造法)	1929/1936	1938	糜爛性	淡黄色または褐色の液体	二塩化硫黄にエチレンを反応させる.
きい一号丙	不凍性イペリット(ドイツ式製造法)	1937	1938	糜爛性	淡黄色または濃赤褐色の液体	グリコール二号を塩素化させる.
きい二号	ルイサイト	1933	1938	糜爛性	淡黄色または帯紫褐色の液体	しろ一号とアセチレンを反応させる.
ちゃ一号	青酸(シアン化水素)	——	1938	血液中毒性	無色の液体	硫酸とシアンナトリウム水溶液を作用させ, 冷却液化する.

出典：陸密第 129 号「化学兵器制定の件」1929/5/7, 陸密第 100 号「化学兵器中追加制定の件」1933/3/24, 陸密第 37 号「化学兵器中きい一号甲追加並きい一号名称改正の件」1936/1/21, 陸密第 1276 号「化学兵器きい一号丙制定の件」1937/10/28, 陸密第 374 号「陸軍制式化学兵器表」1938/4/5, 陸密第 1178 号「陸軍制式化学兵器表中追加の件」1938/8/26(防衛研究所図書館所蔵). なお, きい一号乙は 1929 年に「きい一号」として制定されたが, 1936 年に「きい一号乙」と改定された. また,「きい一号丙」にはイペリットのほか, ジクロロエチルプロピルサルファイド・ジクロロジプロピルサルファイドなどが含まれる.

等はすべて制式化学兵器となった(その結果、従来の制定化学兵器はすべて「自然消滅」した)。これは、毒ガス兵器が実戦のための兵器として正式に採用されたことを示すものであった[41]。

このため、整備区分が定められ、あか一号・あを一号・きい一号甲乙丙・きい二号・しろ一号は「戦用に供するものにして将来製作すべきもの」とされた。これらは実戦に必要だと判断されたのである。しかし、みどり一号・みどり二号は「専ら演習の用に供するもの」とされて、実戦使用から除外された。ついで、同年八月二六日には、ちゃ一号(青酸)が「戦用に供するもの」として制式化学兵器表に追加された。

ルイサイト(きい二号)は、イペリットと同様の糜爛性ガスで、それより効力の発現が早いが、毒ガスとしての持久時間は短い。砒素を含むので砒素中毒の症状を呈する。ゼラニウムの花のような芳香があるが、強い致死効力をもつので、「死の露」とも呼ばれた。

ジフェニールシアンアルシン(あか一号)は、嘔吐性・クシャミ性の毒ガスで、ガスマスクを透過し、それを脱がせるために開発された。呼吸器・粘膜に灼熱的刺激を与え、通常、二〇分ないし三〇分激しい苦しみを与え、この間戦闘能力を完全に喪失させる。その症状は、濃度が薄い場合はクシャミも出るが、通常はクシャミなどは出ず、鼻・喉《のど》・胸をかきむしられる様に刺激され、居ても立っても居られないようになる[42]。常温では固体だが、加熱すると白色で刺激臭のガスとなる。非致死性ガスといわれているが、濃度が濃い場合ホスゲンと同様の致死効力を持つ。あか筒《とう》とよばれる筒に詰め点火してガス状にして放射する方法、発射あか筒に点火して筒ごと「敵陣地」に投射する方法、あか弾という砲弾につめて野砲・山砲(七五粍《みり》弾)、重砲(一〇糎《せんち》弾・一五糎弾)、迫撃砲から発射する方法、投下あか弾という爆弾につめて飛行機から投下する方法があった(写真1参照)。

不凍性イペリット(きい一号丙)は、寒冷地でイペリットが凍結して使えなくなることを防ぐために開発されたものである。きい一号甲は一一、一二度で凍結し、きい一号乙は零度で凍結するが、きい一号丙は零下三〇度以下まで凍結しなかった(凝固点、零下三五度ないし四〇度)。

ちゃ一号(青酸)は、微量で中枢神経と血液に作用し、急激に痙攣・麻痺などの重い症状を起こし、一定量以上だと即死する。常温では液体で、外気にふれると瞬時に気化し拡散するが、閉鎖された空間では大きな効力を発揮する。

陸軍が開発した毒ガスの主要なものは以上の通りだった。すべて第一次世界大戦期までに開発されており、ルイサイトとクロロアセトフェノン以外は戦場で使用されていた。第二次世界大戦以前にドイツ軍が開発した強力な神経ガス、タブン・サリンは開発することができなかった。また、ドイツからその情報をもらうこともできなかった。陸軍省兵器行政本部は、一九四四年末になっても神経ガスの存在を知らず、「〔ヨーロッパ戦線の毒ガス問題では〕新瓦斯《がす》ありと論ずるも調サの結果セイ酸に勝るものなく、之〔の比重〕を重くし実用化することが問題、一呼吸で死す」と判断していた(43)。

忠海兵器製造所の設立

陸軍科学研究所第三部は、一九二五年に愛知県伊良湖《いらご》でホスゲン弾の破裂試験を行ない、一九二六年

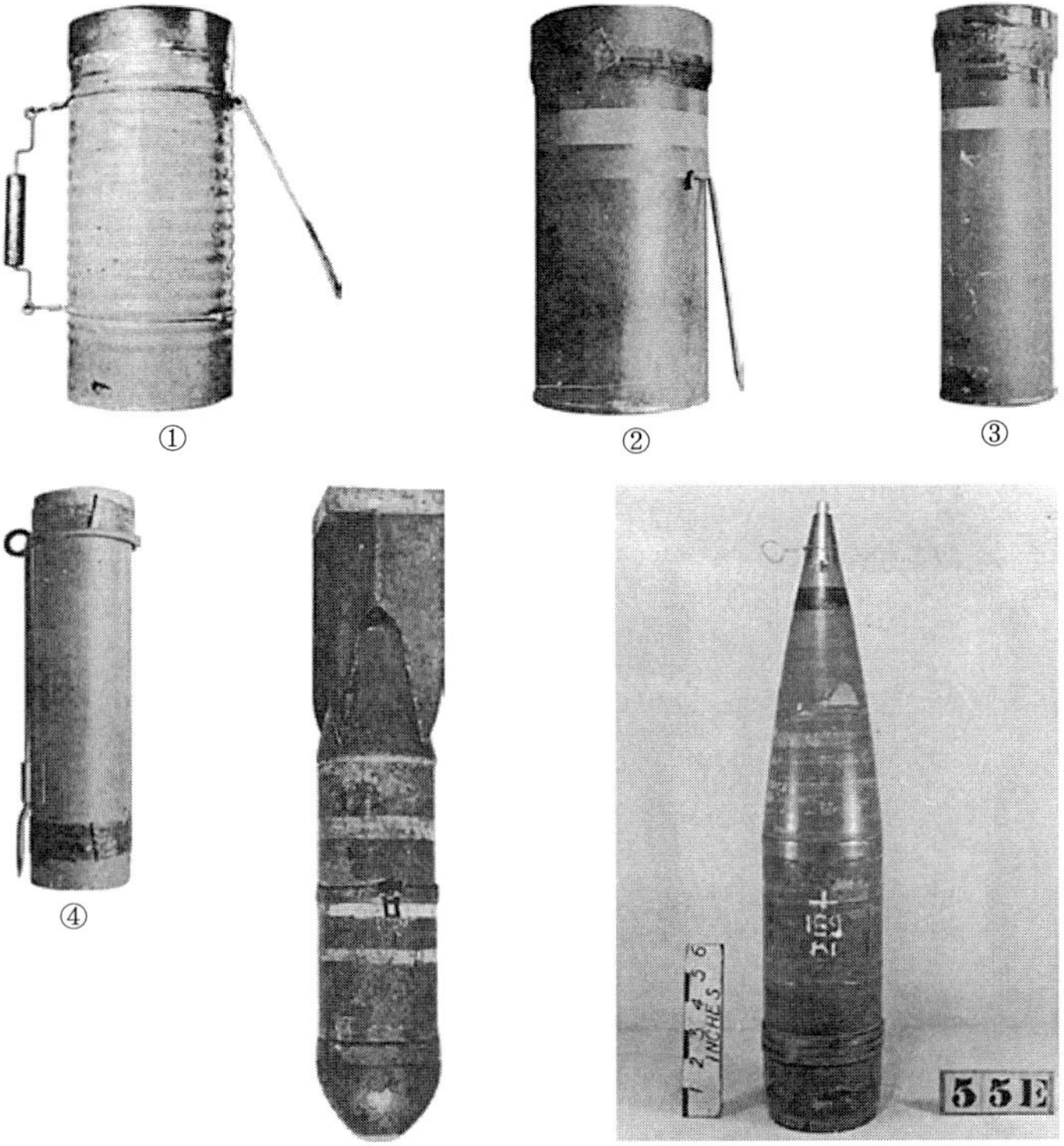

写真1　あか筒(嘔吐性ガス)と毒ガス弾

上段左から右へ，①100式大あか筒(47 cm×20 cm)，②99式中あか筒(22 cm×11.5 cm)，③98式小あか筒(18 cm×5.4 cm)，下段左から右へ，④98式発射あか筒(20 cm×5 cm)，⑤100式50 kg投下きい弾(糜爛性)，⑥10 cmあか榴弾．あか筒の上部には赤色が帯状に塗られている．投下弾の羽根に近い部分に黄色の帯があればきい弾，あかの帯があればあか弾である．毒ガス砲弾は，75 mm弾・10 cm弾・15 cm弾・迫撃弾が主なものだが，これは10 cm弾で，下から約4分の1のところに赤い帯があるので，あか弾ということになる．

出典：①～⑤ CWS, “Japanese Chemical Warfare Notebook” 9/13/1945, ⑥ Office of the Chief Chemical Officer, GHQ, AFPAC, “Intelligence Report on Japanese Chemical Warfare,” Vol. 5(Part E), RG 319, Entry 82, Box T116, NARA.

には大分県日出生台《ひじゅうだい》・北海道美瑛《びえい》でホスゲンの効力実験を、千葉県八柱《やはしら》でイペリットの撒布実験を行なった。一九二七年には宮城県王城寺原《おうじょうじがはら》でイペリット弾の効力試験を、富士裾野でホスゲン弾の射撃試験を行ない、一九二八年には台湾の新竹《しんちく》でイペリットの熱地実験を行なうなど、実験演習を繰り返した。[44]こうして、開発と実験が進んだので、毒ガス製造工場が造られることになった。

一九二七(昭和二)年八月一日、陸達第三六号(陸軍大臣の通達)により、広島県豊田郡の大久野島《おおくのじま》(忠海《ただのうみ》町大字大江谷五五五七番地外)に陸軍造兵廠火工廠忠海派出所(所長・中島敬太郎少佐)が設置された。ついで、翌二八年七月九日、天皇の承認をえた軍令陸乙第六号により、陸軍造兵廠火工廠忠海兵器製造所(所長・大島駿少佐)が設置された。[45]八月、大久野島の住民数十名は島外に移住させられ、一九二九年五月一九日、忠海兵器製造所が竣工した。[46]毒ガス製造工場の所在地を隠すため、大久野島は地図から消されていった。[47]

イペリットの製造装置は、一九二五年にフランスのローヌ社から購入していたが(日産一〇〇キログラム)、これを基にして一九二九年、日産三トンの製造装置を設置した。一九三二年にはクロロアセトフェノンの製造装置ができた(日産二〇キロ)。また、一九三三年にはルイサイト(日産一トン)・青酸(日産五〇キロ)の製造設備が完成した。一九三四年にはジフェニールシアンアルシン(日産二〇〇キロ)・イペリット(ドイツ式製法・日産二〇〇キロ)の設備が完成していく。[48]

この間、一九三三年七月一六日、製造過程での最初の死者がでている。公式記録によれば、雑種工であった幸見亀吉所員(三〇歳)が、サイローム(青酸を土壌に吸着した缶詰。防虫・殺虫剤として使用する)製造

写真2　大久野島の毒ガス製造施設

1946年の解体前に海上から撮影したもの.
出典：BCOF, Occupation Zone Japan, "Disposal Report, Chemical Munitions: Operation Lewisite," 1946, RG 338, Entry FEC G2 Library, Box 3807, NARA.

室で、三〇分間サイロームを塡実した後、待機所で休憩するためガスマスクをぬぎ、ついで防毒ズボンを脱ごうしたとき、急に卒倒痙攣し、人事不省となり、二五分後に死亡した。[49] 防毒衣に附着していた液体青酸がガス化したのを吸い込んだためとされた。しかし、この事故には別の見方もあった。元製造所員の服部忠氏は、事故は作業中に起き、青酸の飛沫が作業衣についたが、その位置がガスマスクの吸収缶附近であったため「中和剤を破過して青酸ガスは一瞬にして彼の体内に吸収されたものと推定された」と記している。[50] ガスマスクの性能が悪いための事故だった可能性があるのである。

海軍の開発

海軍の毒ガス研究は、一九二二（大正一

二〇年、艦政本部第一部に化学兵器の担当部員として本田喜一郎海軍少佐が任命された時から始まった。[51]第一次世界大戦では、海戦で毒ガスが使われることはなかったので、海軍の研究開始は陸軍よりも遅れたのだが、ガス弾が艦内で炸裂した場合を想定した研究であった。

海軍は毒ガスを「特薬」と呼んだ。一号特薬は催涙ガスのクロロアセトフェノン(N剤)、二号特薬は嘔吐性ガスのジフェニールシアンアルシン(S剤)、三号特薬甲はイペリット(T剤)、三号特薬乙はルイサイト、四号特薬は青酸であった。このほか、六号特薬(中毒性)があったが、これは毒ガスではなく「動植物系蛋白物質」であった。[52]

一九二三年四月一日、海軍技術研究所が東京築地に創設された。ついで、同研究所研究部第二科に化学兵器研究室が設置された(担当者・金子吉忠造兵大尉)。[53]しかし、関東大震災で研究所がほぼ全焼したため、焼け残った火工工場で研究を継続した。研究室は科学研究部第二科に編成替えされた。一九三〇年、神奈川県の平塚火薬廠内に第二科平塚出張所が開設されたのでここに移転し、規模は数十倍になった。一九三三年には、毒ガス(N剤・S剤・T剤)製造実験工場が設置され、一九三四年四月には化学研究部に発展する。

海軍の研究の主眼は、報復用兵器として、中口径砲弾丸の一部に催涙ガス・嘔吐性ガスを充塡し、艦船を攻撃して応急排水修理などを妨害するというものであった。また、金子元少将によれば、第一次海軍軍縮により一九二三年除籍となった巡洋戦艦生駒に、軍艦からイペリット砲弾を撃込み、除毒する試験が、広島県呉で行われた。[54]相模海軍工廠第一火工部長兼実験部長だった鶴尾定雄元大佐の証言によれ

ば、後には、台湾と海南島にイペリットが送られ、熱帯での効果を検証する実験が行われる。(55)

4　霧社事件

催涙ガス弾の使用

一九三〇(昭和五)年一〇月末、台湾の先住民タイヤル人が日本の過酷な植民地支配に抗議して運動を起こし、ついで蜂起した(霧社事件)。この事件は、ジュネーブ一般軍縮会議準備会議での日本政府代表の発言をあざ笑うように、毒ガス実験の場として利用されることになった。事件は、台湾軍(台湾に駐留する日本陸軍部隊。司令官・渡辺錠太郎中将)によって徹底的に鎮圧され、一九三一年春には投降者も虐殺された。日本軍の出動人員は一六七七名で、うち戦死は二二名、戦傷は二五名であったというから、実態はちょっとした戦争だった。

霧社事件での毒ガス使用については、春山明哲編『台湾霧社事件軍事関係資料』の「解説」が一次資料に当たりながら詳しく検討している。ここでは、この優れた研究に学びながら実態に迫ってみよう。(56)

台湾で蜂起した住民は、台湾軍の攻撃で、一九三〇年一〇月三〇日にはマヘボ渓谷などに退却した。ここは地形が険しく、窪地の多い場所だったから、抵抗する住民を殲滅《せんめつ》することは、台湾軍にとっても容易ではなかった。そこで、蜂起から七日後の一一月二日には、早くも毒ガス弾使用を求める声があがった。台湾軍参謀部「霧社事件陣中日誌」によれば、渡辺広太郎飛行隊長は、二日正午すぎ、ガス弾を投下するのが「最効果あるものと認む」として、毒ガス爆弾の送付を要求した(57)。

また、同日午後二時三〇分、地上の第一線部隊は「焼討攻撃は爆撃等を以《もっ》てするは地形上不徹底の虞《おそれ》ある」として、「化学的攻撃方法」をとることを要請した(58)。この日、台湾軍司令部は中央に焼夷弾の送付を要求しているので、これは一見、その使用を要求しているように読める。

しかし、水越幸一台中州知事から軍情報として石塚英蔵台湾総督に送られた同文の電報(二日午後二時二〇分受信)によれば、この部分は「焼討攻撃、爆撃等を以てしては、地形上不徹底の虞《おそ》れあるを以て、エーテエテリット、ホスゲン等を以てする科学《ママ》的攻撃法をも顧慮せられたし」となっている(59)。「陣中日誌」とは出陣した部隊が日々の行動を日付順に記録した公式記録(公文書)であるが、この電文にある「エーテエテリット」(イペリットの誤記)やホスゲンという毒ガスを明示する語が、それをまとめるときに削除されたのである。春山氏が指摘しているように、台湾軍参謀部は「陣中日誌」をまとめる時に意図的に資料改竄《かいざん》を行ったのであろう。

翌三日、渡辺台湾軍司令官は宇垣一成陸軍大臣に対し、住民が逃げ込んだ区域は断崖のある森林地帯なので「糜爛性投下弾及山砲弾を使(用)し度《たし》。至急其交付を希望す」と打電した(60)。糜爛性ガス(イペリット・ルイサイト)投下弾・砲弾を要求したのである。これに対し、陸軍省副官は、糜爛性弾薬の使用は「対外的其他の関係上」詮議されなかったと、拒否の回答を伝達した。また、ガス弾に関する事項は、以後、暗号をもってせられたいと伝えた。

こうして、陸軍省から糜爛性ガス弾は交付されなかったが、催涙ガス弾は交付された。一〇月二九日と三〇日に、投下焼夷弾五〇発・投下弾二五〇発と山砲用催涙弾（みどり弾、別名甲一号弾）二〇〇発を特別支給するという陸軍省副官の指示が出された(61)。これらは一一月一四日に基隆《キールン》港に到着し、翌日陸揚げされた(62)。

台湾軍は一八日に総攻撃を開始した。砲兵隊はマヘボ渓谷にたてこもる住民に対し、午前中榴弾（通常弾）二〇〇発を撃った後、正午から一〇〇発の催涙弾を撃ち込んだ。催涙ガス弾の効果については、「陣中日誌」には「其効果なきに非ざるも蕃人は依然たり」と書かれている(63)。

また、水越台中州知事の報告では、より詳しく「其の威力を渓谷内に充満せしめたるに、第四岩窟附近に泣声を聞きたるのみ」とあり、その後、効果を確認するために先住民を派遣したところ「臭気甚しく、且涙を催したるにより渓水を飲みたるに、其の効力を失ひたるにより、更に猛烈なるものに非ればば効力無しといふ」と報告されている(64)。催涙ガス弾では不十分だというのである。

青酸投下弾の使用

中央から糜爛性ガス弾の送付を拒否された台湾軍は、独自の毒ガスを使うことになる。万喜八郎台湾憲兵隊長から中央の峯幸松憲兵司令官に送られた電報によれば、一一月八日午前七時頃から、飛行機により「六発の瓦斯弾（青酸及催涙弾）の効果試験を為す予定なり」と報告されている(65)。このガス弾は、中央から支給されたものではなく、台湾の中央研究所が台湾軍の要求で製作したものだった。そして、「陣中日誌」によれば、この爆弾六発は、八日に飛行機から投下された。しかし、実際の効果は不明である、と記されている。[66]

以上をまとめると、つぎのようになる。まず、陸軍省は、台湾軍司令部の要請を受けて、霧社事件で催涙ガス砲弾の使用を許可し、台湾軍は実際にこれを一〇〇発以上使用した。[67] 陸軍省は糜爛性ガス弾の使用については許可しなかった。そこで、台湾軍は独自の判断で青酸ガス投下弾を使用した。青酸ガス弾については陸軍省は何の指示も出していないからである。なお、「陣中日誌」には甲三号弾というガス弾も使用したとあるが、甲三号弾が青酸ガス弾であるのかどうか、分からない。

このように、台湾軍は、霧社事件で毒ガスの実験的使用に踏み切っている。しかし、台湾民衆党が察知して批判をはじめ、日本内地でも追及の動きがあったために、国際的な非難を恐れた陸軍省は糜爛性ガスの使用については躊躇した。少し後になるが、無産政党、全国大衆党の浅原健三代議士は、一九三一年一月の衆議院本会議で、毒ガスの使用という「演習で為されない経験を今回の討伐に」用いたとして追及した。これに対して、宇垣陸軍大臣は、「戦闘」なので催涙ガスは使ったがそれは間もなく回復するのであり、「致命的の害を与へる瓦斯は使つて居りませぬ」と答えている。[68]

しかし、この答弁は問題の本質をずらすものであった。霧社事件の戦闘は、相手を逮捕するという単なる警察行動ではなく、殲滅を目的とする鎮圧戦争であった。そこでの催涙ガスの使用は、住民の行動能力を奪った上で通常兵器で殺すことになるおそれがあった。

他方、台湾軍は国際関係に悪影響を及ぼすかどうかなどということを考える必要性を陸軍省ほど強く感じなかった。台湾では、一九二八年七月、新竹演習場でイペリットの熱地試験が行われ、霧社事件が起こる直前の一九三〇年七月には第二回目の熱地試験が行われている。また、霧社事件ではツツガムシ病の試験も行われている。[69] このように、台湾は生物化学戦研究の拠点の一つで、熱地研究の中心であっただけに、台湾軍には、霧社事件を利用して様々な実験を試みたいとの思惑が強く働き、青酸を含む毒ガスが実際に使用されるに至ったのである。

Ⅱ　満州事変と毒ガス問題　一九三一―一九三六

1　満州事変と催涙ガス使用問題

満州事変開始と陸軍

一九三一（昭和六）年九月一八日、関東軍（司令官・本庄繁中将）は、自らの謀略により南満州鉄道（満鉄）の線路を爆破し、これを中国側の仕業だといって対外限定戦争を開始し、短期間に中国東北部（いわゆる「満州」）を占領した（満州事変）。

この戦争の中で関東軍は毒ガスの使用を計画した。一九三二年一月二三日、三宅光治関東軍参謀長は、野砲と山砲の催涙弾・嚔《くさめ》弾（嘔吐性ガス弾のこと）計二五〇〇発を遅くとも二月中旬までに支給するよう陸軍省に要求した(1)。名目は「土匪《どひ》（抗日ゲリラ）の掃蕩《そうとう》」だった。野砲も山砲も七五粍《みり》砲だが、野砲は射程約一五キロだった。山砲は山地で使えるように軽量化したもので、射程は約八キロだった。師団には野砲か山砲の一個連隊（砲三六門）が付いた。しかし、杉山元《はじめ》陸軍次官は、二九日、毒ガス弾支給の件は「対内対外関係上詮議《せんぎ》せられず」と拒否する返電を発した。陸軍省は、これら毒ガス弾の使用は国際的に禁止されており、たとえ「土匪の掃蕩」といえども「正義を護る日本軍隊が帝国外の地に於て」用いるのは国際法軽視の誹《そし》りを免れない、使用すれば「良民」にも被害が及ぶ、として交付しなかったのである。

この時期には、陸軍省は、中国とはともかく、欧米とは国際協調を重視すべきことを強く意識しており、催涙ガスを含む毒ガスを戦闘で使用することは国際法に違反すると明確に認識していた。

一九三二年初めの第一次上海事変では、最初に上海に派遣された金沢第九師団には三五〇〇個の、上海派遣混成旅団には一〇〇〇個のガスマスクが交付された(2)。陸軍は毒ガス戦勃発の可能性を想定していたのであろう。しかし、この時はまだ毒ガスを使わなかった。

第一次上海事変開始と海軍

これに対し、海軍の陸戦隊はいちはやく催涙ガスを使用したようである。その事実を示す二つの資料を見てみよう。まず、相模海軍工廠第一火工部長であった鶴尾元海軍大佐のつぎのような回想である。

昭和初年頃より在支遣外艦隊等の陸戦隊に催涙筒(N剤装塡のもの)を供給し、暴徒の鎮圧の際敵を殺傷することなく撃退するに用いた(3)。

これは、「暴徒鎮圧」用の使用であるが、海軍が早い時期から(あるいは満州事変の前から)中国で催涙ガスを使用していたことを示すものである。

つぎに、海軍艦政本部第一部にいた安井保門元大佐は、「手投催涙弾及び手投クシャミ弾等は或程度まで整備され、上海事変以後の陸戦並に警備用として使用した」とのべている(4)。この「上海事変」が第一次(一九三二年)なのか、第二次(一九三七年)なのか必ずしもはっきりしないが、二つの回想を重ねあわせると、第一次上海事変前後から海軍陸戦隊が少なくとも警備用として催涙ガスを使用した、ということはできるであろう。

陸軍中央の態度変更

しかし、その後陸軍でも催涙ガス使用論が繰返し出ることになる。関東軍(司令官・武藤信義大将)は、一九三二年三月に傀儡《かいらい》国家「満州国」を建国していたが、九月に、「満州国」内の作戦行動のため催涙ガスを含む毒ガスを使用することとし、今度は参謀本部に許可を申請した。これに対し、九月二一日、真崎甚三郎参謀次長は小磯国昭関東軍参謀長宛の電報で「致死効力を有する催嚏弾《さいていだん》は勿論催涙弾も」使用してはならないと返電した。真崎次長はつぎのような理由を挙げている。第一に、日本はこれまで軍縮準備委員会で催涙ガスを「毒瓦斯なり」と主張してきた、第二に、「国内警察行為」として催涙ガスを使用するのは問題ないが、「満州国」内での軍の作戦行動をそうだといえるかどうか議論の余地がある、第三に、これらを使うことは「世界輿論《よろん》の激化」をまねき、満州事変そのものの是非が国際連盟で審議されている今、累を及ぼすおそれがあるというものである。(5) なお、「催嚏弾」も嘔吐性ガス弾のことだと思われる。

関東軍はこの指示に不満で、再度の要請を出したらしい。そこで、参謀次長は、二六日には反対論のトーンをやや落とし、ガス弾使用については「法理的に釈明の根拠無きに非ず、又《また》其効果の少からざるべきは勿論なるも」として、関東軍に同調していった。しかし、国際連盟での日本の立場を不利にすべきではないという一点から「暫く自重せん」とするのだと説明した。(6) こうなると、もはや原則的な使用不可論ではなく、国際関係に影響がなければ使ってかまわないという立場に変っているともみなしうるだろう。陸軍中央の態度は相当転換したことになる。しかし、使用許可の指示はまだ出されなかった。

翌一九三三年五月一三日、小磯関東軍参謀長は再び陸軍中央の見解を質してきた。今度は、満鉄委託経営の旅客列車が中国人ゲリラに襲われるのを防ぐという名目を挙げ、満鉄が催涙ガスの使用を企図しているが、構わないかというのである。小磯参謀長は、これは国内警察的行為だから差し支えないと信じているが、一応中央の意見を聞くのだ、とのべている。(7)

これに対し、陸軍省は、いったん「差支《さしつかえ》なし」とする方針を起案したが、柳川平助陸軍次官の決裁で、一九日、当分使用を見合わせるよう打電した。その理由は、法理的には問題ないが、使用をはじめれば華北で中国軍が毒ガスを使用することになるかも知れないので、華北の情勢が安定するまで待つべきだというものであった。(8) 中国軍の毒ガス戦装備の実態が判明するまでは使えないというのである。この段階で、すでに陸軍中央でも原則的な反対論を捨てていることがわかる。

それから三年後の一九三六年二月には、陸軍青年将校たちの反乱事件、二・二六事件が起こった。その鎮圧後に、軍部は一挙に政治的覇権を確立する。このような中で、菱刈《ひしかり》隆関東軍司令官は「最近の匪情並に彼等の常套《じょうとう》とする列車襲撃」を理由に、在「満」鉄道警備のため警乗勤務する関東局警察官・路警による「ミドリ筒甲」(催涙ガス筒)の携行と使用の許可を八月一七日に寺内寿一陸軍大臣に申請した。

そこで、陸軍省は、二六日「ミドリ筒甲携行使用差支なし」とする返電を発するに至る(9)。

以上の検討から浮かび上がってくる日本陸軍の毒ガス使用問題に関する姿勢・判断は、あまりに状況的であったということであろう。満州事変開始直後には、一九二〇年代の国際協調的な立場がまだ維持されていたが、一九三二年以降の皇道派支配の下でそれからの離脱がはじまる。そして、一九三六年の二・二六事件後の陸軍統制派支配の下で、国際条約・国際協調から本格的に逸脱していくのである。

こうして、中国東北では、限定的にではあれ催涙ガスが使用されるようになる。その詳細はまだ解明されていないが、このことが前提となって、一九三七年七月に日中全面戦争がはじまると、華北・華中で催涙ガスが使われることになる。また、中国東北部では、「討匪」(ゲリラ討伐)を名目として、日本軍の支配に抵抗する住民に対して催涙ガスが使用されることになる。

後者についていえば、たとえば、一九三八年九月、独立守備歩兵第三大隊の井上貞衛大隊長は、「満州国」での「討匪戦術要訣《ようけつ》」として、牡丹江省(現・黒龍江省)横道河子附近、五甲での高谷隊による攻撃計画に対して、「煙幕、ミドリ筒を利用し、要すれば焼討す」という戦術を示している(10)。五甲はゲリラの抵抗拠点で囲壁をもつ集落だったが、これを攻撃するために、完全に包囲するか、一ヵ所に逃走路を開けておき、煙幕と催涙ガスを使用し、石油を準備して焼き討ちするというのである。山塞の攻撃も同様で、煙幕・催涙ガス・手榴弾などを使用して投入し、ゲリラを屋外に追い出すというもので、連珠河口附近での斎藤隊の戦闘を例として挙げている。

2　ジュネーブ一般軍縮会議での毒ガス問題討議

日本代表の使用禁止論

満州事変開始後の一九三二年二月から一九三四年末まで、国際連盟ジュネーブ一般軍縮会議が開催された。一般軍縮会議の化学兵器・細菌兵器特別委員会においても、日本代表は毒ガス戦禁止に関する堂々たる議論を展開した。たとえば、一九三二年一一月二四日にはつぎのようにのべている。

催涙瓦斯は其の害毒の程度に於て顕著なるものには非ざるべきも、之を一般攻撃に併用するときは甚だしき惨害を醸《かも》すに至るべきを以て、他の瓦斯と別箇の取扱を為さず、之を禁止の範囲内に置くべきものなり。(11)

これは、催涙ガスの戦場での使用は平時のデモ鎮圧での使用とは異なるのであり、通常兵器と併用すれば大きな惨害をもたらすとする卓見であった。

このほか、日本代表は、化学兵器・細菌兵器・焼夷兵器使用の絶対的禁止(相互主義反対)、平時軍隊での訓練の禁止、平時における化学兵器などの準備禁止、防御的器材・物体の禁止、報復的使用(復仇)の禁止なども主張した。(12)これらの原則的主張は、その主張の正当性という意味でも、日本軍の実際の行動がその主張を裏切っていくという意味でも、極めて重要であった。

一般軍縮条約案の運命

催涙ガスの使用禁止については、一九三〇年末にイギリス・フランス・イタリア・ルーマニア・ユーゴスラヴィア・チェコスロヴァキア・スペイン・トルコ・カナダ・ソ連・日本は禁止されているとの見解を表明したが、禁止されれば国内での警察的使用もできなくなるとしてアメリカが反対していた[13]。

一九三二年五月に開催された化学兵器特別委員会でも、催涙ガス使用禁止に反対するアメリカの主張に対して、スペイン・ポーランド・ドイツ・ソ連・オランダ・フランス・スペインが強く反駁したが、アメリカは態度を変えなかった。そこで、化学兵器禁止の原則の中に「催涙瓦斯を含み煙幕を除外す」と明記されたものを採択し、アメリカの留保も記録した[14]。

また、委員会では、焼夷兵器について、都市の中心や一般建築物を破壊し市民の重大な脅威となる、特に航空機による爆撃の場合に甚だしい惨害を生むとの理由で、禁止すべきだという結論になった。また、火焔放射器は人体の攻撃を主眼とするとの理由で、同じ結論になった。

こうして、化学兵器特別委員会の報告書は、陸軍・海軍・空軍各委員会の報告書とともに、一九三二年六月、一般委員会に提出された。しかし、化学兵器委員会以外は一般委員会から付託された問題に対する直接的な回答を出していなかったため、四委員会の報告の総合は不可能となった。こうして、化学戦禁止・空爆禁止の決議は採択されたが、一般的軍縮条約の成案は一般委員会ではついにできなかった。

この間、一九三一年以降の日本の対外戦争(満州事変)、一九三二年以降のドイツにおけるナチ党の躍進とヒトラーの政権掌握(一九三三年一月)などのため、世界中で軍備の拡張が進むことになった。一九三二年一二月、ドイツは軍備平等権を獲得した。一九三三年三月、日本は国際連盟を脱退した。その後、日本は軍縮会議には残留したが、「極東の新事態に顧み、帝国国防上に重大なる変更」を要するものがあると通告した。[15] 一〇月には、ドイツが軍縮会議を脱退した。

こうして、軍縮会議はなんらの成案をえることなく崩壊への道をたどる。しかし、もしそれ以前に一般的軍縮条約が成立していれば、日本の毒ガス使用は困難になっただろうし、敗戦直前にアメリカ軍の焼夷弾や火焔放射器で大きな被害を受けずにすんだであろう。

3 毒ガス戦の準備

火工廠曾根派出所・陸軍習志野学校の設置

日本の国際連盟脱退直後の一九三三年七月一九日、陸達第二四号により、福岡県企救《きく》郡曾根《そね》村に陸軍造兵廠火工廠曾根派出所(所長・渡辺望少佐)が設置された。[16] これは忠海製造所で製造された毒ガスの一部をここに運んで砲弾・爆弾につめるためであった。しかし、同年一〇月には活動を休止する。曾根派出所が塡実工場として本格的稼動を開始するのは、一九三七年の日中全面戦争開始後であった。

一九三三年八月一日、千葉県習志野にあった騎兵第一旅団司令部の跡地に、毒ガス戦の教育・訓練を行う陸軍習志野学校が創設された(九月一八日騎兵第一六聯隊跡地に移転)。[17] 満州事変により対ソ軍事攻撃の基地が中国東北にできたため、将来の対ソ戦を念頭に置いて、毒ガス戦教育を行う学校が必要になったためである。初代学校長は中島今朝吾《けさご》少将、幹事は今村均大佐、練習隊長は鈴木貞次中佐であった。学校長は、陸軍の全教育機関を統轄する教育総監（陸軍大臣・参謀総長と並ぶ陸軍の最高位の官職）の指揮下にあった。

習志野学校では、全国の師団・聯隊から派遣された将校・下士官・兵に毒ガス戦教育・訓練を実施した。当初の人員は二一五名であったが、一九三七年八月には九九〇名に、一九四一年八月には一三七一名に増加して行った。

日中全面戦争がはじまると、陸軍習志野学校は中国各地に出張して、地上部隊や航空部隊に対する実戦使用のための化学戦教育を行うようになる。また、対ソ戦のための「化学戦運用の準拠を求むる」とともに「国軍化学戦準備の迅速なる充実完成に関する方策の研究」を行なうこととなり、中国東北での毒ガス戦の運用演習に力を注いで行く(18)。

しかし、軍の上級幹部や幕僚の毒ガスに対する理解ははなはだ不十分であり、一般将校に対する化学戦教育も不十分で、来るべき対ソ戦で「劈頭《へきとう》より直面すべき化学戦に対し余りにも悲惨なる国軍の状態を想像して憂然たらざるを得ざるなり」というのが、日中戦争に突入しても解消しない陸軍習志野学校の悩みであった(19)。

対ソ戦への準備

「満州国」の創設以降、国内と中国東北で、陸軍習志野学校・陸軍科学研究所・関東軍などによる毒ガスの実験・演習が繰り返された。一九三三年、関東軍は早くも毒ガスの人体実験を開始した。一一月一六日、関東軍が新設した細菌戦部隊、東郷部隊（のちの七三一部隊）による毒ガス人体実験を視察した遠藤三郎関東軍参謀は、日記につぎのように記している。

午前八時半、安達大佐、立花中佐と共に交通中隊内試験場に行き試験の実情を視察す。第二班毒瓦斯、毒液の試験、第一班電気の試験等に各二名つ、の匪賊につき実験す。ホスゲンによる五分間の瓦斯室試験のものは肺炎を起し重体なるも、昨日より尚生存しあり、青酸15mg注射のものは約二十分にて意識を失ひたり。〔中略〕夜、塚田大佐と午後十一時半まで話し床につきしも、安眠し得ず。[20]

関東軍はすでにホスゲンや青酸の効力に関する人体実験を始めていたのである。この年の「北満極寒地試験」がおおむね終了した頃、関東軍が残ったサイローム（青酸を土壌に吸着した缶詰。殺虫剤）を廃棄した際、青酸ガスが地上を低迷し鳩が死亡するという、ちょっとした事件が起こった。[21] 青酸は屋外ではあっという間に拡散するので、致死効果が発現しにくいというのが、第一次世界大戦での結論であった。しかし、青酸は液体が気体になる時熱を奪うため、冷却して地上を低迷するのである。このことに気づいた陸軍は、有力な毒ガスとして青酸の研究を本格化する。

一九三四年五月、陸軍習志野学校は、今村幹事が演習指揮官となり、群馬県相馬ヶ原《そうまがはら》演習場でイペリット・ルイサイトによる汚染地帯通過演習と撒毒《さんどく》演習を行なった。実戦経験をもたない日本軍にとって「国産のびらん瓦斯の実効力と、これに対する防護方法の適否」を体験することが是非とも必要とされ

た。(22)

第一次の牽引《けんいん》式装甲撒毒車による撒毒では、故障した車の修理などで生じた汗のため分隊長以下全員がガスマスクを脱いで作業した。その後、日がのぼると暑さのためにイペリットが湯気のように蒸発して気状ガスとなって流れた。このため、村田栄吉上等兵が被毒し、病院で治療中に死亡した。小隊長、和田盛哉中尉と分隊長、進藤進伍長は重体になった。第二次の撒毒地通過演習では、兵士たちに完全防護・半防護(薄いゴム製の防毒衣着用)・軽防護(ガスマスクとガス手袋のみ装着)という三つのグループを作り、撒毒地二〇〇ないし三〇〇メートルを通過させた。これは事故ではなく実験であった。演習を終って部隊が撒毒地の風上で休憩していた時、風向きが変わったため多数の兵士のまぶたが脹れあがり、視力が減退した。演習を指揮した今村幹事も軽防護だったので、被毒して入院した。

これは陸軍の演習での最初の大きな毒ガス事故であったが、毒ガスの実戦経験がないため、このような演習が強行されたのである。

九月には、陸軍習志野学校・陸軍科学研究所・下志津陸軍飛行学校が、天竜川下流の中州で、糜爛性ガスの模擬毒と真毒を雨下する実験を行なった。その結果、兵士と軍馬が被毒したが、その状況から雨下は「他の持久瓦斯使用の手段に比し遥に有効」であることが判明した。(23)

一九三五年一月からは、中国東北の北部、北安鎮で極寒地でのガス弾射撃、毒煙放射、きい剤(糜爛性ガス)撒毒と消毒、撒毒地域強硬通過などの演習が計画された。(24) この計画に基づいて、同年冬、孫呉附近であか筒(嘔吐性ガス)の大規模使用の基礎的研究が行われた。あか筒を一メートル毎に一個、三〇〇メートル幅に配置し一斉に点火したのである。この毒煙は、黒龍江を越えて、対岸のソ連領、ブラゴヴェシチェンスク附近まで到達し「軽微ながらも毒性(クシャミ)を感ぜしめ」ソ連から関東軍に抗議があったという(25)。この経験はあか筒運用の基礎となった。

このように、中国東北を中心として、将来の対ソ戦を想定したホスゲン・青酸・イペリット・ルイサイト・ジフェニールシアンアルシンの実験や使用訓練が始まっていたのである。なお、一九三五年初め頃には、二十数名の「丸太」(人体実験用の生きた人間)を使用し、「撤毒地通過を主とし、丸太を使はなければ解決出来ないものに限定」した人体実験の計画が推進されたが、「或《あ》る事情」のために中止のやむなきに至った、という(26)。ある事情というのは、八月一二日に起きた永田鉄山陸軍省軍務局長暗殺事件であろうか。

4　二・二六事件

毒ガス使用の検討

一九三六(昭和一一)年二月二六日、近衛師団と第一師団の一部青年将校は、多数の兵を率いてクーデタを起こし、首相官邸などを襲撃し、鈴木貫太郎侍従長に重傷を負わせ、高橋是清大蔵大臣などを殺害した(二・二六事件)。二七日午前二時、戒厳が宣告されたが、陸軍首脳の中には反乱を起こした将校に同情する者も現れた。しかし、陸軍統制派や海軍は反乱に同調せず、昭和天皇も討伐の意思を示したので、大勢は鎮圧に決した。二八日午後四時には、反乱軍に同情的であった戒厳司令官、香椎《かしい》浩平中将は、やむなく反乱部隊に対する武力の行使を決断し、掘丈夫第一師団長に対して攻撃準備を命令した。[27] 攻撃は翌二九日朝からということになった。

二八日午後五時、香椎戒厳司令官は、陸軍歩兵学校・陸軍野戦砲兵学校・陸軍習志野学校などに対して自らの指揮下に入るよう命令した。[28] 午後六時、習志野学校本部連絡将校の古林和一郎大尉は毒ガスを使用するよう進言した。これを聞いた戒厳司令部参謀部第二課の公平匡武参謀は、習志野学校練習隊に化学戦を命ずればどのようなことができるか、と質問した。これに対し、古林大尉は、市街戦での流血の惨を避けるためには催涙ガス・嘔吐性ガスなどの一時性ガスで制圧するのが適当である、反乱軍が参謀本部や陸軍省にたてこもって抵抗する場合、一時性ガスを集中使用すれば建物や内部の破壊を防ぐことができる、ガス使用は皇居に流れないようにするため慎重な指導が必要で、風向きにより使用できないこともある、と具申した。

この意見は参謀部第二課(課長・石原莞爾大佐)にとって魅力的に思えたようで、午後七時、公平参謀は、明朝の攻撃時の気象判断と使用計画の立案を習志野学校本部に指示した。習志野学校は、戒厳司令部が中央気象台から取り寄せた最新の天気図により気象観測を行い、「煙及一時瓦斯の使用に適す」と判断し、隼町南端、平河町五・六丁目南端、弁慶橋附近から発煙するという案を具申した。[29]

午後八時三〇分、習志野学校本部の明石泰二郎少佐は、毒ガス使用の命令に備えるため、必要な兵力・資材を東京に運ぶよう進言し、認可された。午後一〇時、古林大尉は石原参謀の質問を受けて同様の説明を行った。その結果、石原参謀は、あか剤(嘔吐性ガス)・みどり剤(催涙ガス)などの化学戦資材と兵力を竹橋附近に集結することに同意した。

午後一一時、香椎戒厳司令官は、習志野学校本部と練習隊に対して化学兵器使用に関する意見具申と所要の準備を命じた。準備された化学戦資材は、試製九三式あか筒三〇〇本、八九式みどり筒甲九〇〇本、発煙筒八一八本だった。

二九日午前零時過ぎ、習志野学校練習隊に対して竹橋附近に集結すべしという戒厳司令官の命令が正式に伝達された。しかし、この段階ではまだ、発煙筒は別にして毒ガス使用は決定されず、戒厳司令部では、使用する場合も武力行使の結果損害が大きい時初めて用いるという意見が優勢だった。

毒ガス使用命令の発令と中止

午前一時四〇分頃、習志野学校幹事の西原貫治大佐が戒厳司令部に到着した。西原大佐は、①単なる煙の使用では家屋攻撃の際大損害をうけるおそれがある、②みどり剤の使用は反乱軍がガスマスクを携行しているので大きな効果は期待できない、③あか剤の使用は火戦を避け、損害を最小にし、流血の惨を避けるために極めて有利であるが、他面、民衆に「非人道なり」との印象を与え、国際関係への影響も考慮する必要があるとのべ、毒ガス使用の可否は大局的判断により決定すべきだと意見具申した。

午前三時過ぎ、習志野学校本部の一部(三三名)と習志野学校練習隊(隊長・小林忠雄少佐。人員二一三名)

は九段上の偕行社《かいこうしゃ》西北方に集結を完了した。午前五時一〇分、香椎戒厳司令官は「習志野学校練習隊を第一師団に配属す、使用し得る瓦斯は赤筒及緑筒のみとし、之か使用に方《あた》りては極力局地的に制限するものとす」という命令を発した。[30]

反乱軍は旧式のガスマスク約一五〇個を持っていたが、それを透過する嘔吐性ガス(あか剤)の使用が催涙ガス使用とともに命令されたのである。午前六時、練習隊は第一師団の指揮下に入り、攻撃の準備を行った。使用法は軽装甲車で障害物を突破し、発煙使用するというものだった。

午前六時半、香椎司令官は、午前九時から速やかに攻撃前進するように第一師団・近衛師団に命令した。[31] しかし、この時すでに下士官・兵士の投降がはじまっていた。午前一〇時三〇分には首相官邸を占拠していた下士官以下大部分が帰順した。

しかし、山王ホテルと首相官邸を占拠していた反乱軍の一部はなお帰順しなかったので、午前一一時から正午にかけて、公平参謀はガス使用を企図した。だが、午後一時一〇分、最後まで抵抗した安藤輝三大尉が山王ホテルで拳銃自決を図り、午後三時三〇分までに全員が投降した。こうして、毒ガスは使用寸前まで行きながら、ついに使用されなかったのである。[32]

二・二六事件での毒ガス使用計画は、陸軍が危急の際にはいつでも毒ガスの使用を辞さない姿勢をもっていたことをよく示している。この決定に際して、習志野学校幹事の西原大佐や古林大尉の進言と戒厳司令部の石原参謀・公平参謀の決断が大きい意味を持っていた。しかし、二・二六事件の場合は、反乱軍といっても同じ日本軍であり、毒ガスを吸って戦闘不能となり苦しんでいる間に取り押さえればいいのであって、殲滅するという考えはなかった。これが、霧社事件や満州事変の場合との決定的な違いであった。

Ⅲ　日中戦争の全面化と本格的使用の開始　一九三七―一九三八

1　日中戦争の全面化と毒ガス戦

化学戦部隊の派遣

一九三七(昭和一二)年七月七日に起った盧溝橋事件をきっかけにして、日本は中国との全面戦争を開始した。それは、上海への二個師団増派が決定され、中国国民政府を断固「膺懲《ようちょう》」するという近衛内閣の声明が出された、八月一四―一五日のことであり、八年後の同じ日(一四―一五日)に日本が無条件降伏したことは歴史の皮肉であった。歴史の女神クリオは思わぬところに顔を出している。

盧溝橋事件からまもなく、多くの部隊が中国に派遣されるが、その中には毒ガス戦部隊も含まれていた。部隊の派遣や大きな作戦の発動はすべて天皇の命令によるが、派遣された主な毒ガス戦部隊は、野戦瓦斯第一・第二・第五・第六・第一三中隊、迫撃第一・第三・第四・第五大隊、第一軍野戦瓦斯隊本部、第一・第二・第三・第四野戦化学実験部、第一・第二野戦瓦斯廠などである(1)。このうち、迫撃砲部隊は通常弾と毒ガス弾の両方を用いる部隊である。

このような派遣は、陸軍が日中戦争で最初から中国軍を相手に毒ガス戦を実施しようとしたことを示している。その目的は、実験的使用を行い、来るべき本格的な現代戦、つまり対ソ戦のための実戦経験を積むことであった。

催涙ガスの使用

閑院宮《かんいんのみや》載仁《ことひと》参謀総長は、はやくも七月二八日、香月清司支那駐屯軍司令官に対して、催涙ガス使用許可の指示を発令している。それは、平津地方(北平(北京)・天津地域)の国民党軍を「膺懲」し、この地域を安定化せよという天皇の命令(臨参命第六四号)に基づいて行う作戦行動で、参謀総長が出す具体的な指示(臨命第四二一号)の中にあり、「適時催涙筒を使用することを得《う》」と記されていた。(2)

この指示の直前に、支那駐屯軍には催涙筒(みどり筒)三〇〇〇本が交付されていた。これが実際に使われたかどうかは確認できないが、その後、八月二六日に編成された北支那方面軍(司令官・寺内寿一大将。華北一帯を担当)にも同様の指示が出されたと思われる。というのは、その指揮下の各部隊が使用しているからである。

たとえば、北支那方面軍指揮下の第二軍に所属する姫路第一〇師団(師団長・神頭勝弥中将)は、一九三七年一〇月中旬から翌年五月末までに、みどり筒を一六一九本使用し、広島第五師団(師団長・板垣征四郎中将)は、一九三八年五月一日から三一日の間に、四五〇本を使用している。(3)

華中には上海派遣軍(司令官・松井石根大将)が派遣されたが、この部隊に対しても、早くから使用許可の指示が発令されていたと思われる。上海派遣軍指揮下の名古屋第三師団(師団長・藤田進中将)は、一九三七年八月三一日、呉淞《ウースン》の「敵前上陸」で催涙筒を使おうとした。海軍軍令部第四部（通信）にいた高松宮宣仁《のぶひと》海軍少佐は、催涙筒使用を企図する陸軍に対して海軍の第三艦隊（司令官・長谷川清中将）が「あわて、「止めて呉れ」と云ひ」、海軍中央からも「止めさしてほしい」といって止めたと記している。(4) また、白銀義方元陸軍中将（当時第三師団参謀）も、国民党軍の接近戦闘での強力な抵抗をくじくために、上陸「実施の翌日《ママ》迄はみどり筒をも使用する決心」であったが、海軍次官の名で「之を中止する」との電報が来て、中止されたと回想している。(5)

華中での使用が確認されるもっとも早い例は、第三師団歩兵第六聯隊《れんたい》（聯隊長・川並密大佐）第二大隊が一〇月一六日以降、大場鎮附近の戦闘で催涙筒二〇本を使用したというケースである。(6) ついで、上海派遣軍の苦戦を救うために、新たに派遣された第一〇軍（司令官・柳川平助中将）には七〇〇〇本の催涙筒が配備された。(7) 第一〇軍は一一月五日、杭州湾北岸に急襲上陸するが、その直前の一〇月二五日に田辺盛武参謀長は「緑筒は毒瓦斯にあらす、各隊は必要に応し最も有効に使用すへし、然《しか》れとも之亦其補給十分ならさるを以て特〔に〕必要大なる場合に於てのみ使用するの着意肝要なり」と指示している。(8) こうして、第一〇軍は、催涙ガスは毒ガスではないとして、上陸直後から使用し始める。

南京攻略戦と糜爛性ガスの急襲使用計画

一一月七日、中支那方面軍（司令官・松井石根大将）が新しく編成され、その指揮下に上海派遣軍と第一〇軍が編入されるが、この時期には糜爛性ガス（きい剤）の使用計画が練られていった。第一〇軍司令部は、南京攻略戦を目前にした三〇日に「南京攻略に関する意見」をまとめ、陸軍中央に送っている。それは、速やかに急襲攻略する第一案(南京急襲案)と、急襲できない場合の第二案(徹底空爆案)であった。

このうち第二案が問題となるが、それは、南京を包囲した上で正攻法をとらず、市街を徹底的に空爆するとし、とくに「「イペリット」及焼夷弾を以てする爆撃」を約一週間、連続的に実行し、「南京市街を廃墟《はいきょ》たらしむ」というものであった。(9) そして、この攻撃では徹底的に毒ガスを使用することが極めて重要であり、使用を躊躇して、上海戦のような多大の犠牲を出すようなことがあってはならないと強調していた。

日本軍は、上海という一つの都市を攻略するのに八四日間もかかり、国内にあった弾薬庫が空になるほどの大量の砲弾を撃ちつくし、死傷者は四万人以上に達していた。このように、国民党軍の抗戦能力は予想以上に高かったので、味方の被害を少なくするために、毒ガスによる徹底的空爆という激しい攻撃案が提案されたのである。

第一〇軍は、すでに一一月一九日に、陸軍中央が決めた作戦行動範囲を制限する制令線を無視して、独断で南京に向けて進撃していた。上海派遣軍もこれに続こうとした。中央の命令を無視する第一〇軍の行動が生まれた背景には、この時、参謀本部から中支那方面軍に出向していた武藤章作戦課長の働きかけがあったのだが、この毒ガス使用に関する意見書にも、第一〇軍司令部の強引な作戦指導がよく現れている。華中の戦地にいた第一〇軍司令部は、糜爛性ガスの大規模使用についてもすでに抵抗感をなくしていたのである。

現地の軍からの強い要求で、一二月一日に南京攻略を命ずる天皇の命令、大陸命第八号が発令された。しかし、相手方の首都を毒ガスで攻撃して廃墟にするという攻撃案は、国際的な非難をあびるおそれがあり、さすがに採用されなかった。閑院宮参謀総長は、一二月一日、松井中支那方面軍司令官に対して「瓦斯並催涙筒の使用に関しては更《あらた》めて指示を待つへし」（大陸指第九号）と指示して、毒ガス使用案を却下する。(10)

野戦化学実験部の調査報告

中国での野戦化学実験部の任務は「敵の化学兵器に関する緊急なる実験」を行い、化学戦の対応処置に関する資料をえることにあった。(11)全面戦争がはじまると、第一野戦化学実験部（部長・白倉司馬太砲兵大佐）が天津に、第二野戦化学実験部（部長・風早清工兵大佐）が上海に、第三野戦化学実験部（部長・黒瀬平一歩兵大佐）が華北に、第四野戦化学実験部（部長・西照輜重兵大佐）が「満州国」チチハルに出動した。

各実験部は、一九三八年二月または一九三九年三月に帰還、復員するが、その間各地で情報・資料・資材を収集し、多くの報告をまとめている。これらは、国民党軍の毒ガス戦装備の実態を解明し、日本軍が毒ガス戦を展開しても反撃されるおそれがないことを確認するためだった。当時、国民党軍はドイツ国防軍の優秀な将校による軍事指導を受けて訓練を重ねており、その化学戦能力を確かめなければ、催涙ガスよりも強力な毒ガス戦に踏み切れなかったからである。

第一野戦化学実験部は、はやくも一九三七年九月に「支那《しな》軍に対するあか剤の使用は極めて有効なり」とする報告をまとめている。[12] 捕獲した国民党軍の四種類のガスマスクについて実験をしたところ、あか剤に対する「濾煙《ろえん》能力」が不十分だというのである。一一月の報告では、国民党軍のガスマスクは旧式で数も少なく、野戦築城での防毒施設も不十分なので「あか剤及きい剤の使用は極めて有効」だとのべている。[13] 別の報告では、国民党軍はいまだ毒ガスを使用した形跡はなく、今後使用したとしても「小規模且分散的なもの」に過ぎないだろうとの判断を示している。[14]

一九三八年二月にまとめられた第三野戦化学実験部の報告も同様だが、特に注目されるのは、上海・南口・娘子関《じょうしかん》などで日本軍が苦戦した経験から、通常兵器では打ち破ることが難しい堅固な陣地に対して、毒ガスが最もよくその特性を発揮しうるとのべていることである。[15] また、現在出動している日本軍は、化学戦の見地からすれば「相当大なる欠陥」を暴露しており、このまま「対某国戦」、つまり対ソ戦に突入すれば「恐るべき結果を招来」するだろうとして、化学戦に関する教育・訓練の徹底を提言している。

第三野戦化学実験部は糜爛性ガスの使用についても提言している。華北の国民党軍兵士は冬季には分厚い服を身につけており、糜爛性ガスを使用しても十分に浸透せず、効力が落ちるおそれがあった。そこで、実験をおこなった結果、とくに華北の南部ではそれほど気温が低下しないので、「滲透効力の発揮困難にあらず」というのである。[16] また、呼吸器や顔・手など衣服でおおわれていない部分からの吸収や、汚染された被服からの二次汚染、糜爛性ガス使用がもたらす精神的効果などから、効力は「偉大」なものとなるだろうとのべている。

このような綿密な調査報告をえて、一九三八年春から陸軍中央は、催涙ガスよりも強力な嘔吐性ガス、あか剤の使用に踏み込んでいく。

徐州会戦・安慶作戦での嘔吐性ガス使用の指示

日本政府も日本軍も、中国の首都南京が陥落したら国民政府は敗北を認め、戦争は終るだろうと楽観的に考えていた。しかし、国民政府は首都を重慶に移し、武漢を仮首都として抗戦を続けた。一九三八年一月、近衛内閣は、駐華ドイツ大使トラウトマンの講和の仲介を拒否して、「国民政府を対手《あいて》とせず」という声明を発した。こうして日中戦争は長期戦に突入していった。日本軍は、国民政府を武力で屈服させることができると判断して、華北・華中・華南で積極的な進攻作戦を進めた。

まず、四月七日、北支那方面軍・中支那派遣軍(司令官・畑俊六大将)に対して徐州作戦の大命(天皇の命令)が下った(大陸命第八四号)。こうして、四月下旬から六月にかけて、江蘇省徐州を中心にして日中両軍の会戦が行われた(徐州会戦)。日本軍は、北支那方面軍を北から、中支那派遣軍を南から動員し、約五〇個師の国民党軍を包囲殲滅しようとしたが、これは失敗した。しかし、日本軍は山東省南部・安徽《あんき》省・江蘇省・河南省東部の要衝を占領した。

さらに、五月二九日、大陸命第一一一号により、中支那派遣軍司令官は安慶の攻略を命じられた。そこで、台湾歩兵第一・第二聯隊を基幹とする波田支隊(支隊長・波田重一少将)は、海軍部隊と協力して六月一二・一三日に安慶城を占領した(安慶作戦)。

徐州作戦の大命が下った直後の四月一一日、閑院宮参謀総長は、寺内北支那方面軍司令官・蓮沼蕃駐蒙兵団司令官に対して、嘔吐性ガス(あか剤)の使用を許可する大陸指第一一〇号を発令した。それはつぎのようなものだった。

左記範囲に於てあか筒、軽迫撃砲用あか弾を使用することを得

(1)使用目的　山地帯に蟠居《ばんきょ》する敵匪の掃蕩《そうとう》戦に使用す

(2)使用地域　山西省及之に隣接する山地地方

(3)使用法　勉《つと》めて煙に混用し厳に瓦斯使用の事実を秘匿し其痕跡《こんせき》を残ささる如く注意するを要す(17)

これは、「使用することを得」という使用許可の形式をとっているが、北支那方面軍から使いたいという要請があるわけではなく、実際には実戦使用せよと参謀本部が命じているに等しかった。また、使用の事実を隠し、その痕跡も消せという、催涙ガス使用の場合にはなかった注意が入っていることが注目される。これは嘔吐性ガスの使用は国際法に違反するおそれがあると参謀本部が考えていたことを示している。この指示により、嘔吐性ガスの使用は、欧米諸国の目が届きにくい山西省を中心とする奥地で使用されることになった。交付された毒ガスは、北支那方面軍に軽迫撃砲用あか弾一万五〇〇〇発、あか筒四万本、駐蒙兵団にあか筒一万本であった。

ついで、五月に、中支那派遣軍に対して、あか弾・あか筒の小規模な範囲での集中使用を許可する大陸指が発令されたと思われる。なぜなら、中支那派遣軍司令部の記録には、徐州作戦と安慶作戦では一

般の化学兵器の使用方針とは異なり、「局部的に之を使用し局地の戦闘を有利に進捗《しんちょく》せしむるを主眼」とし、状況により徹底的な集中使用を行うという方針が定められた、とあるからである。[18] 以下、徐州会戦・安慶作戦と晋南粛正作戦（山西省南部の戦闘）での毒ガス使用についてみてみよう。

徐州会戦・安慶作戦での使用

徐州会戦・安慶作戦での毒ガス使用は、欧米諸国の目が届きやすい地域での実験的な実戦使用であるため、大規模には使えず、大きなガス効力ははじめから期待していなかった。しかし、実際に使用してみると、その効果は予想以上であった。

徐州会戦では一九三八年五月三日に使用許可命令が各部隊に伝達された。金沢第九師団（師団長・吉住良輔中将）の「機密作戦日誌」（日付順に作戦行動を記録した部隊の機密扱いの公式記録）には「此日、本会戦に特種発煙筒を使用し得ることに決定せらる」とある。[19]「特種発煙筒」とは嘔吐性ガス筒（あか筒）のことである。第九師団作戦主任参謀の川久保鎮《しずま》馬中佐は、毒ガスを使わないのにいつも兵士が重いガスマスクを持たされて行軍していることを不都合に思い、持たないで行軍することを何度も進言していたが、この命令を聞いて「此《この》問題は之にて解消せり」と納得している。[20]

この会戦での毒ガスのもっとも早い使用例は、一七日午前六時からの蕭《しゆく》県《けん》城西門攻略を目的としたものであった。[21] この時は、金沢歩兵第七聯隊（聯隊長・伊佐一男大佐）が、あか筒を四五本準備したが、風向きが悪く、二本使用しただけで中止した。

同日午後六時から、蕭県城東南四キロの地点で、鯖江歩兵第三六聯隊(聯隊長・脇坂次郎大佐)が、二度あか筒を少量使用したが、毒ガスの使用直後に突入(これを「膚接《ふせつ》して突入」という)することができなかった。しかし、翌一八日、北部張二庄集落への攻撃では、あか筒三〇本を使用し、国民党軍内に毒ガスによる「多数の患者」が発生したことを確認した。また、毒ガスを吸い込んで倒れ、担架で後送される途中の国民党軍兵士を「全部射殺」している(22)。毒ガスを吸い込んで苦しんでいる兵士を通常兵器で殺していることが注目される。

この戦闘に参加した兵士の反応はどうだったのだろうか。第三六聯隊第二大隊第五中隊所属の山本武伍長は、毒ガスの使用と聞いて最初はびっくりする。しかし、張二庄攻撃は激戦であったにもかかわらず、最終の突撃時に「敵」の抵抗・逆襲がなかったのは、焼討ちもさることながら、毒ガスの効果によるのであり、あか筒がどんなガスかは知らないが「わが犠牲を少なくするためにはやむをえぬ作戦」であろうと記している(23)。このように、多くの兵士は、味方の損害を減らし、容易に「敵陣」を落すことができることから、その使用を抵抗なく受け入れていった。

五月一九日午後〇時三〇分、歩兵第三六聯隊があか筒四五本を使用した戦闘では、強力に抵抗する国民党軍兵士約四、五〇〇名は、異臭を感じて直ちに退却をはじめたため、三六聯隊は簡単に前進することができた(24)。これが確認される嘔吐性ガス使用の最初の鮮やかな成功例だった。なお、この戦闘では、味方の兵士約一〇名が、ガスマスクの着け方が不確実だったため毒ガスを吸い込み、一時戦闘力を失い、約三〇分後に回復するという失敗もあった。

固鎮攻略にあたった名古屋第三師団の森田支隊(支隊長・森田豊秋少佐)は、化学戦専門部隊である第二野戦瓦斯隊を中心とする大隊規模の部隊であった(五〇〇名)。森田支隊は、五月一九日午後一時五五分から、まず発煙筒五〇本を、ついであか筒一一九本を一斉に点火し、ガスを放射した。その模様はつぎのようであった。

朦々《もうもう》たる化煙は固鎮一帯を覆ひ、敵の射撃は忽《たちま》ち中絶したるを以て、第一線部隊は煙に膚接して敵陣に突入し、周章狼狽して潰走する敵に殲滅的打撃を与ふると共に、家屋内に潜入して呻吟《しんぎん》苦悶する残敵を掃蕩し、午後二時三十分全く固鎮を占領せり。(25)

毒ガスが「敵陣」にむけてよく低迷して流入し、それに膚接して突入し、たった三〇分で堅固な陣地を攻略したのである。ここでも毒ガスの被害を受けた兵士は殺されている。特に国民党軍に与えた心理的恐怖心と、日本軍に印象づけられた鮮やかな毒ガスの効果は、非常に大きなものであったと報告はのべている。

この攻撃に参加した野戦瓦斯第五中隊のガス兵、石田義一上等兵は、午前一〇時から固鎮の直前で一歩も前進できなくなり、午後二時になって、ついに一九三七年一〇月の上陸以来最初の毒ガスを使用した。彼は「敵もこれには困ったらしく全員退却をはじめた」と記している。(26)毒ガス部隊の本領をようやく発揮することになったのである。

つぎに大きな効果をあげたのは、六月二日、第三師団の名古屋歩兵第六聯隊(聯隊長・川並密大佐)による上窰《じょうよう》西方一キロにある無名集落の攻略のときであった。このとき、第一線歩兵部隊では猛烈な射撃を受けて死傷者が続出し、「敵前」二〇〇メートル手前で前進できなくなった。そこで、あか筒二五本・みどり筒三〇本・発煙筒一五本を使用し、毒ガスが相手陣地に深く浸入するのを確認して突撃した。すると、国民党軍は「全く混乱状態に陥り、陣地を離れ武器を棄てゝ潰走《かいそう》する者、或は麻酔化して呻吟苦悩する者多数に上り」、午後三時一五分には、完全に相手側の第一線陣地を奪取することに成功した。(27)

以上は、いずれも徐州会戦での使用だが、安慶作戦での使用は四例が報告されている。六月二六日、香口附近の戦闘では、台湾歩兵第二聯隊第三大隊に配属された野戦瓦斯第一三中隊第一小隊が、あか筒四三本・みどり筒八二本・発煙筒二〇〇本を使用した。使用開始とともに、正面の国民党軍は「喧躁《けんそう》」となり、「一弾も射撃する事能はず、銃火器を其場に捨て」て退却した。(28)

このように、使用の効果は非常に大きかったのだが、おもわぬ混乱も生じていた。それは、あか筒の約一割が点火時に発火したため、反撃の目標となり正面の国民党軍から射撃を受けたことである。また、発煙筒の半数は不良品で点火できなかった。品質管理が不十分で、故障しやすいという戦前日本の基礎的工業生産能力の欠点が、このような所にも現れて、現場の兵士たちを苦しめていたのである。

七月三日、徐村附近の戦闘では、台湾歩兵第一聯隊第二大隊があか筒六四本・みどり筒三二四本・発煙筒六九本を使用した。あか筒を使用した一五分後に、相手陣地に突入すると、約一五〇名の兵士が苦悶していた、という。これらの兵士をどうしたかは書かれていないが、刺殺されたのではないだろうか。また、その後の戦闘で、発煙筒を使用すると、毒ガスと誤認して国民党軍兵士は逃走した。そこで、あか筒使用の終期に発煙筒を使用すれば、相手に長時間のガスマスク装面を強い、その戦闘動作を減退させることができるという教訓を得ることとなった。

同日の流斯橋《りゅうしきょう》附近の戦闘では、戦闘能力のない後方部隊（輜重《しちょう》部隊）が国民党軍の包囲を受けたが、あか筒四本・発煙筒一二〇本を不意に使用したところ、驚いて一弾も発射できない状態に陥ったので、この混乱状態を利用して無事に包囲を突破した。ここから、後方部隊の防御にも毒ガスは有効であるという教訓をえている。

中支那派遣軍司令部の結論は、徐州会戦・安慶作戦での小規模な使用は国民党軍の毒ガス防護装備が貧弱なため、予期以上の効果があったというものだった。中でも、戦意を喪失させる精神的効果は予想以上であった。そこで、次期作戦のための教訓として導き出されたものはつぎの通りであった。(29)

第一は、局部的に使用する場合でも、要点に集結使用して効果をあげることが必要だということであった。中支那派遣軍が勧める数量は少なくとも毒ガス筒四〇本以上だった。

第二は、嘔吐性ガスの効果は即効性のため「決勝瓦斯」と呼ばれていたが、一時性なので、毒ガスに膚接して突撃することが必要だということであった。毒ガス吸入後約三〇分で効力を失い、戦闘能力を回復するというのが司令部の結論だった。

第三は、局地の気象測定・推定を詳細に行うことが必要だということであった。徐州会戦では、気象測定あるいは推定が不十分で攻撃の時機を失ったり、味方に損害を与えた場合があった。毒ガス戦は気象に左右されるという弱点をかかえているのである。

第四は、徐州会戦・安慶作戦では、歩兵部隊が野戦瓦斯隊の配属を受けて使用したが、次期作戦では、

第一線の歩兵部隊がみずから使用することを本則とする必要があるということだった。このため、中隊の全員を毒ガス戦のために訓練することが必要となった。

第五は、あか筒は、催涙筒や発煙筒と混用すべきだということであった。とくに、あか筒使用の終期に催涙筒や発煙筒を使用することに意味があった。催涙筒や発煙筒はあか筒よりも軽いので、歩兵にとって持ち運びが楽だった。

第六は、毒ガス戦資材は師団で相当数保有するようにするが、必要量をあらかじめ第一線部隊に分配しておくべきだということであった。第一線部隊では、背負袋か帯革に結びつけておき、いつでも使用できるようにするというのが、中支那派遣軍の方針となった。

第七は、機密の保持に一層注意する必要があるということであった。これは、中支那派遣軍もあか筒の使用は国際法違反のおそれがあると判断していたことを示すものであろう。

晋南粛正戦（山西省南部の戦闘）での使用

一九三八年四月一一日付の毒ガス使用に関する参謀総長の指示（大陸指第一一〇号）を受けた駐蒙兵団は、六月中に第二六師団（師団長・後宮淳中将）が戦った綏遠《すいえん》省東南地区（清水河・和林格爾附近）の戦闘で嘔吐性ガス筒（あか筒）の使用を準備したが、「状況之に適せざりし為」使用を中止した。(30)

もう一方の寺内北支那方面軍司令官は、四月二一日、石家荘にいた第一軍（司令官・香月清司中将）に大陸指第一一〇号を伝達し、毒ガス戦を展開するため、五月中旬までに必要な訓練と準備をするよう命令

した。北支那方面軍は渡辺雅夫参謀を現地に派遣して指導させた。(31)

そこで、第一軍司令部は、五月三日、方面軍の命令を隷下《れいか》各部隊に伝達し、「特種資材使用に伴ふ秘密保持に関する指示」を発令した。それは、「特種資材」(毒ガス)使用の事実を隠すために、毒ガス筒・収納箱の標記を予め消すこと、使用後の毒ガス筒は収集して持ち帰ること、毒ガス戦資材の出納を明確にして紛失を防ぐこと、教育訓練では印刷物を配布しないこと、教育内容を口外しないこと、毒ガスを使用した時には証拠を残さないため「使用地域の敵を為し得る限り殲滅」すること、資材の運搬に地元の住民や傭役《ようえき》車馬を使わないこと、毒ガスを使ったのではないかという中国側の宣伝に対しては毒ガスではなく煙だと反論することなどを指示していた。(32) 国際法違反を意識し、いかに使用の事実を秘匿するかに注意を集中していたことがよくわかる。また、敗戦後、嘔吐性ガスの使用の事実を隠そうとし、ガス筒を地中に埋めるなど遺棄・投棄したのも、国際法違反の追及を恐れたためであった。

ついで、六月四日、第一軍には新任の梅津美治郎《よしじろう》軍司令官が着任し、一五日、朝鮮龍山第二〇師団長、牛島実常中将にあか筒の使用許可命令を出した。こうして、徐州作戦の支作戦である晋南粛正戦での毒ガス使用は第二〇師団が担うことになった。山西省南部曲沃《きょくよく》附近での毒ガス戦の模様を、現地に派遣された渡辺第一軍参謀の電報から引用すると、つぎのようになる。

第二十師団は、七月六日払暁《ふつぎょう》〔明け方〕よりの攻撃に当り其の部隊正面に於て、儀門村及北楽村各南方高地の線に、四・五千米に亘り、六・七千筒の特種発煙筒を使用せり。尚時風は北々東、一米七十、煙は克《よ》く低迷す。最初敵は発煙開始の信号弾を見て盛んに射撃を開始するも煙の到達と共に射

撃を全く中止す。(33)

七月六日早朝、第二〇師団は、国民党軍に対して幅四、五キロにわたって嘔吐性ガス筒六、七〇〇〇本をならべ、合図の信号弾が上がると同時に一斉に点火したのである。射撃を開始していた国民党軍は、もうもうとした毒ガスが到達すると射撃を中止し、一斉に退却した。

この戦闘は、粟屋教授が発見した陸軍習志野学校案「支那事変に於ける化学戦例証集」にも収録されている(以下「例証集」と略す。戦例第一一、図1参照)。これによれば、毒ガスは国民党軍の第一線陣地を完全に覆《おお》い、第二〇師団は一挙に三キロメートルを突破したという。(34) しかし、風向きの変化で、毒ガスの一部が第二〇師団側にも流れてきて、その附近の部隊は突進が遅れた。また、山側では毒ガスが滞留して国民党軍の後方陣地にまで到達しなかった。こうして、事前に気象を調査し放射の好機をつかまねばならないこと、後方陣地に対しては、毒ガス放射ではなく毒ガス砲撃を行うべきこと、という教訓も得ることになった。翌七日にも、第二〇師団は毒ガスを使用した。

曲沃南方地区に於ては、七日未明東韓村より南吉村に亘り約三粁《きろ》の正面に亘り、約三千箇の特種発煙筒を使用し、煙は澮河《かいが》に沿ふ地区を西方に流動し、次で風向の変化に依り曲沃西方高地脚を東流せる若干の煙は澮河北岸にも流来せり。(35)

こうして、曲沃南方にいた国民党軍は全面的に退却し、実験的大規模使用は予想以上の大きな効果を生んだのである。この後、一九日に、梅津第一軍司令官は、「乱用を警《いま》しむる」ため第二〇師団長に使用中止を命令した。(36)

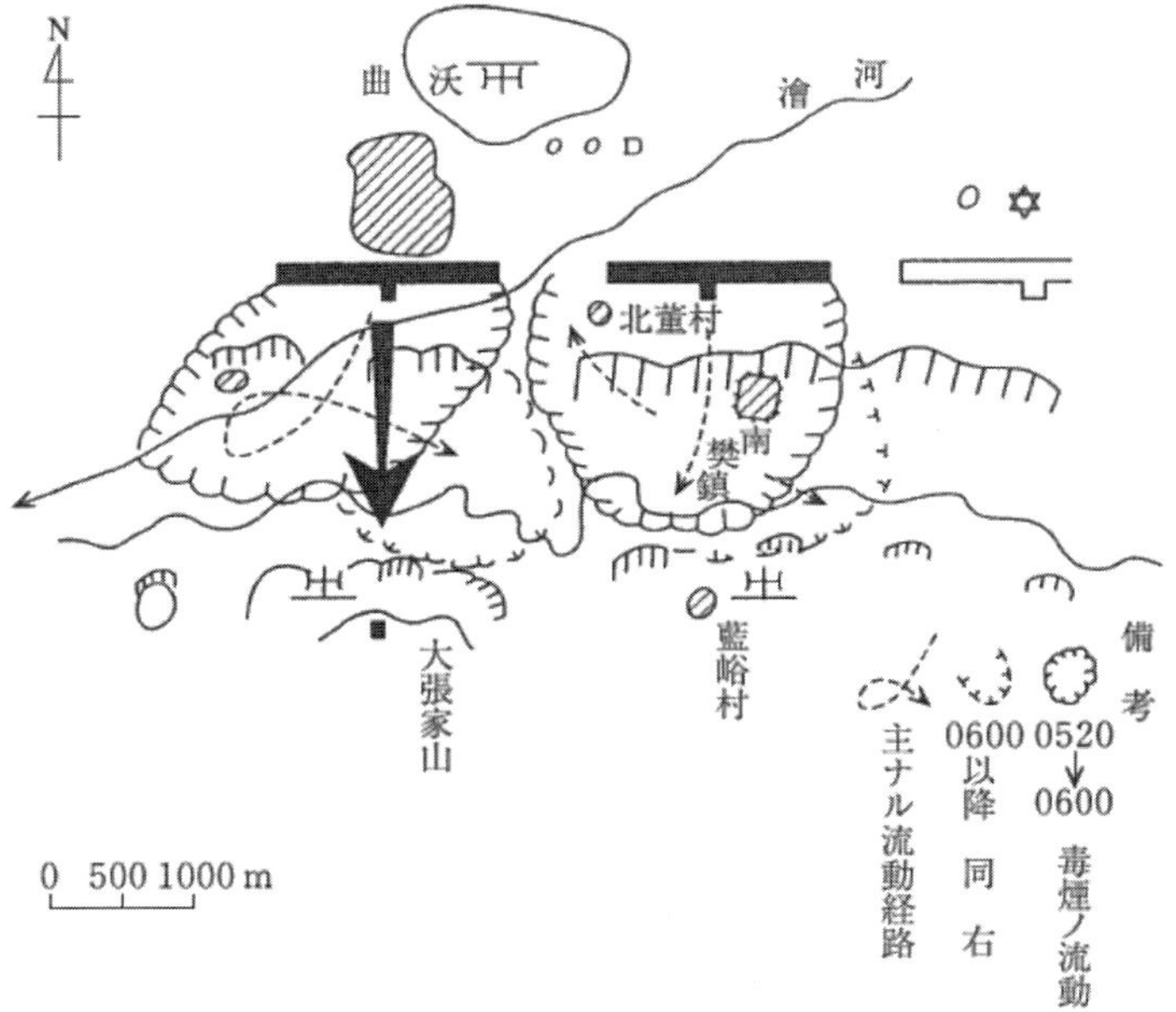

図1 曲沃附近戦闘経過要図(1938年7月6日払暁)

出典：粟屋・吉見編『毒ガス戦関係資料』444ページ．
出は野砲兵の放列，✡は旅団司令部を示す．

この大規模な毒ガス戦の評価は大変高かった。中支那派遣軍が北支那方面軍から得た情報によれば、毒ガスの効果は「其の一部を蒙《こうむ》りたるものに於ても、地上に倒れ、七転八倒し、又脱糞せる等」明瞭なものがあった。また、第二〇師団は一集落を攻略するのに三、四〇名ないし一〇〇名の損傷を受けていた。ところが、七月六日の毒ガス使用では、左翼隊が約一〇ヵ集落を攻略するのにわずか一〇名以下の損傷しか受けなかったという。(37)

ところで、参謀総長の大陸指一一〇号が発令されてから実際の使用まで二ヵ月半もかかったのはなぜだろうか。それは、第一軍司令部やその指揮下の各部隊の中に、毒ガスの使用を躊躇《ちゅうちょ》する姿勢があったからである。

六月に入って、第一軍から前線に派遣された森赳作戦参謀と渡辺参謀は、間近に優勢な国民党軍を迎え討とうとしている第二〇師団に使用させるよう再三意見具申し、他の参謀も全員使用に賛成していた。しかし、飯田祥二郎第一軍参謀長は強く反対した。その理由は、「果して十分なる効果を挙げ得るや」「各部隊が之に頼り過ぎて却《かえっ》て戦闘動作不適切とならざるや」という心配と、「万一発覚の際の責任」問題であった。(38)

また、垣曲《えんきょく》東方で苦戦に陥り、七月六日には死傷者が五〇〇人に達した弘前第一〇八師団の中野支隊（支隊長・中野直三少将）からも、毒ガスの使用許可を求める電報がたびたび届いたが、「戦況不利の場合之に頼らんとする悪風を生ずるは適当なら」ずという理由と、「敵に国際的悪宣伝の資料を与ふる」という理由で、第一軍は許可しなかった。(39)

陸軍部隊では危急の際には「独断専行」することが許されているのに、中野支隊はなぜ独断専行して使用しなかったのだろうか。第一軍参謀部はつぎのように記している。

之〔あか弾〕が独断使用は部隊長の責任を以てなすべきものならん。勝敗には代えられず。正式の許可申請にては認可せられず。然れども師団側から見れば、軍〔第一軍〕が責任となつて許可するが軍の親切ならずやと考へありしが如し。是《こ》れ七月十一日第百八師団の村田参謀の言に依り推知し得られしなり。(40)

師団側も国際法違反の問題を意識し、独断での使用を避けようとしていたのである。このことは、参謀総長の指示があったとしても、毒ガス戦は現地部隊が独断専行して実行することが困難なほどの重大な問題であったことを示しているであろう。しかし、上部機関から明確な指示がなされれば、使用を躊躇するものはほとんどいなくなるということでもある。大きな効果があり、味方の戦力の消耗が避けられることが明確に実証されたのだからなおさらである。

以上のように、北支那方面軍では、一九三八年七月に第一軍が嘔吐性ガス(あか剤)の大規模な実戦使用の実験を行い、それに「成功」した。この実験は、現地軍の要求に基づくものではなく、参謀本部の積極的な指導により推進された。自信を深めた北支那方面軍は、八月以降全面的な嘔吐性ガス(あか弾・あか筒)の使用に踏み込んでいくことになる。

全面的な使用へ

六月一八日、大本営陸軍部は、初秋を期して漢口を攻略するため中支那派遣軍司令官は前方に地歩を固め、北支那方面軍司令官は占拠地域の安定確保に関する現任務を続行せよという、大陸命第一一九号を発令した。これに基づいて、八月六日、参謀総長は、嘔吐性ガス・催涙ガスによる全面的な毒ガス戦を認可する指示、大陸指第二二五号を発令した。それは、北支那方面軍と中支那派遣軍は「爾今あか筒及あか弾を使用することを得」というものであった。また、「之か使用に方《あた》りては勉めて煙に混用し又市街及第三国人居住地域に使用せす厳に瓦斯使用の事実を秘匿し其痕跡を残ささる如く注意すへし」という注意も示されていた(41)。

これを受けて、八月一九日、寺内北支那方面軍司令官は「占拠地域安定確保の為」必要ならいつでもあか弾・あか筒を「使用すへし」という命令を発する(42)。また、八月二三日、中支那派遣軍に対して武漢攻略を命令する大陸命第一八八号が発令されるが、この作戦では、全面的な毒ガス戦が展開されることになる。

2 武漢攻略作戦

毒ガス作戦の発動

一九三八年八月二三日、中支那派遣軍司令官、畑俊六大将と支那方面艦隊司令長官、及川古志郎中将に対して、漢口攻略を命ずる天皇の命令が正式に発令された(大陸命第一八八号・大海令第一三五号)。また、九月一九日には、第二一軍司令官、古荘幹郎《ふるしょうもとお》中将と支那方面艦隊司令長官、及川中将に対して広東(広州)攻略を命ずる命令が発令された(大陸命第二〇一号・大海令第一三九号)。仮首都である武漢と華南の中心都市である広州を攻略すれば国民政府は屈服するであろうと、日本政府と大本営は考えたのである。

これを受けて、畑中支那派遣軍司令官は、同日、第二軍(司令官・東久邇宮稔彦《ひがしくにのみやなるひこ》中将)に対して、八月下旬から行動を開始し、光州・商城の線をへて信陽と漢口北側へ向うよう命令した。また、第一一軍(司令官・岡村寧次《やすじ》中将)に対しては、長江とその北岸を進撃し、次いで、南岸から瑞昌・徳安をへて永修を占領するとともに、武漢三鎮と南部粤漢《えっかん》鉄道の線に向うよう命令した。

第二軍には名古屋第三師団・姫路第一〇師団・仙台第一三師団・京都第一六師団が配属された。第一一軍には熊本第六師団・金沢第九師団・久留米第一八師団（九月一九日、第二一軍に転属）・波田支隊という精鋭部隊のほか、第二七師団（支那駐屯歩兵第一・第二・第三聯隊で編成）・石原支隊・高品支隊・鈴木支隊や、東京第一〇一師団・熊本第一〇六師団が配属された。両軍あわせると四〇万近くになる大兵力だった。

中支那派遣軍「武漢攻略戦に於ける化学戦実施報告」（以下「実施報告」と略す）により毒ガス戦の実態をみてみよう。中支那派遣軍は、八月中旬、武漢攻略作戦での嘔吐性ガス（あか弾・あか筒）と催涙ガス（みどり筒）の使用命令を発した。これを受けて、東久邇宮第二軍司令官は、八月一六日、隷下各師団長に対して「本次作戦間師団長は適時特種煙を使用すへし」と命令し、使った場合は詳しい報告書を出すよう求めた(43)。また、岡村第一一軍司令官も、八月二一日、「特種煙」使用を命令した(44)。ここでいう「特種煙」とは嘔吐性ガスと催涙ガスのことである。

中支那派遣軍の基本方針は、勉めて軽易にまた「随所且局部的に」使用することを本則とし、必要な場合は相当規模で集中使用して「迅速なる戦局の発展」を図るというものだった(45)。このため、①歩兵大隊に発煙小隊を設けて使用させる、②野戦瓦斯隊に発煙させる、③突撃実施のため第一線部隊に発煙させる、④砲兵（迫撃砲・山砲・野砲）部隊に毒ガス弾を撃たせるという、四つの方法が採用された。

その結果、八月二一日から一一月二一日までの三ヵ月間に、中支那派遣軍は、三七五回以上毒ガスを使用した。そして、その攻撃の約八〇パーセントは「成功」し、約二〇パーセントは成果が十分でなかったと結論づけている。[46]つまり、おおむね成功したというのである。使用した毒ガスの種類は、第二軍が、あか弾五二九五発・あか筒一万二〇五七本・みどり筒六〇七本、第一一軍が、あか弾四三七二発・あか筒二万一〇五本・みどり筒六〇六〇本であった。[47]両方あわせると、あか弾九六六七発・あか筒三万二一六二本・みどり筒六六六七本となり、一回あたり、嘔吐性ガス(あか剤)で一一二発(本)となる。小規模での頻繁な使用という実態が浮かび上がる。また、第一一軍の方が多く使用している。

武漢攻略作戦は、猛暑で有名な地域が戦場となったため、中支那派遣軍では、四〇万弱の総兵力のうち、一五万に達するマラリア患者が生ずることとなった。[48]第二軍の場合、駐屯地から集結地へ向かう苦しい行軍による疲労、作戦初期の猛暑、作戦中の長く急速な進軍、食糧補給の不足、コレラの発生、マラリアの多発などで多くの落伍者と患者が出た。このため、総兵力約一七万のうち、野戦病院に入院した者は二万五〇〇〇人以上もおり、病気にかかったものは過半数に達した。第一線歩兵の兵力はいちじるしく落ち込み、作戦遂行に深刻な影響を及ぼすこととなった。[49]第一一軍でも、状況はこれと同様であったと思われるが、いかに苦しい戦いが継続したかがうかがわれる。したがって、粘り強く抗戦する国民党軍に対して、毒ガス攻撃に頼る場面が多くなった。

第二軍の戦闘

険しい山岳を含む北側の悪路の進軍を命じられた第二軍は、各部隊に毒ガス戦資材を配分し、自主的に毒ガス戦を展開するよう指導した。そして、姫路第一〇師団を化学戦力の主力に指定して優先的に配分し、第二野戦瓦斯隊を配属した。京都第一六師団には迫撃第五大隊を配属したが、この迫撃大隊には主として毒ガス弾を装備させた。仙台第一三師団には迫撃第三大隊を配属したが、この部隊には主として榴弾(爆発威力の大きい砲弾)を装備させた。第二軍の各部隊が毒ガスを使用したのは大隊以下の単位でだった。

姫路第一〇師団(師団長・篠塚義男中将)は、光州の占領と信陽方面への進出を命じられて、明治天皇の即位の日である八月二七日に進軍をはじめたが、二九日から華氏一一〇度(摂氏四三・三度)以上になる高温と、携帯食糧の重さや水不足で多くの熱中症患者を出し、また、悪路のため最初から行軍に苦労することとなった。

このような中で、早くも二八日夜八時二〇分、姫路歩兵第三九聯隊第三大隊が六安附近の西関集落で、相手陣地の六〇メートル手前から、あか筒九本を使用した。(50) これが武漢作戦での最初の毒ガス使用であった。この戦闘では、家屋の銃眼から攻撃する国民党軍の機関銃を制圧するため毒ガスが使用されたのだが、微風だったため、銃眼に流入する毒ガスの速度がゆるやかで、効果は十分とはいえなかった。しかし、何とか制圧した。

翌々日の三〇日には、相手陣地から河をはさんで五〇〇メートル離れた位置から、幅三〇〇メートルにあか筒一一〇本を配置して一斉に点火し、毒ガスに膚接して陣地に突入した。今度は、機関銃などを多数配置していた「敵陣地」を完全に制圧・掃蕩することに成功した。

この頃、第一〇師団の戦力は、多数の病人が出たため大幅に低下していた。たとえば、姫路歩兵第三九聯隊では、盧州《ろしゅう》を出発した時に二八〇〇名だった兵力は、九月末には八〇〇名未満となり、標準編成で約二〇〇名いるべき中隊人員が平均で三〇名(最小の中隊では一一名)に落ちていた。(51) このような悲惨な状況の下で、第一〇師団は毒ガスに頼るようになるのだが、あか筒の使用数は三ヵ月間に四一回で、総計二一六二本に達した。一回に最小で二本、最大で二二五本、平均で約五三本ということになる。ここにも、小規模での頻繁な毒ガス使用という、武漢攻略作戦の特徴がよく現れている。

歩兵第三九聯隊第三大隊は、九月六日には、城門の上のチェッコ製機関銃を、あか筒二本の使用と直後の突入で制圧し、八日には、橋上の掩蓋《えんがい》機関銃の銃座を、あか筒三本の使用と直後の突入で制圧することに成功している。城・丘陵地・集落などの中にある銃座や掩蓋陣地など通常兵器で攻略しにくい陣地に対した時、毒ガス使用の効果は少量でもとても大きかったのである。

使用のほとんどは、日本軍の進攻時であったが、一〇月二日、第一〇師団鳥取歩兵第四〇聯隊第三大隊は前進する国民党軍攻撃部隊をみて、側面から不意にあか筒一〇本を使用し、前進を阻止することに成功した。

しかし、使用がみじめに失敗する場合もあった。姫路歩兵第一〇聯隊第一大隊は、九月一五日から一六日にかけて、光州東方で、あか筒を三度、計五四〇本使用したが、そのうち二回は効果がなかった。放射正面の幅が狭すぎたことと、毒ガスの上昇を防ぐ気温の逆転がなく風が強かったことが原因だった。また、九月二〇日、歩兵第三九聯隊第三大隊は八里廟附近であか筒八本を使用したが、相手がガスマスクを完全装備していたので効果がなかった。

商城をへて、漢口北方に向うよう命令された仙台第一三師団(師団長・荻州立兵中将)は、九月二日、富金山・八〇〇高地など、高く険しい地形にある陣地にいる、宋希濂のひきいる国民党直系軍数個師団に進撃を阻止された。第一三師団は「各種の手段を尽して力攻せるも」陣地を突破することができず、死傷者はたちまち千数百人に達し、大隊長や聯隊副官も多数死傷した。(52) また、マラリアが蔓延して兵力が落ち、歩兵中隊の人員は平均四〇人しかいないという惨憺たる状況になった。ある聯隊長はマラリアにかかって倒れた。

そこで、独立機関銃中隊・独立装甲車隊・野砲部隊を呼び寄せるとともに、毒ガスを使用することによってこの難局を切り抜けようとしたのである。会津若松歩兵第五八聯隊第二大隊が九月六日、まず富金山東南側高地と葉家集西方高地に対して、あか筒をそれぞれ六〇本・五〇本使用し、白兵をもって突入し陣地を占領した。上昇気流にあわせて毒ガスを使用して成功したのである。この時、第一〇師団の捕虜となった国民党軍第三六師所属のある兵士は、尋問に対し「(国民党軍兵士は)煙に関し無智なる為恐怖心を抱くこと甚しく、発煙を受くるや山背に退きて伏し、帽子にて鼻口を覆ひ、煙の吸入を防ぎたるも効果無く、涙及「クシヤミ」出て、果《はて》は嘔吐等の苦痛を受け……散兵壕外に在る大部の軍隊は山上に居ること不可能とな」ったと答えている。(53)

一一日には、富金山と八〇〇高地の山頂への攻撃が行われた。(54) 富金山に対しては、迫撃第三大隊第三中隊があか弾四九発を発射し、稜線上の相手陣地を制圧した。八〇〇高地に対しては、山砲兵第一九大隊第九中隊が、夕方五時二〇分と六時に、あか弾一〇〇発を撃ち込み、直後に歩兵が突撃して、翌朝六時二〇分には山頂を占領した。この戦果について、第二軍は「数日来攻撃を続行せるも、側防火器のため、前進意の如くならざるに、特種発煙弾射撃により一日にして八〇〇高地を奪取するを得たるは、一に瓦斯の効果に依るものと思考す」とのべている。[55] 毒ガスの効果は絶大であったのである。こうして、難攻不落の二つの陣地が陥落し、第一三師団の進撃は急速に進むこととなった。

なお、蔣介石軍事委員長は、この戦闘での直系軍第三六師の勇戦を「陣地を固守し、肉薄して逆襲し、危険な局面を支え、終始一貫して富金山の八〇〇高地の陣地線を保持し」たと称え、日本軍は「空軍及び化学部隊と協同して虐殺をほしいままにし」たと非難している。[56]

しかし、その後、大別山系突破を命令された第一三師団と、京都第一六師団(師団長・藤江恵輔中将)はさらに苦戦することとなった。九月一八日からの雨で、道路がぬかるみ状態となり、車輛が全く進まなくなった。一〇月六日からの大別山系突破作戦でも、雨に苦しめられ、苦労して山系を突破した。一〇月中旬には、第一六師団の戦力も著しく落ち込み、津歩兵第三三聯隊では、中隊長以下一三名しかいない中隊もあった。第一六師団は、沙窩《さか》南方(大別山系)で六日から一一日までに、あか筒を一〇回使用している。いずれも山頂にある掩蓋銃座と散兵を攻撃するためで、うち九回は直ちに突撃し、六回は成功している。失敗した四回は、突撃兵力が少なかったり、側面から射撃されたり、風が逆風になったりしたためであった。[57]

また、第一六師団配属の迫撃第五大隊は、九月二二日から一〇月二三日の大別山系突破作戦で、あか弾を三九回、一四〇五発（一回平均三六発）発射しているが、そのうち一七回は山頂にある堅固な陣地や銃座を制圧するためだった。(58) たとえば、六日の岩山攻撃では、山頂にある掩蓋銃座に対してあか弾一一五発を発射し、二二日の白雲山攻撃では、山頂にある掩蓋銃座と散兵陣地に対してあか弾一五五発を撃ち込み、おおむね制圧している。

第一〇師団に配属された第二野戦瓦斯隊は、例外的に、大規模なあか筒集中使用を行った。代表的な戦闘をみると、九月一七日、第一〇師団は光州を攻略するが、光州南城の攻撃で第二野戦瓦斯隊は、あか筒八三五本を使用した。その結果、城を守る国民党軍の射撃は一時中断し、「掩蔽部内に於て苦悶しあるもの少からず」と「実施報告」はのべている。(59) 同じ戦闘について、「例証集」戦例五二は、歩兵が「毒煙に膚接して東門より突入し、城壁内側の掩壕及家屋内に於て苦悶しある敵約二〇〇を刺殺せり」と、凄惨な戦闘場面を記録している。(60) ここでも、毒ガスを吸い込んで戦闘不能となった国民党軍兵士は、捕虜としてあつかわれることなく、銃剣で刺殺されたのである。

九月二三日から二四日にかけて戦われた羅山西方での四つの戦闘、洪砦《こうさい》及東湾附近・東湾及南方台地附近・洪砦西側台地附近・劉台附近の戦闘では、計二九九〇本のあか筒が使用され、うち三回は成功した。

このうちで最大の一二五〇本を使用した洪砦及東湾附近の戦闘では、毒ガス放射と同時に国民党軍が潰走しはじめ、岡田支隊（姫路歩兵第八旅団）の右大隊、姫路歩兵第三九聯隊第二大隊は毒ガスとともに突撃して一挙に六キロ躍進することができた。この成果を見て、支隊長の岡田少将は「今日迄発したる瓦斯効力に関する否定的言辞を全部取消す旨明言」したと記されている。[61]

ここで登場する岡田少将とは、大岡昇平の実録小説『ながい旅』の主人公である岡田資《たすく》中将のことである。岡田中将は、日本敗戦後にアメリカ軍が横浜で行ったBC級戦犯裁判で、戦争末期のアメリカ軍飛行機搭乗員処刑の責任を問われて訴追された。法廷では、部下の罪を一身に引き受けるとともに、アメリカ軍の日本本土への無差別爆撃を国際法違反だと主張した気骨ある軍人として知られている。[62]

しかし、「実施報告」や「例証集」では、武漢攻略戦で岡田支隊が毒ガス戦を展開している例が他にも登場する。米軍法廷では、岡田中将は、国際法を盾にアメリカ軍の無差別爆撃を糾弾したが、中国で国際法違反の毒ガス戦を肯定し積極的に指揮するようになったことは、裁判では訴追されなかったので語ることなくすんだ。岡田将軍に限らず、参謀総長以下著名な陸軍将校が毒ガス戦を指示し、指揮しているのだが、中国人が相手の時には国際法違反の痛みはなかったのだろうか。

いずれにしても、岡田中将を評価する場合、米軍法廷でみられる気骨のある態度とともに、日中戦争における毒ガス使用に対する態度の問題や、日本軍の重慶などに対する無差別爆撃問題に対する態度もあわせて考える必要があるであろう。

第一一軍の戦闘

武漢攻略作戦の主作戦を担当した第一一軍では、熊本第六師団が九江から広済・田家鎮・新洲をへて長江北側を進撃し、一九三八年一〇月二五日、漢口に突入した。第二七師団・東京一〇一師団・熊本一〇六師団は、長江南岸地域を制圧し、一〇月二六日、波田支隊が武昌に突入し、翌日漢陽を占領した。こうして武漢作戦は終了する。

武漢攻略作戦でのもっとも大規模な使用例は、八月二九日午前七時、第一一軍のお荷物となっていた熊本第一〇六師団(師団長・松浦淳六郎中将)による廬山西北範家山西方高地の戦闘での使用だった。このとき、あか筒(嘔吐性ガス筒)一二〇〇本・みどり筒(催涙筒)三〇〇本・発煙筒四〇〇本・迫撃砲あか弾三〇〇発が同時に使用された。(63) これは、数十日間攻撃を続けながら、特設師団であったため通常兵器では攻略できなかった堅固な陣地を、毒ガスの大規模使用で突破しようとしたものだった。特設師団とは、二〇代前半の、戦闘力旺盛な現役兵を中心に構成される師団ではなく、二〇代後半や三〇代の予備役兵・後備役兵によって構成される師団で、軍隊から遠ざかり、結婚して家庭・妻子を持っている兵士が多いので、無理はせず、戦闘力は大幅に落ちる。

使用された毒ガスは、正面二キロ・縦深二キロを約四〇分も低迷し、国民党軍は陣地を捨てて退却した。しかし、攻撃の絶好の条件が出現したにもかかわらず、第一〇六師団は毒ガスに膚接して突撃することができなかった。このため、二、三時間後に国民党軍は復帰し、攻撃は失敗する。

また、第一一軍でもっとも多くの毒ガスを使ったのは、同じ特設師団の東京第一〇一師団(師団長・伊東政喜中将)で、あか筒三八〇五本・あか弾八九五発を使用している。これも低い戦闘能力を毒ガスで補わせようとしたためだった。このため、使用回数は少ないのに一回の使用量は多く、九〇〇本以上の使用が二回もあった。

これに対し、精鋭の熊本第六師団(師団長・稲葉四郎中将)・波田支隊(支隊長・波田重一少将)や第二七師団(師団長・本間雅晴中将)もこれに近い量を使用している(あか筒各三三三五本・三三五〇本・三三五五本)。金沢第九師団は、あか筒の使用数が二一〇〇本とやや少ないが、そのかわり催涙筒を一六二〇本も使用している。[64]これら部隊は、使用回数が多く、一回の使用量は少なくても大きな戦果をあげたのである。

第一一軍の「実施報告」で印象的なことは、防護装備の不十分な国民党軍が受けた心理的恐怖感の大きさである。国民党軍の一部の部隊にはガスマスクが装備されていたが、大部分は「防護装備なしと云ふも過言」ではなく、防護教育もはなはだ幼稚なため、予期以上の効果を収め、とくに「精神的効果偉大なるものあり」と記されているのである。[65]第一一軍はつぎのような例をあげている。

1．日本軍が毒ガスを使っていることが知れ渡ったため、強力に抗戦する山頂の陣地を、発煙筒一本で攻略することができた。国民党軍は煙を毒ガスと誤認したのである。

2．逆襲してきた二〇〇名の国民党軍部隊を、あか筒三本の使用で潰走させた。

3．ガス急襲に慌てて、ガスマスクを持っているのに装面できなかったり、ガスマスクの吸収缶の栓を除けずに装面して、窒息死した国民党軍兵士がいた。

4．ガスマスクがなく、鼻・口を土の中に入れ、窒息死した者がいた。持っていても装面する教育を受けておらず、気密不良で毒ガスを吸い込み、戦闘不能となった者がいた。[66]

こうして、少量の使用でも大きな効果をあげることができたのである。さらに注目されるのは、ここでも毒ガス攻撃で戦闘不能になった国民党軍兵士を刺殺したという報告が現れることである。岡村第一一軍司令官は、「特種煙攻撃を実施せる地域の敵は勉めて殲滅を期し、之が逸脱を防ぐものとす」として、秘密保持のため毒ガス攻撃を受けた国民党軍兵士は皆殺しするよう命令している。(67)これが忠実に実行されたのである。二例をあげてみよう。

1．八月二三日の早朝、波田支隊の台湾歩兵第二聯隊第三大隊は、赤湖北方城子鎮附近の戦闘で、あか筒四二〇本を使用した。「実施報告」には、国民党軍は直ちに退却したが、「瓦斯の為、戦闘不能となり、刺殺せるもの三百を下らず」と記録されている。(68)

2．九月二六日午前七時四〇分、第二七師団の支那駐屯歩兵第一聯隊は、白水街附近であか筒五六五本を使用し、縦深一キロを完全に毒ガスで覆った。このとき、毒ガスにより「吐血し、我に刺殺せられたるもの数十名」とある。(69)

「実施報告」の使用例の記述は短いものが多く、毒ガス使用後の突撃でどのように戦ったかが具体的に書いてあるものは少ない。しかし、武漢攻略戦に臨むにあたり、第二軍司令部も、毒ガス使用の場合「機を失せず効果を利用し、敵を殲滅し、以て之が証跡を残さざるに勉む」(70)と教育しているので、秘密保持のためのこのような殲滅戦法は、第二軍・第一一軍を通じて広く実施されたと思われる。嘔吐性ガスを吸い込んで戦闘不能となり、刺殺された国民党軍兵士の数は相当なものとなるであろう。

武漢攻略作戦の教訓

第二軍・第一一軍両司令部の「実施報告」をうけて、中支那派遣軍司令部は、つぎのように毒ガス戦の効果を評価した。

今次作戦間に於ては、戦闘の性質、気象及地形の関係上、特種煙の使用は相当困難なりしも、敵は防護装備並防護教育極めて劣等なりしを以て、特種煙の効力大にして其少量を使用するも、克《よ》く当面の敵を制圧し、軽小なる我損害を以て敵陣地を奪取し、或は将《まさ》に交綏《こうすい》せんとする戦況を打開し、又は逆襲せる敵を撃破して予期以上の効果を収め、戦闘の進捗をして有利ならしめたり。(71)

国民党軍の毒ガス戦準備が遅れているために、その制圧、相手陣地の奪取、戦局交綏(相互退陣)の打破、逆襲する相手の撃破に予期以上の効果を収めたというのである。中支那派遣軍司令部は、毒ガスに対して絶大の信頼を置いている部隊のみが大きな成果を収めたとし、国民党軍に対する将来戦でも大きな効果を収めうるとものべている。

さらに、陸軍中央に対して三つの提言を行った。まず、第一に、将来、編成装備が優良な「敵」、つまりソ連軍に対しては、あか筒放射によって同様の効果を収めるのは困難なので、発射あか筒とあか弾の急襲使用の訓練が必要である。第二に、少量で即効致死的な効果のある毒ガス戦資材を研究・改善することが「国軍として絶対に必要」である。第三に、武漢作戦終了後の対中国戦では、占領地域内の討伐・警備などに、必要に応じてあか筒・あか弾を使用することが必要である、と。(72)

対ソ戦に向けての青酸(ちゃ剤)の制式化など、これらの提言はその後実現していく。なお、華南では、広東攻略作戦に際し、一九三八年九月一九日、閑院宮参謀総長から古荘第二一軍司令官に対し「第二十一軍作戦の為あか筒、あか弾及みどり筒を使用することを得」と指示する大陸指第二八五号が発令された。[73] しかし、第二一軍が実際に毒ガスを使用したかどうかは確認できていない。

武漢作戦・広東作戦は、一〇月末の武漢・広州占領で終了した。しかし、戦争は終らなかった。戦争終結の見通しを失った近衛内閣は総辞職する。以後、国力の限界から、日本軍は積極的進攻作戦をやめて、占領地の確保に専念せざるをえなくなる。こうして、日中戦争は、どちらの側がより長く持ちこたえることができるかを競う、無期限の持久戦に突入して行った。

IV　恒常化する毒ガス戦　一九三八―一九四一

1　討伐戦・警備戦での常用

中国での積極的進攻作戦が終了した一九三八年末段階で、動員兵力は陸軍で一一三万、海軍で一六万、合計一二九万になり、中国に派遣された兵力は関東軍を含めると九六万に達していた。この時までに日本軍が占領することができたのは、華北の一帯、長江の中下流域、広東省中心部だけだった。山西省は東の半分、河南省は東部の一部、長江は武漢までしか進攻できなかった。一九三九年以降の進攻作戦で、華北は黄河の東岸まで、長江は宜昌まで、江西省は南昌まで、南部は海南島、南寧・龍州地区、汕頭《スワトウ》地区を占領した。しかし、それ以上は占領地を拡大することができなかった(図2の地図参照)。日本軍が確保しているのは都市と鉄道沿線が中心で、華北の日本軍支配地域の農村では、中国共産党系の八路軍の「解放区」が拡大して行き、華中でも一九三九年以降、同じく共産党系の新四軍の「解放区」ができ上がって行った。

このような中で、中国に派遣された日本陸軍(関東軍を除く)は、占領地確保のため嘔吐性ガス(あか弾・あか筒)と催涙ガス(みどり筒)を日常的に使用しはじめる。一九三八年一二月二日、長期攻囲の態勢

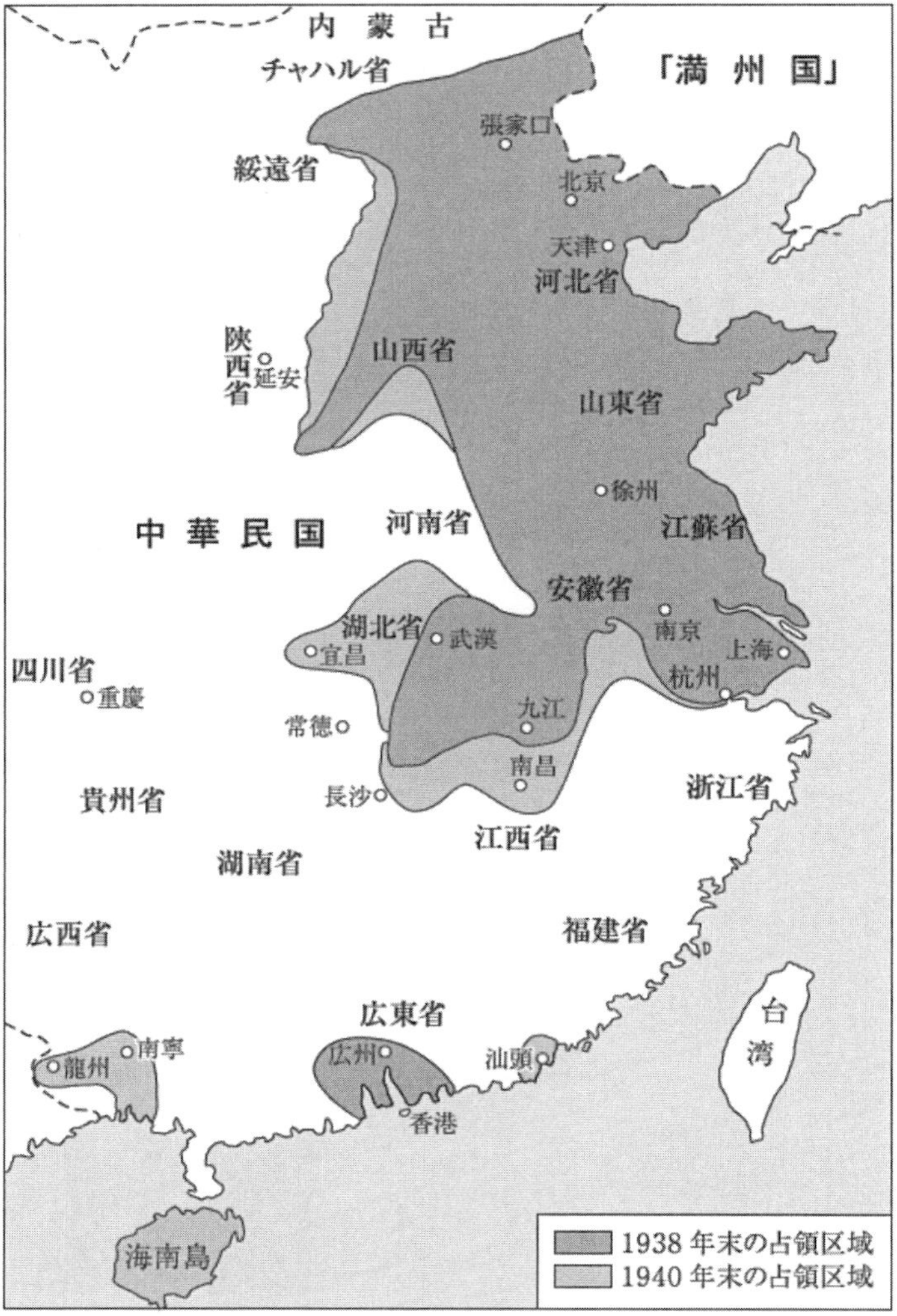

図2　日中戦争期の日本軍占領区域(1937–1940)

をもって抗日勢力の制圧・衰亡につとめる、という天皇の命令が発令された(大陸命第二四一号)。これを受けて、同日、杉山元北支那方面軍司令官(北京)・畑俊六中支那派遣軍司令官(南京)・安藤利吉第二一軍司令官(広州)に対して、占拠地域の確保・安定のため「特種煙(あか筒、あか弾、みどり筒)」の使用を許可するとの閑院宮参謀総長の指示、大陸指第三四五号が発令されたが、これがその画期となる。(1) この指示にも「之か使用に方りては市街地、特に第三国人居住地域を避け勉めて煙に混用し、厳に瓦斯使用の事実を秘し其痕跡を残ささる如く注意すへし」という注意があった。使用の事実が欧米に知られないように注意しつつ、市街地を除いてどこでも毒ガスを使ってもよい(使え)というのである。

こうして、第一軍司令部の表現をかりれば、毒ガスに頼ろうとする「悪風」が中国にいた全日本陸軍(関東軍を除く)に蔓延することになる。それはどのように使われたのだろうか。

華中の討伐戦・警備戦・進攻作戦での常用

まず、毒ガス戦専門部隊の使われ方をみてみよう。京都第一一六師団野戦瓦斯五中隊の石田義一上等兵は武漢戦終了後、安徽省大通鎮附近の警備にあたっていた。一九三八年一二月、中隊は津歩兵第一三三聯隊に配属され、一一日、要請を受けて出動し、折頭万集落―宝家村の間で、嘔吐性ガス(あか筒)を使用している。

一三時半から一七時まで、第三大隊が苦戦をして進むことが出来ない。我が化学隊が出動をし、本多分隊が要請された。各分隊長も出動し、風向、風速は実に誂《あつら》え向き、地形や地物も又良好で、演

習の通りの動作であったが、敵に大損害を与えることができた。(2)

一九三九年七月六日、湖北省黄梅附近の戦闘では「中隊が油舗街《ゆうほがい》に入いろ《ママ》うとした時、前方の岩山からドン〳〵と射撃を受けたので、早駆《はやがけ》で村に入るのを、本部の位置から見ていて、死傷者が出なければよいがと思った。一六時に仕方なく○○○〔あか筒〕を大々的に使用して完全に占領した」と記されている。(3)

このように、苦戦の際には、野戦瓦斯隊の小隊や分隊が出動して嘔吐性ガス(あか筒)を使用し、歩兵が突撃して「敵陣」を突破している。彼は、このようなガス兵の役割を、普通の戦闘にはただ行軍するだけだが、第一線の歩兵部隊が苦戦している時には出動命令を受けて毒ガスを使用する「縁の下の力持ち」だと、自ら納得していた。(4)

つぎに、嘔吐性ガス使用の戦例集から典型的な実例を抜き出してみよう。(5) 一九三九年一二月、中国第三戦区軍の一四個師は長江方面で冬季攻勢を開始した。安慶附近を警備していた京都第一一六師団の福地山歩兵第一二〇聯隊第九中隊は、一六日、棕子棡《そうしかい》附近で四〇名の部隊と遭遇した。この戦闘で中隊主力の第三小隊(尾崎隊)は、「敵陣」五〇メートルまで近づき、不意に中あか筒四五本を放射した。国民党軍はあわてて後退しようとしたが、尾崎隊が退路を防ぐように射撃したため退却できず、突撃した尾崎隊により四〇名全員が刺殺された。周りにいた国民党軍は退却した。こうして、少数の兵力(小隊の人員は通常約四〇名)で優勢な「敵」を撃退することができた。

この戦闘を指揮した尾崎信明少尉は詳しい回想記を残している。これによれば、無風状態だったので、ガスマスクを着けた上であか筒に点火し、相手陣地に投げ込んで毒ガスで完全に覆い、動けなくなった国民党軍兵士を全員刺殺したという。その模様はつぎの通りだった。

かくて〔敵陣は〕完全に煙に包まれたのである。四五本の赤筒もなくなった。やがて「突っ込め！」と抜刀、着剣……《ママ》。しかし、壕の所まで行って私は一瞬とまどった。壕の中には敵があっちこっち、よりかかるようにしてうなだれている。こんなことだったら苦労して攻撃する必要もなかったのではないか、と錯覚さえしそうな状景だった。しかし、次の瞬間「そうだ、煙にやられているんだ。とどめを刺さなきゃ」と、右手の軍刀を横にして心臓部めがけて……《ママ》。グーイと動いた、分厚い綿入れを着ており、刀ごと持って行かれそうな感触。「みんなとどめを刺せ！」(中略)遂に敵は全員玉砕と相成った。(6)

刺殺の感触が伝わってくるような生なましい記録である。毒ガスで倒れた兵士を捕虜とせず、殲滅する戦法は継続していた。同じ一二月、南昌附近を警備していた大阪第三四師団篠山歩兵第二一六聯隊では、棠渓《とうけい》附近の大塘李村にいた第三中隊の小隊と分哨が、二一日に優勢な国民党軍に包囲された。そこで、中隊長は救出のため、二二日、「敵陣」に向けて、中あか筒五一本を放射した。地表を這うようにして流入する毒ガスと、ガスマスクを着けて突入する兵士を見て、国民党軍部隊は慌てて退却したため、包囲された兵士たちを無事に救出することができた。

一九四〇年五月、名古屋第三師団は、宜昌作戦により河南省信陽方面から襄陽《じょうよう》に向かって進撃し、四日に泌陽を攻略した。この頃、指揮下の豊橋歩兵第一八聯隊第二大隊は、河南省橋上東側附近で優勢な湯恩伯軍と対峙していた。五日、大隊は退却を決意し、前方五〇メートルまで突進してきた国民党軍に対して、中あか筒三八本、発射あか筒二本、発煙筒一〇本を正面約二〇〇メートルの幅で使用し、攻撃を阻止して安全に戦場を離脱した。あか筒は攻撃を阻止するため、発煙筒は後退する部隊の位置を隠すためであった。

その後、漢水渡河のため棗陽《そうよう》附近に終結しようとしていた第三師団は、優勢な国民党軍に包囲され、孤立した。一九日、一斉に進攻する国民党軍に対して、第一一軍は兵力を集中して反撃を開始した。この間、第三師団の静岡歩兵第三四聯隊第二大隊は、周囲に土塁を積み重ねた七房村にこもって抗戦する国民党軍に向かって突撃を繰り返していたが、何度も撃退された。そこで、一九日早朝、化兵小隊が「敵前」一〇〇メートルまで近づき、発射あか筒一二本を飛ばし、つづいてあか筒一一本を放射して集落を毒ガスで覆った。すると、国民党軍兵士は一斉に退却した。こうして、堅固な壁を築いた集落の攻略が容易に実現した。

華北の警備戦・討伐戦での常用

華北では、一九三九年はじめから、北支那方面軍が、幹部に対する化学戦集合教育を行なっていた。一月一五日に、方面軍参謀部が作成した「発煙教練実施仮規定」はその原則を示したものだが、あか筒(嘔吐性ガス)の使用に慣れるために、各個教練・小隊教練・戦闘原則について、点火の仕方から突撃の仕方まで一六四項目に及ぶ具体的な注意事項を列挙している。(7) 毒ガス放射の単位は小隊とされ、場合によってはより小さな分隊が行なうよう指導された。使用方法は、第一線部隊の突撃支援や、「敵」の退却強制、堅固な拠点の制圧を目的とし、「不意且《かつ》一斉に開始す」る奇襲攻撃が推奨された。これは、討伐戦・警備戦での使用のための訓練であった。この訓練が実行に移された例を一つだけみてみよう。

一九四〇年一月、山東省西部の単県附近を警備していた東京第三二師団の佐倉歩兵第二一二聯隊第二大隊は、討伐隊に王寨附近の国民党軍を攻撃させた。九日、討伐隊は、壁に囲まれた集落にこもる部隊を包囲した。国民党軍が集落内の望楼から攻撃してくるので、あか筒一九本、発煙筒五本を使用した(8)。数分後、国民党軍は全く沈黙したが、ガスが薄れた東南角から射撃してきた。しかし、討伐隊は発煙直後に突入し掃蕩した。国民党軍の遺棄死体は八〇、負傷者は多数、味方の戦死者は二名、負傷者は六名だった。使用した毒ガス筒は集めて埋没したと記されている。

つぎに、砲兵の使用法についてみてみよう。弘前第三六師団と山砲兵第三六聯隊は、一九三九年末から一九四〇年初めにかけて、山西省で高平作戦を展開していた。山砲兵第三六聯隊は、この作戦の経験から国民党軍の収容陣地に対する攻撃では「特種弾、殊にあか弾を使用するを有利とする場合多し」という教訓を引き出していた(9)。その理由は、国民党軍が巧妙な分散配置をとっているため、通常弾では多数の砲弾を撃つ必要があるが、毒ガス弾なら少数で効果を現わすというのである。また、国民党軍の配置が不明な場合「特種弾を以て敵を暴露せしめ陣地の配備を知り得ることあり」とものべている(10)。国民党軍の戦闘法が優れており、戦闘意欲も高いために、嘔吐性ガス弾が必要になっている事情がよくわかる戦訓報告である。この頃になると、山西省の日本軍は、あか弾・あか筒の有効な使用法に相当熟達していたことも分かる。

八路軍との戦闘をみると、一九四〇年九月、山西省の山岳地帯で展開された晋中作戦では、九月一一日、山西省和順県万山附近で、迫撃第五大隊第二中隊が、八路軍第一二九師の約二〇〇名を相手に、その後方の集落にあか弾を使用してその退路を遮断し、殲滅している（捕虜四七名・遺棄死体六〇余名）。その模様はつぎの通りだった。

十一日一六、〇〇頃尖兵……万山高地脚に至るや突然熾烈《しれつ》なる銃声を聞き敵に遭遇せるを知る。……〔迫撃小隊長は〕瓦斯弾を射撃し後方を攪乱するを有利とするの意見を具申す。……依って一六、五〇迫撃砲二門を以て瓦斯弾（赤弾）射撃を〔虎子溝集落に〕実施す。第一弾より効力を得、西北の微風と底《ママ》温気流とにより敵動揺の色見ゆ。敵は我が砲撃と果敢なる攻撃に抗す術なく、地隙を利用し後方峪地に沿ひ退却を開始す。……無知にして又瓦斯に対する装備なき敵は退路に我の構成せる瓦斯地帯に遭遇し、右往左往し為す所を知らず。歩兵部隊は機を失せず之を包囲攻撃し殲滅す。(11)

こうして、この迫撃砲部隊は、小数のあか弾でも集落内に射撃すれば、有効な毒ガス地帯を一時的に構成することができるとし、特に「共産軍に対する化学戦は其の効果大なりと認む」とのべている。このように、華北での討伐戦・警備戦では、とくに八路軍に対して嘔吐性ガス（あか筒・あか弾）が常用されるようになった。

2　修水渡河作戦

特異な作戦計画

つぎに、一九三八年末以降の持久戦の時期に嘔吐性ガス(あか剤)が大規模に使用された二つのケースをみてみよう。その一つは、一九三九年三月の修水渡河作戦、もう一つは九月の新墻河《しんしょうが》渡河作戦である。武漢作戦での最大規模の毒ガス使用は、あか筒一二五〇本を使用した洪砦及東湾附近の戦闘と、あか筒一二〇〇本・あか弾三〇〇〇発を使用した廬山西北方の戦闘であった。これ以上の大規模な使用は、急速な進攻作戦となった武漢作戦ではなしえなかった。そこで、武漢占領後に第一一軍の兵力を吸収した第一一軍司令部(司令官・岡村寧次中将)は、一九三九年三月の南昌攻略作戦でそれを実現しようとした。

江西省徳安方面から南昌を攻略するには三つの河を渡らなければならないが(図3)、最初の修水は川幅三〇〇メートルで水深は深く、南岸には約八キロにわたって、堅固な陣地が築かれていた。日本軍側からみると左翼は湖、右翼は険しい山岳だった。

特設師団である東京第一〇一師団と熊本第一〇六師団は、現役兵中心の東京第一師団・熊本第六師団より戦闘能力がいちじるしく劣っていたため、武漢作戦で多くの戦死傷者を出しており、士気も落ちていた。そこで、第一一軍の岡村軍司令官や宮崎周一作戦主任参謀は、砲兵とともに戦車・毒ガス・飛行機という現代的な兵器を集中使用して歩兵を支援し、この二つの師団に「弱兵の汚名を挽回させ」(岡

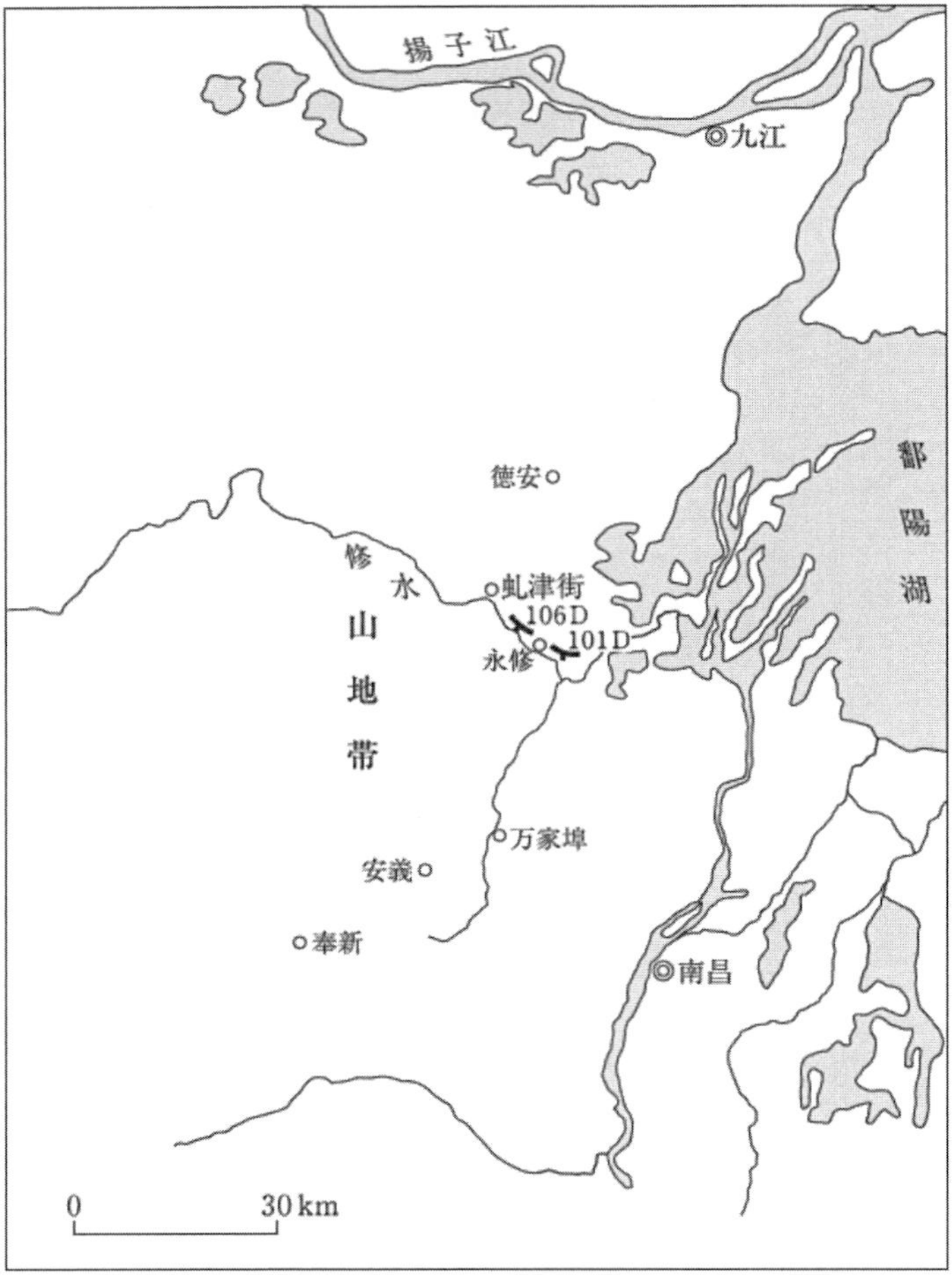

図 3　南昌攻略作戦要図

出典：防衛庁戦史部『支那事変陸軍作戦 2』朝雲新聞社，1976 年，352 ページ．

写真 3　修水渡河作戦直前に毒ガス筒の実地訓練をする第 106 師団（1939/3/8）

出典：毎日新聞社編『一億人の昭和史』別巻「日本の戦史」5 巻，1979 年，112 ページ．

村）、「いちど戦勝の感覚を与え」させたい（宮崎）と考えたのである。[12] 将来の対ソ戦のために、大規模な実戦使用の実験を行なうという意味もあったことはいうまでもない。

そこで、南昌攻略作戦の最初に行なわれた修水渡河作戦では、第一一軍砲兵隊・独立山砲兵第二聯隊・同第三聯隊・戦車隊のほか、化学戦部隊である第二野戦瓦斯隊や、迫撃第一大隊・第三大隊・第五大隊などを集中して渡河作戦を行なうことが決定された。第一一軍は、三月二三日に「x日午後、攻撃準備射撃並瓦斯制圧の下に、薄暮に乗じ、両師団（第一〇一師団・第一〇六師団のこと）第一線歩兵は、修水を渡河し、川岸直接陣地を奪取し、同夜太子嶺、梁山東南側稜線、黄庄、青竹港朱、鵠湖蔡、南岸山の敵陣地を奪取し、後方陣地に対する攻撃を準備す」と命令した。[13]

「x日」とは攻撃開始日のことで雨でのびのび

になったが、最終的に三月二〇日と決定された。攻撃準備射撃は同日午後四時三〇分から二時間とし、六時三〇分から三〇分間航空隊による爆撃、七時から攻撃準備射撃再開、七時二五分から三分間毒ガス弾急襲射撃、風向きが良好ならあか筒発煙、七時三〇分から第一線部隊の渡河開始と決定されたのである（時間は日本時間。二時間引くと現地時間になる）。(14) 以下、この大規模な毒ガス戦の模様を記録した資料をみてみよう。

大規模毒ガス戦の諸記録

第一一軍司令部の報告、「呂集団軍状一般」によれば、第一一軍の各部隊は三月二〇日夕刻から三時間にわたって、二百数十門の大砲・迫撃砲による毒ガス弾を含む急襲的攻撃準備射撃を行った。ついで、全攻撃正面から一斉に「特殊煙」が放射され、その直後、第一線歩兵部隊が薄暮に乗じ、ガスの中を通って修水を渡って行ったという。(15)

また、第一一軍司令部「修水河渡河作戦に於ける特種煙使用概況」によれば、あか弾の急襲射撃に続いて、夜七時二〇分から一〇分間、第一〇六師団がガスの放射を行い、二〇分後に第一〇一師団が放射を始めたという。(16) ガスは約五分で対岸に達し、広範囲に「敵陣地」を包蔽した。第一〇六師団は、七時三〇分に渡河を開始し、国民党軍の射撃を受けることなく、一九分後に先頭部隊が対岸陣地を占領した。第一〇一師団は、八時ちょうどに渡河をはじめ、五分後に先頭部隊が対岸に達した。翌日未明までに、両師団は、国民党軍の第一線陣地を「一気に攻略」し、抵抗する部隊は毒ガスと通常兵器を用いて撃破した。

「例証集」戦例五〇によれば、この毒ガスの一斉射撃・放射は、午後七時二〇分から約一〇分間であった。[17] 小雨の降る中で右師団(第一〇六師団など)が、あか弾二〇〇〇発・中あか筒一万本・発煙筒三〇〇〇本を使用し、左師団(第一〇一師団など)が、あか弾一〇〇〇発・中あか筒五〇〇〇本・発煙筒二〇〇〇本を使用した。その結果、正面約一二キロ・縦深二キロを毒ガスにより完全に制圧し、第一線部隊は、たちまち「敵」の第一線陣地を奪取したという(図4参照)。

この作戦で使用される現代的な兵器の使用指導と教育のために参謀本部から派遣された、遠藤三郎参謀本部第一(演習)課長兼大本営参謀はつぎのように記している。

午后二時半出発、南山の(第一〇一)師団戦闘司令所に到る。雨霽《は》れざるも、敵陣地は望見し得べし。而も東北風吹きて瓦斯使用には好適なり。午后四時半、予定の如く砲撃開始、但し雲低く飛行機爆撃のみは実行せられず。先づ陣地後方の村落を射撃し、次で河岸の掩蓋銃座破壊、百数十門の砲火殷々《いんいん》として修水河畔を圧す。八時稍前、赤筒に点火、白煙敵陣地を蔽ふ中に、第一線諸隊渡河開始。火箭《かせん》の如き弾丸飛び行く様壮快なり。間もなく渡河成功の報あり。爾後の前進は明確ならず。雨又頻《しき》りにして、将兵の労苦察するに余りあり。[18]

毒ガスにより渡河は容易に成功したことがわかる。また、この作戦の視察のため教育総監部本部から派遣された化学将校、白木真澄歩兵中佐はつぎのようにのべている。

第一〇六師団正面約五キロでは、あか筒一万本のほか催涙筒・発煙筒・一五センチ榴弾砲あか弾三〇

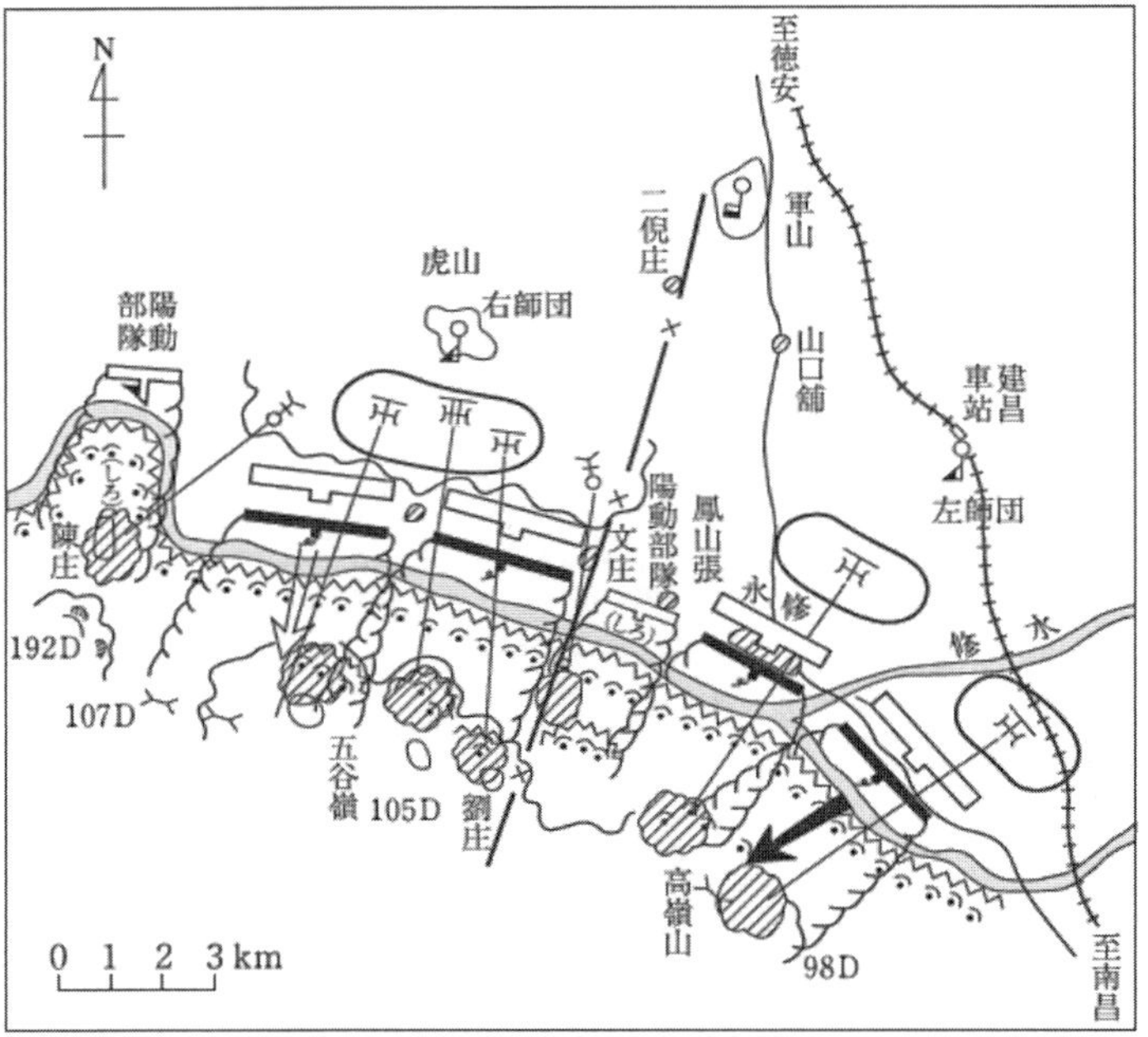

図 4　修水河畔戦闘経過要図(1939 年 3 月 21 日薄暮)

出典：粟屋・吉見編『毒ガス戦関係資料』488 ページ.
は軍司令部，は師団司令部，は野戦重砲兵(この時は 15 センチ榴弾砲)の放列，は野砲兵の放列，は迫撃砲，はガス部隊，は毒煙(ガス雲)，は鉄条網，は機関銃座，D は師団を示す.

〇発・野砲あか弾七―八〇〇発・迫撃砲あか弾七〇〇発を使用した。煙の放射は七時二〇分から、あか筒の放射は二七分からだった。第一〇一師団の右翼隊正面一五〇〇メートルと左翼隊正面二五〇〇メートルでは、あか筒六〇〇〇本のほか催涙筒・発煙筒・一五センチ榴弾砲あか弾一〇〇〇発・野砲あか弾三六〇発・迫撃砲あか弾七〇〇発を使用した。その放射は、煙が七時四〇分から、あか筒が四五分からだった、と。(19)

白木中佐は、さらに「使用せられたる特種煙は絶好の気象に恵まれ、数分ならずして敵陣地大部を煙化し、低迷せる白煙は対岸約三―四百米を距《へだ》つる敵最前線陣地より縦深四―五粁に亙《わた》る敵の全縦深を包《ほう》蔽《へい》し、極めて良好なる状況を以て敵を制圧せり」とのべている。また、彼は、今後の教訓として、防護装備を整備したソ連軍に対してはあか筒で急襲することは無理なので、発射あか筒・あか弾を用いること、即効的な「致死瓦斯」使用のため、化兵戦車の開発とホスゲン・青酸の使用訓練を行なうことを提言している。

以上から、修水渡河作戦に際しての嘔吐性ガスの大規模使用の事実は、疑う余地がないほど明確に把握できる。連日の雨のため、降雨の中で渡河作戦は強行された。飛行機は使用できなかったが、重砲・野山砲・迫撃砲ガス弾とともに、毒ガス筒が集中使用されたのである。使用後に傍受した国民党軍第七九軍長夏楚中の電報によれば、毒ガス攻撃を受けた第七六師では「第一線部隊の将兵中毒するもの続出し、本師前方医院に於て死亡するものは殆んど中毒患者」だったという。(20)渡河した部隊は、まもなく二七日に南昌を占領した。

なお、この戦闘には、「晩春」「麦秋」「東京物語」などの作品で名高い映画監督、小津安二郎が、野戦瓦斯第二中隊(第一〇六師団に配属)の軍曹として参戦していた。[21] 小津監督も修水の毒ガス戦の模様を日記に記している。

雨、今日は菜の花も蓮華畑も杏のさかりも雨の中にある。修水河総攻撃の日だ。x日。……だがこう雲が低く垂れて、降ってゐては飛行機も飛ぶまい。……風速一米三〇から五〇、十九時二十五分、特種筒放射の命令だ。三十分渡河の開始。四十八分には青い吊玉(信号弾)が対岸に上る。この歴史的の敵前渡河も十八分で成功する。部隊は誰も異状はない。第三渡場から渡河する。対岸のトーチカには未だ残敵がゐるらしく盛に弾が来る。対岸に渡って闇の中で壕を掘る。目の前には鉄条網があり、その向ふのトーチカには未だ敵がゐる。このまゝ夜が白めば一気にトーチカに突き込まなければなるまいと思ふ。雨は未だやまない。天幕を被つて壕に伏せてゐると脚が痙攣《けいれん》する。手で砂地に壕を掘るので爪がふやけて軟くなり指先がとても痛む。[22]

毒ガスを使用して渡河し、突撃するガス兵の実態がよく分かる記述である。軍曹とはいえ、ガスマスクを着け毒ガスをくぐって突撃しなければならない身分であり、対岸では、手で砂を掘って壕に隠れ、夜明けを待たなければならなかった。夜明けとともに、泥濘の中の行軍が始まる。日記から判断する限り、小津軍曹にも毒ガス攻撃を受ける国民党軍兵士を思いやる視線はなかったが、戦後、壊れやすい家族の生活を凝視する映画製作を続けた彼の背後には、このような殺伐とした戦場体験があった。

しかし、高級将校の立場からみれば、南昌攻略作戦は現代的兵器を思う存分に使用して軽快に目的を達した心地よい作戦であった。第一一軍の宮崎作戦主任参謀は、この作戦は自分の「戦場勤務を通じ随一の会心の作戦」であったと回想しているが、(23) その会心の作戦の発端をなした修水渡河作戦は、日中戦争・アジア太平洋戦争を通じて、日本軍が行った最大の毒ガス戦であったのである。

3　新墻河渡河作戦

毒ガスは使用されたか

南昌攻略後も、中国第九戦区軍は約五〇個師を擁して第一一軍と対峙していた。とくに蔣介石直系軍約三〇余個師は無傷のまま粤漢《えつかん》(広州—漢口)沿線地区にいた。一九三九年九月、第一一軍は、この蔣介石直系軍を贛《かん》湘《しょう》北境地域で撃滅する目的で作戦を開始した。これを贛湘会戦という(図5)。その皮切りの新墻河《しんしょうが》渡河作戦も毒ガス戦となった。

この作戦は『朝日新聞』の写真誤用で問題となったものである。誤用とは、『朝日新聞』(一九八四年一〇月三一日)が空中に煙がたちのぼる写真を掲載し(写真4)、これを修水渡河作戦における「毒ガス作戦」の写真だと報道したことである。

これに対し、『サンケイ新聞』(一九八四年一一月一一日・一三日)は、これは修水渡河作戦の時の写真ではなく、一九三九年九月の新墻河渡河作戦の時のものである、写っているのは毒ガスではなく「ただの発煙筒の煙」である、あか剤は毒ガスではない、とする旧軍人たちの証言を大々的に報道した。また、

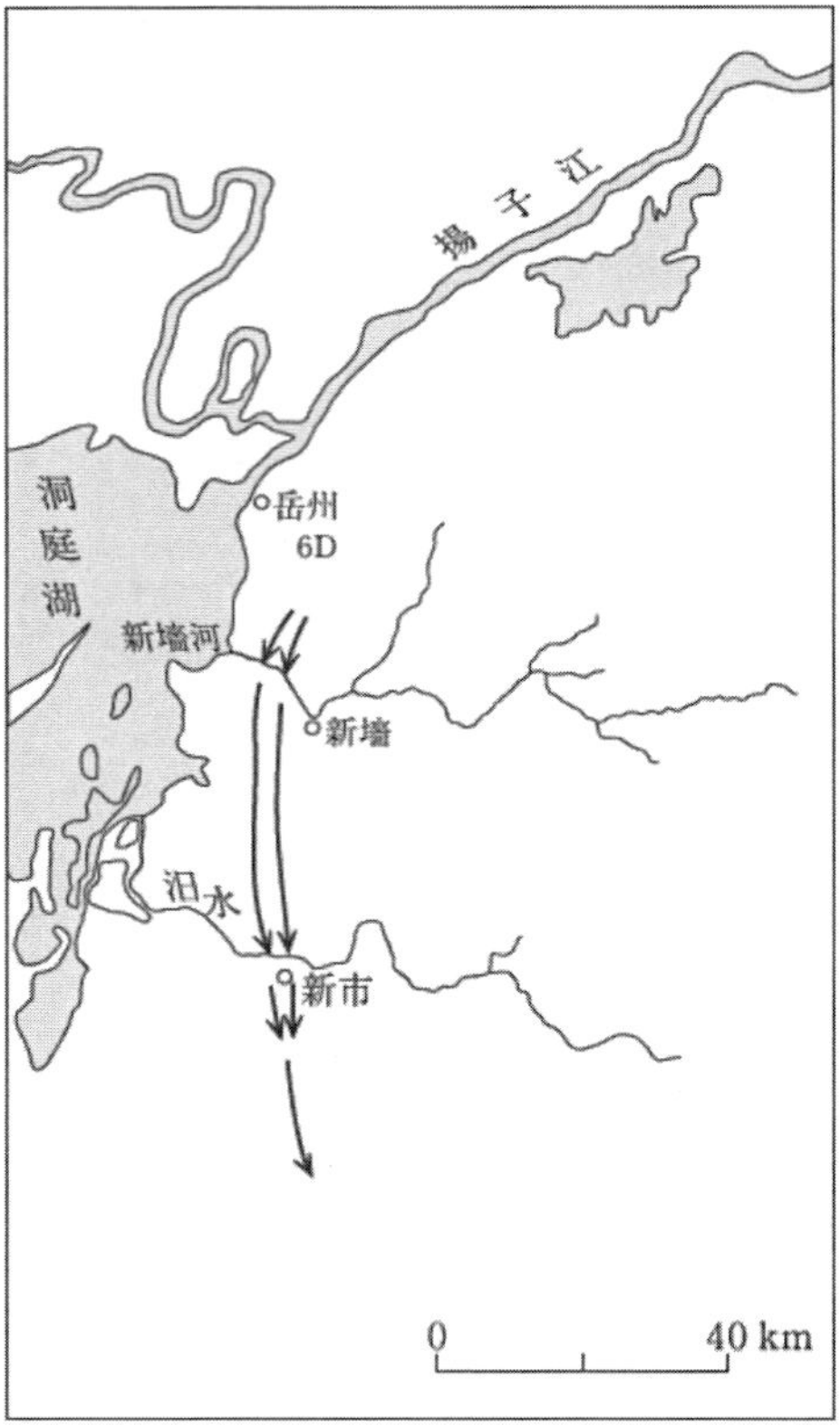

図5　贛湘会戦要図

出典：防衛庁戦史部『支那事変陸軍作戦 2』383 ページ.

熊本第六師団通信隊の元小隊長で、南昌攻略戦にも贛湘会戦にも参加したという鶍飼敏定元中尉は、修水でも新墻河でも毒ガスは使われていないと主張した。[24]

そこで、『朝日新聞』は再調査を行い、『サンケイ新聞』がいうように、この写真は新墻河渡河作戦の時のものであることを認めた(一一月一四日)。[25] また、写真4は毎日新聞の山上円太郎カメラマンが撮影したもので、『サンデー毎日』(一九三九年一〇月一五日)にも「中支江南戦線、新墻河に煙幕を展開、対岸

写真 4 『朝日新聞』(1984/10/31)に掲載された写真
出典：斎藤(弥)部隊『支那事変記念写真帳』第 2 輯，同部隊，1940 年.

の陣地に猛撃を加へるわが軍」というキャプション付で掲載されていることを明らかにした。しかし、それ以上の反論は行なわなかった。事実はどうだったのだろうか。

すでに見たように、嘔吐性ガス(あか剤)が毒ガスではないとか、その使用が違法ではないというのは誤りである。また、修水であか剤が使われなかったというのは全くのウソである。そこで、残る問題は①新墻河で毒ガス(嘔吐性ガス)は使われたのか、②この写真は単なる煙幕か毒ガス戦の写真か、ということになる。『サンケイ新聞』の主張をオウム返しに繰返す議論はその後も跡をたたないので[26]、改めてこの点を検証しよう[27]。

まず、①についてみると、この作戦でも、第一一軍は第六師団(師団長・稲葉四郎中将)を中心として毒ガスを使用している。まず、第一一軍司令部は、九月二三日、夜明けとともに約一時間、砲兵が効力準備射撃および攻撃準備射撃を行い、ついで信号弾の打ち上げを合図に「特種煙放射」を行うという命令を出している。(28) そして、第一一軍は、毒ガス使用を含む攻撃を行なったことを、つぎのように報告している。

岳州東南方地区に集中せる第六師団は、一九日、新墻河右岸に攻撃拠点を推進し、二十三日払暁と共に砲撃、瓦斯放射に引続き、新墻西方に於て敵河岸陣地を攻略し、次で南方高地線主陣地帯に拠《よ》る第二師を潰滅し、夜間追撃を続行し、爾後既設陣地を利用して数次に抵抗する頑敵を駆逐しつつ、二五日夕、概《おおむ》ね左右両縦隊を以て新市、長楽街附近汨水《べきすい》左岸に進出せり。(29)

このように、新墻河渡河作戦でも、第一一軍の主力、熊本第六師団が毒ガスを使用したことは明らかであろう。

第六師団兵士の毒ガス戦体験記

この作戦では、毒ガス戦に参加した熊本第六師団の兵士たちの体験記録が、町尻部隊編『第六師団転戦実話』贛湘編(一九四〇年)の中に数多く集録されている。毒ガス戦の実態を知るためにこれをみてみよう。まず、工兵第六聯隊第一中隊の平山宮栄伍長の手記である(階級は記録刊行時のもの。時間は日本時間)。

昭和十四年(一九三九年)九月二十三日朝まだき、愈々新墻河の敵前渡河を決行するといふので、架橋材料中隊は無数の折畳舟を準備してゐます。……午前八時、攻撃の火蓋は切られ、天地も轟くばかりの壮観です。間もなく赤筒がたかれました。始めて見る化学戦です。最初のうちは追風で、とても都合よく行きましたが、風が変つて、私達の方に流れて来ます。予《あらかじ》め命に依つて皆装面をして居りましたが、気の毒なのは苦力《くーりー》です。フウ〳〵言つて苦しんでゐます。前のクリークに顔を突込ませましたが、無駄です。[30]

この記録から新墻河渡河作戦であか筒が使用されたことが確認される。毒ガスが一部逆流したため物資運搬のために徴発された中国住民（「苦力」と記されている）も被害にあったことがわかる。日本軍兵士にはガスマスクが支給されていたが、徴発した住民の分はなかったからである。つぎの記録は、熊本歩兵第一三聯隊聯隊砲中隊の府本良一軍曹が書いたものである。

〔二三日朝〕愈々《いよいよ》攻撃開始、野戦瓦斯隊が盛んに特種発煙筒を焚《た》き始めました。もく〳〵と黒煙が天地を覆ひ始め、盛んに敵陣に吹きかけて行きます。絶好のチャンス、と思ふ間もなく、風向が変つたか、瓦斯は友軍陣地を覆ひ始めました。早速、防毒面の御世話になりました。土民が瓦斯に追はれ、一生懸命逃げて来ます。涙をポロ〳〵流して居ます。[31]

この記録から、毒ガスが黒煙となって天地をおおいはじめた様子がよくわかる。陣地近くにいてガスの被害にあった「土民」とは、地元の民衆のことであろう。つぎの記録は、歩兵第一三聯隊第七中隊の桑原信二（階級不明）の書いたものだが、突撃の様子がよく分かるので、少し長いが引用したい。

「九月二十三日午前八時三十分、一斉に渡河に移る、状況により瓦斯を使用す」と云ふ命令が達せられました。瓦斯使用の戦闘は今回が始めてゞす。平常も欠かさず防毒面は携行するものゝ、今迄にない緊張を覚えました。……やっと八時になりました。野砲、山砲が火蓋を切りました。続け様の発射音に朝の静寂は破られ、俄かに戦禍を避けんとする土民の群が、何処も兵隊で一杯で、逃場も無いのにうろ〱して居りました。砲が斯んなに協力するのは今度が始めてです。砲が一寸でも沈黙すると、〔国民党軍の〕チエッコが気狂ひ《ママ》の様に癇高《かんだか》い音を立てます。後方にある聯隊本部の真上に、白三星〔信号弾〕が打上げられたと思ふと、中隊長殿の右手がサツと挙げられ、私達は一斉に渡河し始めました。野砲は正面の敵陣に集中射を浴せて居ます。私達は装面して居ますので、敵弾が砂煙を上げるのは判りますが、音は全然聞へません。目前に迫る敵陣、苦しい呼吸の中に、着剣をして対岸陣地に突入、血走つた眼で四辺を見廻しますが、二、三の遺棄屍体《したい》があるだけで、もう潰走して居ます。野砲が敗走する敵兵の上に、小気味の良い榴散弾を浴せて居ます。未だ霧の様に瓦斯が残つて居ますので、脱面の命令が出ません。頭がズキン〱と痛み出し、次第に感覚が麻《しび》れて来ました。やがて霧のような瓦斯が霽《は》れて、脱面を許されました。正面の第二線陣地は如何したのか、固い沈黙を守つて居ます。[32]

彼は、まもなく突撃に移るが、小隊正面の「敵」は退路を絶たれてウロウロしていた。窪地には「半ば失神状態」になった兵士がウヨウヨいた。そこで、「立射で射」ちまくると「面白い様に倒れ」たという。この記録から、ガスマスクをつけて突撃すると、銃弾の音も聞えずやがて苦しくなって頭が痛み出すこと、まわりには霧状のガスがただよっていること、ガスを吸った国民党軍兵士は半ば失神状態になっており、「面白い様に」射殺できたことが分かる。

つぎの記録は、部隊後方の様子を記した歩兵第一三聯隊第一大隊本部の田里有徳輜重兵《しちょうへい》一等兵の記録である。当時は、軍需品を運搬する輜重兵の新兵だったので、ガスマスクがもらえなかった。嘔吐性ガスを吸い込んだらどうなるかが、よく分かる。

> 暫くすると前の方が霧がかゝつた様になり、だれかゞ「ガス」と叫んだと同時に目鼻が痛みだし、古兵殿達は直に装面しましたが、私達新兵五名は防毒面も無く、苦しくなるばかりです。早速タオルに水を一杯湿《しめ》して口鼻に当てましたが、苦しさは激しくなる一方で、一刻も早く安全な場所に行きたいのですが、目は開けられず、口は利けずの有様……生死の境を突破せんと一生懸命になつてゐる姿は真剣です。他人事ばかりでなく、私も寄りついては行くもの丶、大きな石に突き当り、足は打つ、顔や頭を地面に擦《す》りつけ、タオルから服一切泥だらけです。顔を覆つてゐるタオルの水は、鼻から口に通り、舌にタオルが触れる度毎に、塩辛く苦い味が愈々増して来て、此処で死ぬのではないかと思ひました。[33]

流れてきたガスを吸って目も見えず、口も聞けなくなって苦しむ有様が詳しく記されており、嘔吐性ガスの効果をよく伝えている。

以上から、新墻河渡河作戦で、第一一軍は、毒ガスを放射して対岸陣地をガスで覆い、ガスマスクをつけた第一線部隊がその直後に渡河したことは明らかである。また、重要なポイントは第六師団が中心となって行ったことである。修水でも新墻河でも毒ガス(嘔吐性ガス)を使ったことはなく、新墻河で使用したのは発煙筒にすぎないという鵜飼元中尉の説がまったくの作り話であることはもはや明白であろう。

写真は単なる煙幕か

そこで、残る問題は、②煙が立ち昇る問題の写真(写真4)が毒ガス戦の写真だといえるかどうかということになる。これが、一九三九年九月、新墻河の河畔で日本軍が放射した煙であることは『サンケイ新聞』が指摘したことである。そこで、この煙は第六師団が渡河する際に放射されたものであるかどうかだが、まったく同じ光景をやや異なった角度から撮った写真が『アサヒグラフ』(一九三九年一〇月一八日号)に載っており(写真5)、毎日新聞社も所蔵し『一億人の昭和史』別巻に載せている(写真6)。[34] これらは田圃のあぜ道の曲がり具合などから同一の場所であることが確認できる。

写真5には「我が猛攻に炎々と燃える新墻河対岸を望んで進む皇軍の勇士(九月二十三日　森田特派員撮影)」というキャプションが付けられているが、[35] 煙は対岸から出ているのではない。火災だというのもウソで、軍の検閲をパスするため、毒ガス使用の事実を隠す方便であることは明らかだろう。しかし、これで、写真4も九月二三日の新墻河渡河作戦時のものであることは確認できる。

『一億人の昭和史』に掲載されている写真6のキャプションには「第6師団は9月23日、新墻河南岸への渡河攻撃を開始、対岸の中国軍陣地へ猛砲撃」とある。[36] 砲撃というのはミスリード気味だが、第六師団の攻撃であると明記している。そこで、毎日新聞社に問い合わせると、ネガから焼付けられたプリントには「S14・9・23　新墻河対岸の敵に猛撃を浴びせる　6D〔第六師団のこと〕　岳州南方　カメ

写真 5　『アサヒグラフ』に掲載された新墻河渡河作戦の写真

出典：『アサヒグラフ』33-16，1939/10/18，18-19 ページ.

写真 6　山上カメラマンが撮影した新墻河渡河作戦の写真

出典：毎日新聞社編『一億人の昭和史』別巻「日本の戦史」5 巻，196-197 ページ.

ラ山上」とあることから、九月二三日、新墻河における第六師団の渡河攻撃時の写真に間違いないとの回答があった。(37)

したがって、写真4は、写真5・6と同様に、第六師団が新墻河渡河作戦で行った毒ガス戦の写真であるということができる。もちろん、使用する場合、毒ガス使用の事実を隠すために、また、発煙位置を「敵」に攻撃されることを避けたり、渡河部隊の所在を隠すために煙幕を併用する(発煙筒の方をやや早目に点火する)ことが普通なので、この煙の中には発煙筒の煙もあると思われる。しかし、これらの写真にあか筒から放射された毒ガス(嘔吐性ガス)も写っていることは確実なのである。もちろん両者は混ざっているため、どの部分が嘔吐性ガスでどの部分が煙幕だということは困難だが、毒ガス戦の写真であることは間違いない。(38) 日本軍による毒ガスの実戦使用の写真は、あまり発見されていないので、貴重な毒ガス戦の写真群ということになる。

なお、一九四一年九月の第一次長沙作戦では、日本軍は一八日払暁に、再び新墻河を渡河する。その時も嘔吐性ガスが使用された。

右戦闘(第一次長沙作戦新墻河河畔の戦闘)は、突破全正面に約三千の中あか筒を併列《へいれつ》し、支那派遣軍化学戦教育隊……指導の下に大規模の放射を行い突撃せるものにして、突破間、火力戦闘は某大隊の一中隊と機関銃中隊が約二十分交戦せるのみにて、其の他は火戦を行ふことなく前進せる特例に属するものなるも、姜家塢《きようかお》附近に於ても気象状態良好なりしならんには黒瀬部隊にて準備を完了しありしあか筒を使用し突破速度を著しく迅速ならしめ得たるならん。(39)

この戦闘では、毒ガス使用の下で、歩兵六個中隊が一時間半の内に縦深約三キロを突破している。

以上のように、一九三八年末からの討伐戦・警備戦・進攻作戦では、嘔吐性ガスが頻繁に使われた。こうして、毒ガスは、危急・苦戦の際や通常兵器で突破困難な時、渡河する時や退却する時などに、味方の損害を減らすために必要不可欠なものとして常用されたのである。

V　エスカレートする作戦　一九三九―一九四一

1　イペリット・ルイサイトの実験的使用

華北での使用

一九三九(昭和一四)年に入ると、大本営は、催涙ガス(みどり剤)・嘔吐性ガス(あか剤)を使用するだけでなく、新たに糜爛性ガス(きい剤。イペリット、ルイサイト)等の使用に踏み込んで行く。最初は実験的使用で、使用地域はやはり山西省だった。参謀総長が発令したきい剤等使用に関する指示は敗戦後に廃棄されたが、例外的に二つだけ残っている。

一つは、五月一三日に発令された大陸指第四五二号で、閑院宮参謀総長は「北支那方面軍司令官(杉山元中将)は現占拠地域内の作戦に方《あた》り黄剤等の特種資材を使用し其作戦上の価値を研究すへし」と指示している(図6参照)(1)。これは、現物は廃棄されてしまったが、かろうじてマイクロフィルムの中に残っているもので、糜爛性ガス等を実験的に使えと命令している。この「等」の中にはホスゲン・青酸も含まれるであろう。また、使用の事実を隠すため「万般の処置」を講ずること、特に「第三国人」に対する被害と情報漏洩をなくすこと、軍人以外の一般中国人に対する被害を「極力少なからしむ」こと、実

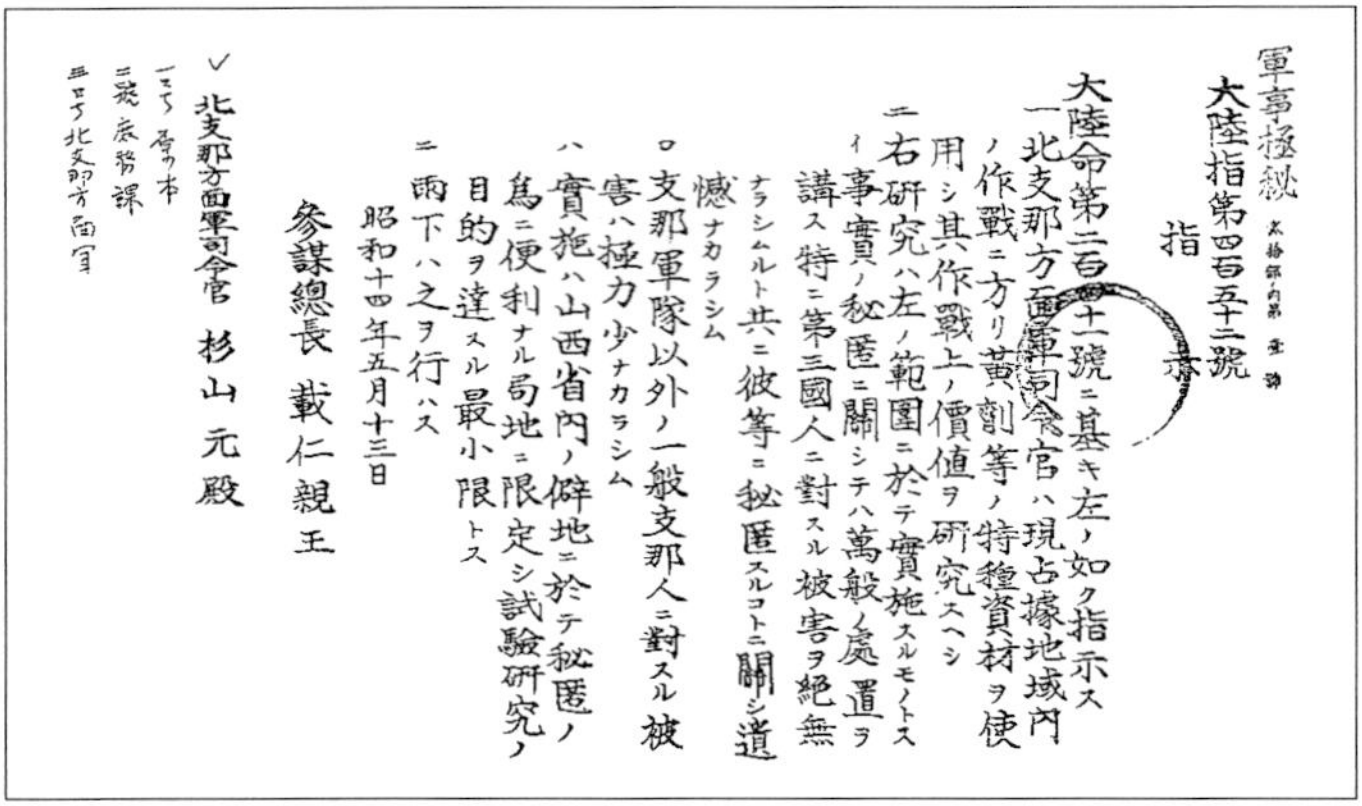
軍事極秘 大本營陸軍部 壹部

大陸指第四百五十二號

指

大陸命第二百四十一號ニ基キ左ノ如ク指示ス

一 北支那方面軍司令官ハ現占據地域内ノ作戰ニ方リ黄剤等ノ特種資材ヲ使用シ其作戰上ノ價値ヲ研究スヘシ

二 右研究ハ左ノ範圍ニ於テ實施スルモノトス

イ 事實ノ秘匿ニ關シテハ萬般ノ處置ヲ講ス特ニ第三國人ニ對スル被害ヲ絶無ナラシムルト共ニ彼等ニ秘匿スルコトニ關シ遺憾ナカラシム

ロ 支那軍隊以外ノ一般支那人ニ對スル被害ハ極力少ナカラシム

ハ 實施ハ山西省内ノ僻地ニ於テ秘匿ノ爲ニ便利ナル局地ニ限定シ試驗研究ノ目的ヲ達スル最小限トス

ニ 雨下ハ之ヲ行ハス

昭和十四年五月十三日

參謀總長 載仁親王

北支那方面軍司令官 杉山元殿

図6 大陸指第四五二号(1939年5月13日)

出典：吉見・松野編『毒ガス戦関係資料』Ⅱ，258ページ.

施は山西省の「僻地」で「秘匿の為に便利なる局地」に限定し「試験研究の目的を達する最小限」とすること、という細やかな注意を付している。大本営陸軍部は細心の注意を払って、いわゆる致死性ガスの実験的な実戦使用に踏み切ったのである。

注目すべきことは、中国の民間人の被害は少なくするが、生じてもやむをえないという立場をとっていることである。第三国人(ここでは欧米人)の被害は絶対に避けるといっているのだから、人種差別(民族差別)的発想が現れているといえるだろう。また、「雨下は之を行はす」といっているので、飛行機からの毒ガスの撒布は行われなかった。これは「短時間に大量(のガス)を要」すため「雨下は効なし」という結果が、中国東北における人体実験を含む「特種試験」により出たからである。[2] こうして、ガス爆弾の投下、ガス砲弾の発射、地上でのイペリットの撒布が行われることになる。この指示によってどの程度の実験的使用が行われたかはよくわからないが、少なくともつぎのことは確実である。

陸軍の第三飛行集団(集団長・木下敏中将)は、華北で五〇キログラム投下きい弾を一九三九年七月に六六発、九月に一二発使用している。[3] これは山西省の奥地での使用だろう。

同年一一月から一二月にかけて、陸軍航空部隊は山西省夏県附近にガス空襲を行った。その時投下されたガス弾の多くは不発弾で、住民に被害はなかった。不発弾数発が押収され、一発がメリーランド州にあるアメリカ陸軍エッジウッド兵器廠に送られた。検査の結果は、容積比で内容量の四〇パーセントがルイサイト、残りがイペリットで、おそらく少量の溶剤も含まれるというものだった(なお、重量比では五〇パーセント・五〇パーセントとなる)。[4] こうして、欧米に知られないように注意して使用したにもかかわらず、爆弾の性能が悪いため不発弾が生じ、糜爛性ガス使用の事実がいちはやくアメリカ軍によって確証されることになった。[5]

一九四〇年に入るとつぎのような使用例がみられる。四月から五月にかけて山西省南部で行なった春季晋南作戦の成果として、第三六師団司令部は、中国の第二七軍に対して山砲兵第三六聯隊が「一時瓦斯と持久瓦斯とを混合使用」し、第二七軍の防毒装備が余りに劣悪なので「甚大」な効果をあげ、精神的にも相当の効果をあげたとのべている。[6]「持久瓦斯」とは、砲兵なので糜爛性ガス弾(きい弾)以外には考えられない。

山形歩兵第二二四聯隊第九中隊は、六月三日、二十里鋪(近くの都市は沢州)附近の呂管《りょかん》岣《こう》南方凹地で、「退却する敵の頭上に撒毒を行ひ、相当の効果を収」めたと記録している。附図には、「迫撃砲にて撒毒せしむ」とあり、呂管歿附近に持久性ガスの撒毒地であることを示す網掛けのマークがあるので、迫撃砲きい弾が使われたことが分かる。(7) これは、実際の戦闘を記録した公式記録である「戦闘詳報」の記述なので、実戦で使用したことが確証できる。なお、その兵器弾薬損耗表によれば、「消費」(使用)した迫撃砲弾は榴弾以外には「イタケ弾」二五発しか記録されていないので、これが糜爛性ガス弾ということになるであろう。

華南での使用

以上は、華北の山西省の奥地での密かな実験的使用であったが、間もなく華南でも糜爛性ガスが使われる。一九三九年末から、陸軍は翁英《おうえい》作戦できい弾を使用するのである。

この作戦は、一九三九年夏に、中国第一二集団軍(長・余漢謀)による夏季攻勢を受けて打撃を負った日本の第二一軍が、第一二集団軍を広州北方にある翁源附近で捕らえ、壊滅的打撃を与えるために準備したものである。大本営は強力に支援し、膨大な兵站資材を与え、また内地から近衛混成旅団を派遣した。(8) この中で糜爛性ガスの使用も計画された。ところが、攻撃開始直前の一二月二〇日に、広西省の要衝、南寧方面が危機的状況に陥ったので、早急に作戦を終了して主力を南寧方面に転進せしめねばならなくなった。

この作戦で、近衛混成旅団(旅団長・桜田武少将)に配属された独立山砲兵第二聯隊(聯隊長・原田鶴吉中佐)は、一二月二〇日から翌一九四〇年一月五日までの間に、太平場—南陽圍—望到底—仏岡と転戦する過程で、山砲「黄B弾」二九四発、「赤B弾」一〇発を射耗(使用)している。[9] この「黄B弾」がイペリット・ルイサイト混合弾である(「赤B弾」は嘔吐性ガス弾)。戦後の回想で、原田聯隊長は一二月二五日の望到底の戦闘では「砲兵は催涙弾を使ったが、これを製作した某中佐も来て居た」と記している。[10] しかし、この部隊の「戦闘詳報」の武器弾薬損耗表には催涙ガス弾使用の記載はない。また、すでに「専ら演習の用に供するもの」とされ、戦用ガスから除外された催涙ガスの弾丸を新たに作り、その発射実験に製作者たる中佐がわざわざ華南までやってくるであろうか。原田聯隊長がいう「催涙弾」とは実は糜爛性ガス弾だったのだろう。

実際の砲撃では、約一〇〇〇メートル先の国民党軍陣地附近が禿山であったため、偽装した国民党軍兵士の銃の操作まで手に取るようによく見え、砲火の威力を十分に発揚することができた、という。[11] 翁英作戦での使用は、糜爛性ガスの本格的使用に踏み込むための、緊急の実験という意味があったのではないだろうか。

青酸ガスとイペリット・ルイサイトの人体実験

イペリット・ルイサイトの実戦での実験的使用が行われている時、中国東北では生きた人間を用いた毒ガスの人体実験が行われていた。一九三九年五月四日、陸軍省は、関東軍の「化学戦特別教育」と「特種演習」のために、きい一号(イペリット)二五トン・きい二号(ルイサイト)三トン・きい弾三四〇〇発・ちゃ一号(青酸)三トン・あを一号(ホスゲン)三六・七キログラムなどを特別に支給するよう陸軍兵器本廠長に命じた。[12]ついで、一七日には一九三九年度の関東軍の化学戦研究に陸軍科学研究所・陸軍軍医学校の一部を参加させるよう科学研究所所長と軍医学校長に命じた。[13]研究の目的は、実戦的環境の下にガス効力を検討し、戦場で期待される効力の基礎を把握することで、陸軍習志野学校も参加することとなっていた。五月二四日には、「特種試験研究」用としてちゃ一号を陸軍科学研究所と関東軍化学部(チチハル)に一トンずつ交付することが決定された。[14]

この「特種試験研究」とは何であろうか。試験隊長としてこの試験研究に加わったA元少将の回想によれば、一九三九年八月、関東軍司令部の統轄の下に、陸軍習志野学校長西原貫治少将を演習統監とし、陸軍習志野学校・陸軍科学研究所・関東軍化学部・迫撃第二聯隊と陸軍軍医学校の一部が参加して、青酸ガスの人体実験が行われたという。その詳細はつぎのようであった。[15]

場所は、中国東北北部の小興安嶺のふもとにある四站の旧中国軍兵舎跡地で、関東軍化学部が新たに宿営と試験設備を急造した。準備の途中でノモンハン事件が勃発したが、関東軍の指示で予定通り実施した。期間は約一ヵ月で、華北から輸送された六十数名の「丸太」(人体実験用の生きた人間)を使用した。

青酸の濃度による効力を試す「基礎試験」は主としてガス室で行なわれた。ガスマスクを着けた場合と着けない場合の両方について実験したが、どちらも青酸は「実に偉大な効力を発揮するものである事を確認することが出来た」という。ガスマスクの吸収管をガス室の外に置いていても、濃度が高ければ皮膚呼吸によって「数分にして症状を発現し致死的効果を示す事を認めた」のである。ガス室はガラス張りになっており、あらゆる角度から観察し、実験は記録映画に収められた。この他、完全な防毒具、軽防毒具またはガスマスクを着けた場合の、青酸ガスの噴射効力を実験したが、どの場合でも「短時間に致死的効果」を発揮することを確認した。これは以後の青酸ガス研究の原動力になった。

きい剤の撒毒地の効力を検討するための「野外試験」は、夕方に撒毒した地域(縦深三〇〇メートル)を翌朝に約二〇分程度の時間をかけて通過するというものだった。その結果、ガスマスクを着けていなければ、皮膚および呼吸器傷害は数時間後に現れはじめ、二四時間ないし数日後に死亡する、ガスマスクだけを着けた場合、重大な皮膚障害のため戦闘不能となり回復には長い時日を要する、軽防毒具を装着した場合、障害は軽少で、戦闘行動が若干妨害される程度である、という「成果」が得られた。こうして、きい剤撒毒地の効力の大綱を把握することができた、という。

以上のような人体実験で毒ガスの効力を確認したことから「吾々は確信を以《ママ》て、物を考へ、且つ云ふ事が出来る」ようになったとA元少将は回想している。その後、小規模ではあるが、関東軍化学部は、トーチカや戦車に対する青酸の噴射、青酸手投弾(ちび)の投擲《とうてき》効力をしばしば実験したともA元少将はいう。これらの実験にも「丸太」が使用されたのであろうか。

陸軍科学研究所の近藤治三郎軍医中佐は、一〇月一六日、陸軍省で「化学戦に対する基礎的研究成績」を発表している。それは、ちゃ一号は五万濃度(一立方メートル当り五万ミリグラム)では五分間で、一万濃度では一六分で「人事不省」となり、「皮膚吸収の影響大なり」というものだった。これは前者の実験(ガスマスクを着けた場合)のことであろう。[16]

また、きい一号内を払暁に撒毒した実験では、二時間後無防護で撒毒地に進入したら「3〜5時間后戦闘行動不能となり最后致死」した、「軽防護進入」の場合「15時間で戦闘不能、1ヶ月以上の治療を要す」(軽症の場合は戦闘を妨害される程度)、六時間後無防護進入の場合、五時間で「戦闘不能」になった、軽防護の場合一〇～一五時間で「戦闘不能」となり一ヵ月の治療を要するというものだった。これは別の実験のようだが、ここでも人体実験が行なわれている。

なお、一九三九年五月一二日にはじまったノモンハン事件(ハルハ河の会戦)でも、植田謙吉関東軍司令官は毒ガス戦勃発を想定して、八月九日、熊本第二三師団(師団長・小松原道太郎中将)に「黄A弾」五〇〇〇発・「黄E弾」二〇〇〇発・あか筒一万本をハイラルで交付するよう、関東軍野戦兵器廠長・野戦鉄道司令官に命じている。[17] ただ、これらは使用されなかったようである。

2 「新体制」下の毒ガス戦のエスカレーション

糜爛性ガス等の本格的使用へ

以上のきい剤等の使用はいずれも実験的なものであった。これらの実験結果を検討して、大本営は、一九四〇年七月にきい剤等の本格的使用を決断する。毒ガス戦のエスカレーションである。その背景には世界情勢の激変があった。

一九四〇年五月一〇日、ナチス・ドイツは、突然、機械化部隊をもってベルギー・オランダ・ルクセンブルクに進入し、ついで、フランスに進入した。六月二二日にはフランスが降伏した。このようなヨーロッパ情勢の変動に圧倒的な影響を受けて勢いづいた日本は、重慶に対する無差別爆撃を強化するとともに、九月二三日にはフランス領インドシナ北部（北部仏印）に進入し、中国国民政府の屈服を図った。また、九月二七日には日独伊三国同盟を締結する。

このような中で、七月二二日には、「東亜新秩序」の建設を掲げ新体制運動を開始する第二次近衛内閣が成立するのだが、その翌日の二三日、大本営は、きい剤を含む毒ガスの本格的使用を許可する。閑院宮参謀総長が発令した「支那派遣軍総司令官（西尾寿造《としぞう》大将）及南支那方面軍司令官（安藤利吉中将）は左記に依り特種煙及特種弾を使用することを得」という大陸指第六九九号である。(18)

この大陸指がきい剤等の使用許可を含む、現存するもう一つの指示であることは「雨下は之を行はす」とあることから分かる。なぜなら、固体で、点火、加熱しなければガスにならない嘔吐性ガス（あか一号）や催涙ガス（みどり一号）を雨下することはありえず、雨下するのは、液体の糜爛性ガス（きい剤）しかないからである。これらは撒布すればガス状になる。わざわざこのことを指示しているのは、きい弾・ちゃ弾（青酸）・あを弾（窒息性ガス、ホスゲン）の使用（砲弾・投下弾）やきい剤の地上での撒布は許可するが、雨下はするなということを命ずるためである。(19) また、「厳に使用の企図及事実を秘匿す」という注意が念入りであり、「特に其対外影響を慎重に考察し第三国人居住地域附近に使用せす且其痕跡を残ささる如く注意す」という文言が入っていることは、嘔吐性ガスや催涙ガスの使用許可だけではないことを示している。なお、一般中国人に対する被害を少なくせよという注意はなくなっていた。

燼滅作戦の開始

この指示に基づき、日中戦争の厳しい局面で、きい剤が必要不可欠なものとして用いられはじめる。その時は早くも一九四〇年八月に訪れた。この間の世界情勢の急変は、侵略を拡大する枢軸国側に圧倒的に有利で、重慶爆撃など日本軍の新攻勢の重圧にさらされた国民政府の中には日本への投降機運が広がって行った。

このような機運を一掃するために、中国共産党系の八路軍(第一八集団軍)は、朱徳総司令の指揮の下に約四〇万の正規軍を結集し、八月二〇日から華北一帯で突然、一斉に、日本軍の交通線と鉱山など生産拠点に攻撃を開始した。それまで、八路軍はゲリラ戦しか行っていなかったので、日本軍は兵力を極端に分散配置しており、このような奇襲は「我軍の全く予想せざる所」(北支那方面軍)であった。[20] このため、急襲を受けた日本軍部隊は各地で手痛い打撃を受け、鉄道・鉱山などの復旧に多くの時間と出費を強いられることとなった。この戦闘で、八路軍も大きな打撃を受けることになるが、華北での戦況が一変したため中国側の投降機運は一掃された。この戦闘を中国は百団大戦とよんでいる。

百団大戦で大きな打撃を受けた日本軍は、復讐心に燃えて八路軍の支配地域に進入し、従来とはまったく異なる戦闘法を採用・実行する。燼滅《じんめつ》作戦である。第一軍が八月末から山西省中部で行った晋中《しんちゅう》作戦をみると、その内容はつぎのとおりであった。まず、弘前第三六師団の指揮下にあった独立混成第四旅団の片山省太郎旅団長が二九日に出した「討伐隊に与ふる注意」という指示である。

今次作戦は既に示せる如く、敵根拠地に対し徹底的に燼滅掃蕩し、敵をして将来生存するに能《あた》はざるに至らしむること緊要なり。之が為、無辜《むこ》の住民を苦ましむるは避くべきも、敵性顕著にして敵根拠地たること明瞭なる部落は要すれば焼棄するも亦止むを得ざるべし。但し、此の場合にありても、虐殺掠奪《りやくだつ》に類する行為は厳に戒《いまし》むるを要す。(21)

これは、「敵」を生存できないようにするため、八路軍の根拠地と思われる村々を徹底的に燼滅・掃蕩せよという命令である。「燼」とは「焼き尽くす」という意味であり、「滅」には滅ぼし尽くすという意味が込められている。一応、虐殺・掠奪はするなと指示しているが、「根拠地」を破壊するために、部落を焼き捨てよといっている。

晋中第一期作戦(八月末–九月一八日)の「復行実施要領」(独立混成第四旅団命令別紙)として九月六日に片山少将から発令された、つぎの指示はより激烈であった。進攻作戦終了後、反転して後退する時、部隊を小さな縦隊に分けて分進させ、じゅうたんを敷き詰めるように、広い範囲でもれなく「敵及敵性住民並に隠匿《いんとく》兵器等」を検索・摘出するのだが、その際の「燼滅目標及方法」である。

1. 敵及土民を仮装する敵
2. 敵性ありと認むる住民中十五才以上六十才迄の男子　｝殺戮
3. 敵の隠匿しある武器弾薬器具爆薬等
4. 敵の集積せりと認むる糧秣《りようまつ》
5. 敵の使用せる文書　｝押収携行、止むを得ざる時は焼却
6. 敵性部落　焼却破壊(22)

この指示によれば、捕虜となった八路軍兵士は殺されるし、住民を装っている兵士だと日本軍から認定された場合も殺される。それだけでなく、「敵性あり」と認定された住民は、一五歳から六〇歳までの男性であれば全員殺されてしまう。捕虜だけではなく、一般住民も、軍事裁判抜きで殺されるのである。これは戦争法規に違反する虐殺というほかない。また、武器弾薬だけではなく、食糧なども押収され、部落は焼却破壊されてしまう。

この指示の実行・運用は実際にはさらに激烈なものになった。晋中第二期作戦(一〇月―一一月)でも、独立混成第四旅団は燼滅作戦を続行するが、旅団は、一〇月一二日「敵軍事施設ある部落の燼滅には特に徹底するものとす」という指示を出した。このため、住民の虐殺や部落の焼却・破壊は徹底的に行われた。この時の「戦闘詳報」によれば、八路軍(第一八集団軍)司令部と第一二九師(師長・劉伯承)主力の根拠地は徹底的に覆滅《ふくめつ》され、また「徹底的なる燼滅掃蕩により其の宿営地たる主要部落」は焼却され、兵器工場・火薬庫・糧秣倉庫などは破壊された、という。また、将来の参考のためとして「燼滅なるも重要書類の押収、敵の事情調査に有利と認むる男女の生擒《いけどり》は努むべきものなり」との注意が記されている。(23)

これは、「燼滅」なので男女とも皆殺しにしてしまったが、これはやり過ぎで、八路軍の情報を得ることができそうな男女は殺さないで生捕りにすべきだ、という意味であろう。事実上皆殺し作戦が行われたことを認める大変な記録ということになる。

このように、八月末から行われた晋中作戦では、殺し尽くし、焼き尽くし、奪い尽くすという燼滅作戦が実施されたのである(中国では、これを三光政策または三光作戦とよんでいる)。そして、その中で、イペリット・ルイサイトにも新たな役割が割り振られる。それは、進攻作戦での使用と、反転・後退する時に住民の住む集落を「毒化」するという役割だった。

永野支隊(支隊長・永野千秋中佐。第三六師団の山形歩兵第二二四聯隊第二大隊を基幹とする)の山砲兵第三六聯隊第九中隊は、八月三〇日から九月一五日の間に、山砲きい弾を四七発、あか弾を六二発使用している。[24] 進攻作戦中に双峯鎮《そうほうちん》附近で二千余の優勢な八路軍に攻撃され、激戦が始まった。第一一中隊長が戦死し、支隊も全滅を覚悟して暗号書を焼却せざるをえなくなった。このような危機的状況の中で、九月六日から七日にかけて砲撃がはじまる。その結果を示す地図の双峯鎮の上には、撒毒地であることを示す網掛けのマークが記されているので、ここできい弾が使用されたと判断される。[25]

永野支隊の兵士は東北地方出身者で構成されており「従来弾薬使用量の少なきを誇り」としていたが、この戦闘では八路軍の兵力が優勢で、しかも弾薬を乱射してきたので、反撃のため持っている弾薬を「殆んど射耗」した。このため、糜爛性ガス弾が決定的な兵器として使われたのである。

また、九月九日からはじまった反転作戦では、永野支隊は、沿道の各集落を燼滅・掃蕩しながら後退する。そして、一三日に、輝教《ききょう》附近で戦闘がはじまるが、この日に出された永野支隊命令(永支作命第二九号)には「輝教附近に在りし約百名前後の敵は我が砲撃に依り殲滅せり」「支隊は輝教の砲撃及毒化を終了し予定の如く上黒峯に向ひ前進せんとす」とあるので、[26] 輝教という集落が「毒化」されたことが分かる。ここにいう「毒化」とは、糜爛性ガス弾の集中砲撃(またはイペリットの撒布)による、集落のガス汚染化をさすと思われる。一三日午後一一時までには、輝教附近は粛正燼滅が終了している。

同年、歩兵第二二四聯隊堀江集成大隊は、一一月一九日から二一日にかけての白羊泉河の戦闘、柳樹口の戦闘で、山砲特種弾八発・迫撃砲あか弾六発のほか、迫撃砲きい弾一八発を使用している。(27)

このように、一九四〇年八月以降は、味方が危機的状況に陥った時そこから脱するために、あるいは中国共産党系の八路軍の拠点とみなされた集落を毒化・燼滅するために、糜爛性ガスがしばしば使われるようになった。

3　対ソ戦準備のための毒ガス実験

イペリット・ルイサイトの人体実験

かなり早い時期から、陸軍中央は、対ソ開戦初頭に毒ガスを大規模に使用し、極東ソ連軍を撃破して国境を突破する計画をもっていた。たとえば、一九三九年一一月に、参謀本部作戦課長の稲田正純大佐は、陸軍習志野学校付となって中国東北に渡りこの計画を推進していた。また、航空毒ガス戦を担当する浜松陸軍飛行学校にいた遠藤三郎少将は、一九四〇年四月二六日、竹田宮恒徳《つねよし》大本営参謀への「進講」で、中央統帥部の立場を「瓦斯の使用は奇襲且徹底的なるを要す。之が為平素より諸準備を整へ、開戦劈頭《へきとう》に於て大々的に使用するを可とし、報復的使用の如きは適当ならず」と説明していた。(28)

第二次近衛内閣の下で推進された「新秩序」建設政策は、陸軍の長年の念願であった対ソ開戦を現実感のあるものとした。そこで、毒ガスの大規模使用計画を成算があるものにするため、陸軍は、一九四〇年後半にはより大規模な毒ガス人体実験に踏み切ることとなる。稲田大佐が関東軍首脳部を説得し、関東軍砲兵隊による糜爛性ガス弾の「効力試験射撃」と関東軍化学部による「青酸の大放射基礎試験」が実施されることとなった。[29]

糜爛性ガス弾の効力試験射撃は、内山英太郎関東軍砲兵隊司令官を演習統監とし、関東軍の全砲兵部隊長を会同させ、梅津美治郎関東軍司令官以下首脳部・内地関係者視察の下に、第三軍の野山砲二個大隊・一五榴弾砲一個大隊により、牡丹江北方地区で九月に実施された。[30]

その詳細は、慶応大学の松村教授のグループが古書店で発見した資料、加茂部隊(七三一部隊)編「きい弾射撃による皮膚傷害並一般臨床的症状観察」で知ることができる。[31]

これによれば、関東軍砲兵隊は、九月七日から一〇日までの四日間、七五粍《みり》砲四門・一〇糎《せんち》榴弾砲八門で、それぞれきい弾(イペリット・ルイサイト弾)六〇〇発、計一二〇〇発を三つの地区に対して射撃し、糜爛性ガスの汚染区域を三つ作り出した。この地域には一六名の生きた人間が事前に配置してあった。

第一地域には、九月七日、一五分射撃・一五分休み・一〇分射撃という手順で、一ヘクタール当り野砲(七五粍砲)換算で一〇〇発、計一八〇〇発を発射し、一八ヘクタールを汚染した。ここには、あらかじめ満州服・下着とスリッパだけを着用し、帽子もガスマスクも着けていない人間を五名配置していた。

第二地域には、九月九日、一ヘクタール当り二〇〇発という濃度で、野砲換算で三二〇〇発撃ちこんだ。ここには、夏用の軍服・ズボン・スリッパを着用した人間を六名配置していた。三名はガスマスクを着け、三名は着けていなかった。

第三地域には、九月一〇日、一ヘクタール当り三〇〇発というもっとも濃い濃度で、野砲換算で四八〇〇発を撃ちこんだ。ここには、夏用の軍服・ズボンを着けた人間を五名配置した。三名はガスマスクを着け、二名は着けていなかった。

この毒ガス人体実験の事実を否定する者の中には、一六名を殺すためになぜ一二〇〇発もの砲弾を使う必要があったのか、と疑問視する論者もいる。しかし、これはまったく的はずれである。なぜなら、これら一六名の人間は、広い汚染予定区域に分散され、それぞれ野砲偽掩体《えんたい》(野砲が入っているように見せかけた防禦設備)・壕《ごう》・「軽棲息所」・観測所・掩蓋《えんがい》機関銃座監視所・特種構築物内など、条件の異なる場所に配置されていたからである。汚染区域を広く作り、その中の条件の異なる場所におかれた人間にどのようなダメージを与えうるかというデータをえることが目的であった。さらに、この直後に行われた「持久効力試験」に新たに三名が投入され、「原水攻撃」(きい剤を溶かした溶液を飲まされること)に一名が投入されたので、人体実験をうけた人間は、二〇名に達した。

糜爛性ガスにさらされた被験者は、射撃後四時間・一二時間・二四時間・二日・三日または五日後、一般症状や皮膚・眼・呼吸器・消化器・神経などへの影響が観察・記録された。ガスマスクを着けていない第一地域の典型的な結果は偽掩体偽装網の下に配置された「丸太」の「二九六号」だった。彼は、四時間後、全身倦怠状態となり、顔面下顎部が紅潮し、首に小さな水疱ができ、結膜は充血し、鼻汁が流出し、嘔吐の症状が現れた。一二時間後、全身憔悴し、二四時間後には眼が開かなくなった。二日後には著しく憔悴し、顔面や首に黄色の水疱ができ、亀頭部にも水疱ができ、胸部にラ音(ラッセル音。気管支・肺に分泌物などが停滞して発生する異常音)が発生した。三日後には動悸が激しくなり、のどに疼痛《とうつう》を訴え、糜爛のため全身にも疼痛があった。さらに悪心・嘔吐・腹痛を訴えた。

より濃い濃度の汚染地域である第二地域の被験者はどうだっただろうか。「五一三号」(ガスマスクなしで軽掩蓋を有する観測所内に配置)は、四時間後に、早くも顔・肩が赤くなり、四肢のかゆみ、眼のまぶしさ・涙・充血を訴え、鼻汁が出た。六時間後には、発熱し、顔面・うなじ・肩甲部に水疱ができた。翌日には、水疱は、額、頰、耳元、口の周囲、背中にひろがり、胸には大豆ないしスズメの卵ぐらいの水疱ができた。三日目には水疱が破れはじめ、尿道口周辺は糜爛し、灼熱痛があった。角膜は混濁し、鼻汁は止まらなかった。四日目には、これら症状は一層悪化し、顔面は暗黒色となり、呼吸困難となった。これが第二地域のもっとも重い症状である。

第三地域はもっとも濃い汚染地帯であった。銃眼を開口し、扉を閉鎖した特種構築物内に配置されていた「四八五号」は、ガスマスクを着けていたので初期の症状は比較的軽かった。しかし、翌日から症状が少し遅れて現れ、四日目には、皮膚や陰嚢が糜爛し、至るところに白いかさぶたができ、灼熱痛を訴えた。この被験者は、二日目の朝八時に、きい剤を溶かした水三〇〇ccを飲まされている。

ガスマスクなしで、掩蓋機関銃座内に配置されていた「四八六号」は、四時間後に刺すような頭痛が始まり、身体中が赤くなり、眼は充血し、涙が流れた。鼻汁・嘔吐・セキを訴え、右腕間接部・左大腿部に大豆ないしくるみ大の水疱ができ、角膜は混濁した。体温は三八度に上がり、やがて背中に水疱がひろがっていった。

ついで、きい弾射撃終了後の第三地域に、一〇日の午後一〇時から翌一一日午前四時半までの六時間半、四名の人間を放置し、人体への影響を調べる「持久効力観察」が行われた。その内「二六五号」は既に第二地域で被毒していたが、三名は新たな投入だった。ガスマスクなしで地上曝露された「三五九号」には、四時間半後、全身に発赤が生じ、涙が流れ、角膜は混濁した。一日後、顔面・腕・関節・背・手などにエンドウから鶏卵程度の水疱ができた。二日後、陰茎・陰嚢に疼痛が生じ、眼は視力障害・疼痛があり、角膜混濁は継続していた。ガスマスクを着け地上曝露された「四四九号」は、四時間後、尻・大腿部・陰茎が発赤し、浮腫が生じ、一日後、臀部にエンドウ大から掌大の水疱が発生し、疼痛が生じた。

さらに「原水攻撃」と称して、五名の被験者に対して、きい剤(イペリット・ルイサイト混合液)を溶かした水溶液を飲ませたり、眼にたらしたりする実験が行なわれた。きい剤の原液を被毒している個所にたらす実験も行われた。水疱の中にたまった液を注射器で吸い取り、それを腕や角膜に注射することまで行われた。新たに投入された「四七九号」は、七日に原水を飲まされ、一〇日に原水を点眼され、一二日に水疱内容液を右腕と左角膜に注射された。このため、原水を飲まされた一二時間後には、嘔吐・下痢(粘血便)があり、翌日もこの症状が続いた。原水点眼の翌日には、結膜が発赤充血した。

第一地域にいた「二八七号」は、木炭で除毒した原水三〇〇ccを九日に飲まされたが、著しい変化がなかった。一〇日には活性炭で除毒した原水六〇〇ccを飲まされた。しかし、翌日食欲不振になった程度だった。こうして木炭の除毒の効果が確認された。

第二地域にいた「四六四号」は、一〇日、濃度の濃い原水を一日放置していたものを飲まされた。一二時間後、食欲不振・悪心・嘔吐を訴えはじめた。同じ地域の「四九〇号」は、除砒剤で除毒された原水(二日置いたもの)を一〇日に飲まされ、一二時間後、悪心・嘔吐を訴え、その後も継続したが、一一日夕にはやや回復した。除砒剤の効果は十分ではないことが確認された。第三地域にいた「四八五号」は、一一日に原水三〇〇ccを飲まされ、翌日、悪心・嘔吐を訴えたが、夕方には快方に向った。もっとも、これは内臓に関してであり、皮膚はきい剤に冒され、苦しんでいる最中である。

人体実験では治療実験も行われ、初期には皮膚に五パーセントの重曹水が有効で、眼には〇・五ないし一・〇パーセントの重曹水での洗顔やアルカリ性眼軟膏が有効であること、水疱のできた皮膚に亜鉛華軟膏《なんこう》・ペリドール軟膏が有効であることが確認された。二〇名に対する人体実験の結果は、つぎのようにまとまられている。

①きい剤の効果は、液滴(浸潤)・蒸気・吸収の三つだが、第一地域では液滴(浸潤)効力が確認され、第二地域では液滴(浸潤)効力がよく発現し、蒸気効力がやや明瞭に現れた。第三地域では、液滴(浸潤)・蒸気・吸収の三効力が確認された。②きい剤の障害効果が自覚症状として現れるのは攻撃後四ないし五時間である。③皮膚の水疱は一二時間後頃から明瞭に現れ始める。④呼吸器障害は一二ないし二四時間後から現れる。⑤消化器障害は、早い場合は四時間後から、遅い場合は一四時間後からであり、

一定しない。⑥眼の障害は、早い場合は四時間、遅い場合は一二時間頃からすべて現れる。⑦以上の各症状がもっともひどくなるのは四八時間以降である。

こうして、関東軍の大規模な糜爛性ガス実験は終了した。人体実験に投入された「丸太」の生還例はごく一部の逃亡者以外にはないので、二〇名の被験者は全員殺されたと推定される。戦後にアメリカ軍が七三一部隊関係者から手に入れた人体標本の中には、イペリット実験による一六の標本があることがその傍証となるであろう。(32) 得られた糜爛性ガス(きい弾・きい剤)の効力・使用法は、対ソ戦のために活用されようとしていた。

青酸ガスの放射実験・投下実験

同じ一九四〇年、陸軍科学研究所長の要求で、ちゃ一号(青酸)三〇トンが五月三〇日までに関東軍化学部に交付された。(33) これは、放射試験用であり、塩素ボンベに二〇キログラムずつ塡実されていた。総数は一五〇〇個になる。九月中旬、ホロンバイルの大平原で、このボンベを一メートル毎に二本並列し、青酸三〇トンを数分間の間に、一気に放射する大規模実験が行われた。(34) 風をさえぎって変形させる山・谷・家屋・樹木などが一切ない条件の下で、ガスの効力を的確につかむためだった。

試験の結果、青酸の流動効力が遠距離に及ぶことが確認され、濃度は万の単位となり、配置してあった「試験動物」はことごとく死亡するなど、「十分に満足」できるものであった、という。(35) この「試験動物」が生きた人間ではないかどうか、気になるところである。また、放射直前、風下四キロメートルのところを馬車が通りかかったので、トラックを派遣して馬夫を安全なところに避難させたが、馬は現場に残され、被毒して即死したという。

一一月には、浜松陸軍飛行学校が、関東軍化学部と協力して白城子附近で五〇キログラム投下ちゃ弾の「一大効力試験」を行っている。(36)

実験の評価

さて、これらの実験結果について、陸軍はどう判断したのだろうか。小柳津中将は、きい弾射撃について「効力表示の方法に遺憾の点があり」、予期したガスの効力を視察した軍首脳者に認識せしめえなかった、と記している。(37) しかし、「効力表示」のために生きた人間を用いたのであり、遺憾の点があったとしてもそれだけではないであろう。認識せしめえなかったこととして、小柳津中将が列記しているつぎの事項こそ、この演習で得られたものではないだろうか。

(一)霧状又は気状イペリットは比較的薄い濃度で眼の粘膜を侵し、被毒数時間後には眼瞼が腫脹すると共に強いまばゆさを感じて眼瞼が自ら閉鎖し、更に時間の経過と共に眼脂で眼を開き難くなり、俄盲《ママ》となつて全く活動意志を失つて来る。

(二)霧状又は気状イペリットを多量吸入すると重症に陥り或は生命を失う。

(三)これらの傷害は皮膚に対する傷害よりも抵抗意志と抵抗能力を奪うことが大きい。

(四)イペリットの傷害は毒煙の刺戟《しげき》、青酸の即死的効力に比べその発現までに多くの時間を要する。(38)

そして、稲田大佐が、「満「ソ」国境を化学戦力を主体として突破しうる成算を得た[39]」というのは、一九四〇年三月の陸軍中央三官衙関係部員と化学戦関係者による国境突破作戦の現地研究(黒龍江省東寧)によるだけではなく、これらの実験の結果にもよるのではないだろうか。

4　苦戦の中での大規模使用

宜昌攻防戦

長江の中流域にある宜昌という都市は、大型船舶がさかのぼることができる終点で、東西南北の交通の要点であり、重慶には約四八〇キロという近い位置にあり、戦略上の重要拠点であった。三峡下りの終点としても有名である。仙台第一三師団(師団長・田中静壹中将)は、一九四〇年六月一二日、一度ここを完全占領したが、兵舎などを焼き、交通通信線や橋を徹底的に破壊し、武器・弾薬・食糧・燃料を焼いたり、長江に棄てたりした後、当初の予定どおり撤退した。撤退の背景には在華兵力削減問題があった。宜昌確保のための兵力が見込めず、「宜昌を奪すること罷《まか》りならぬ」とする昭和天皇の意志も伝えられていた[40]。

しかし、一度占領すると、六月一二日にドイツ軍がパリを占領したこともあって、撤退に反対する意見が陸軍内部に湧き起こり、昭和天皇の「陸軍は宜昌をなんとかならないのか」という言も伝えられた[41]ので、宜昌確保の方針に一転した。第一三師団は、一七日午前一時から撤退を開始していたが、午前七時に再占領の命令を受け取り、反転して正午過ぎに再び占領した。しかし、すでに市内の主要施設を破壊していたので、第一三師団は大変な苦労をすることとなる。七月一三日には、宜昌永久確保に関する天皇の命令が発令される。

このようなドタバタの方針転換をへて確保した宜昌であったが、国民党軍はこの重要拠点の奪回をめざすことになる。一九四一年九月一八日、岳州にいた第一一軍司令部(司令官・阿南惟幾《あなみこれちか》中将)は、薛岳《せつがく》長官が率いる第九戦区軍に対して一大打撃を加えようとして、長沙にむかって南下する長沙作戦を開始した(これを日本側では第一次長沙作戦、中国側では第二次長沙作戦とよぶ)。軍は、二八日に長沙を占領した後、一〇月一日、反転を開始し、六日頃、原占領地に帰還した。

ところが、この作戦の期間中に、手薄となった宜昌は、陳誠長官の率いる第六戦区軍に包囲されることとなった。宜昌奪回の攻撃は九月二八日から始まり、一〇月二日、蔣介石軍事委員長は、陳誠上将に対して、「いかなる犠牲をも顧みることなく三日以内に宜昌を奪回」せよと命じた、という。(42) その兵力は、一五個師におよぶ大軍だった。

宜昌を守るのは、同じ仙台第一三師団(師団長・内山英太郎中将)だったが、兵力が足りず、宜昌東方の東山台地に配備されたのは、小銃実包射撃の経験もない司令部勤務の衛生兵・経理部勤務班など予後備兵や入院中の軽症患者だったという。(43)

国民党軍の攻撃は一〇月六日から開始され、一〇月一〇日の双十節には午前二時三〇分から総攻撃が始まった。第一三師団司令部は、全滅を覚悟し、第一線聯隊から送られてきた軍旗を焼き、秘密書類も焼却し、師団長以下幹部の自決場(自殺の場所)も設営し、全滅を告げる電報も記し終えた。[44] 救援のため、八日に軽爆撃機に乗って宜昌に着いた遠藤三郎第三飛行団長に対して、内山中将はその手を握って「既に覚悟はなしあり、病院の患者迄戦線に出しあり、司令部内にも死傷者続出、志気に影響する所大なり、願くば飛行場の使用し得る間に一分隊の兵力にても可なるを以て空輸せられ度し」と懇願する有様であった。[45]

このような絶望的局面の中で、毒ガスをも用いた最後の反撃作戦が行われる。七日から毒ガス使用が始まり、一一日まで続くが、その中心は、高田山砲兵第一九聯隊(聯隊長・林作二中佐)によるあか弾(嘔吐性ガス)一五〇〇発・きい弾(糜爛性ガス)一〇〇〇発の使用だった。山砲兵第一九聯隊はこれら毒ガス弾を発射し「敵の攻撃企図を挫折」せしめ、かろうじて全滅の危機から脱したのである[46](図7参照)。毒ガス弾は通常弾と併用し、きい弾を遠距離に、あか弾を近距離に使用した方が大きな効果をあげ得るという教訓を引き出している。

しかし、使用されたのはこれだけではなかった。しかも、この毒ガス戦は、日米関係が緊迫していた一九四一年一〇月に、宜昌という重要都市で大規模に使われたため、欧米に広く知れわたることとなった。初期の情報は不正確なものであり、重慶にいた米英の軍関係者も懐疑的だった。しかし、詳報が届くようになって態度が変わって行く。

一〇月二八日、重慶の国防部広報官の情報によれば、一〇月八・九・一〇の三日間、抗日戦争期間中でもっとも激しい毒ガス攻撃が日本軍により宜昌で行われ、三四〇発の毒ガス弾が使用された。砲弾爆

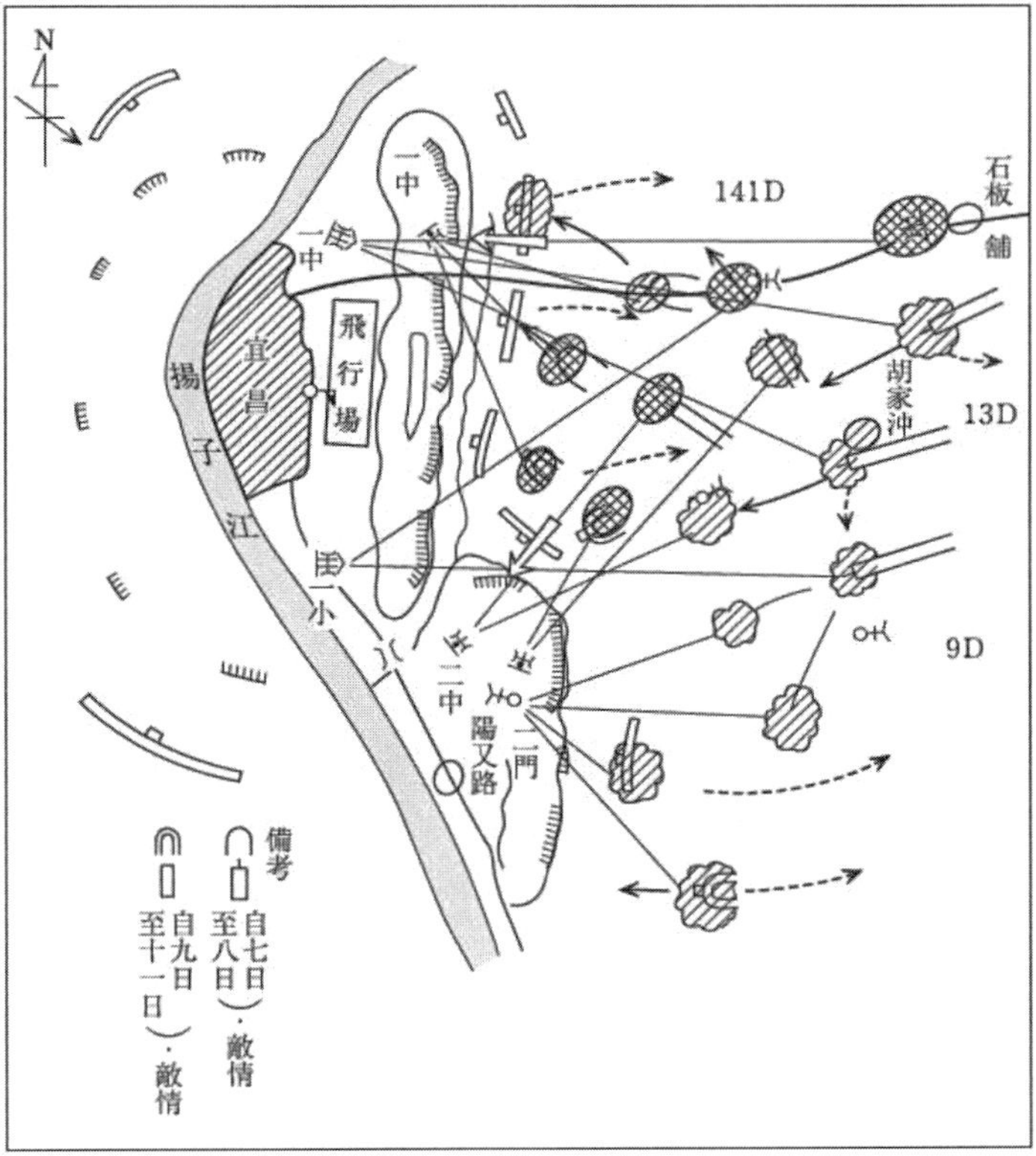

図7　宜昌附近戦闘経過要図（1941年10月7日から11日まで）

出典：粟屋・吉見編『毒ガス戦関係資料』476ページ.
は師団司令部，　は野戦重砲兵（10 cm カノン砲），　は山砲兵の放列，　は野砲兵の放列，　は軽迫撃砲，　は毒煙，　は撒毒地域（イペリット・ルイサイト）であることを示す.

発後、灰色・白・オレンジ色の煙を出す暗黒色の液体が流れ出し、花の香り、あるいは腐った果物のような臭いがした。風は秒速三メートル、温度は約二〇度だった。約一三五〇名が被毒し、そのうち七五〇名が死亡した。ある者はすぐに意識を失い、ある者は三〇分以内に死亡した。ある者には大きな水疱ができ、その数時間後に死亡した。ある者は、眼からの流涙、クシャミ、鼻からの出血に苦しんだ。ガスにひどく冒された部分は青黒く変色した。ガス汚染の地域は、縦二〇〇〇ヤード、横一五〇〇ヤードだった。使用されたガスは、催涙ガス・嘔吐性ガス・マスタードガス(イペリット)だった、というものである。[47]なお、翌日の続報によれば、三〇〇発の毒ガス爆弾が投下され、一〇〇〇発をこえる毒ガス砲弾が発射されたとある。

宜昌で毒ガスが使われたという報告は重大情報として世界中に伝えられた。この報告は症状の発現が早過ぎるようだが、これを分析したアメリカ陸軍省化学戦統轄部隊長官部のジョン・C・マッカーサー中佐は、液体の色・臭い、被害者の症状などから、マスタードガスだけではなく、ルイサイトも使用されたと思われるとのべている。[48]この推測はまったく正確だった。イペリットが腐ったような臭いや辛子の臭いがするのに対して、ルイサイトはゼラニウムのような香りがあり、製法がよければ皮膚は直ちに痛くなり、三〇分以内に紅潮するからである。[49]

イギリス議会では、ロバート・モーガン議員が、どのような情報が届いているかと二三日に質問した。そこで、調査せざるをえなくなった重慶駐在イギリス大使館附武官は、一一月一〇日、日本軍が一〇月八日から九日にかけての宜昌攻防戦でガスを使った、それは大規模ではない、おそらくルイサイトに類似したガスと催涙ガスが使われたと思われる、という報告を行った。[50] このイギリス武官の報告は不正確だが、その後、米英が日本軍による毒ガス使用の事実を確証しえたのは、前線を視察して重慶に帰ってきたジャーナリスト、ジャック・ベルデンから情報をえたことも大きかった。

ベルデンは、一九四六年以降の中国革命のルポルタージュ、『中国は世界をゆるがす』で知られるアメリカ人ジャーナリストだが、[51] 一九三三年から中国に暮らしていて、一九四一年当時は中国語に熟達していた。以前はUPの通信員を務めていたが、この頃はINS(インターナショナル・ニュース・サービス)の特派員で、しばしば中国軍の作戦に同行して取材していた。その報告「宜昌附近における日本軍の毒ガス使用説について」は、つぎのようにとても生まなましいものだった。[52]

一〇日に毒ガスが使用された時、ベルデンは、現場から直線で四マイル(宜昌から六マイル)離れた中国第二軍団司令部にいた。ガスが使用されたことを伝える第九師長からの無電を正午に聞いた。欧米に正確な情報を伝えることが重要だと第二軍団司令部を説得して、ようやく助手のエリザベス・グラハムとともに第九師司令部に行く許可を取り付けた。

まず、彼は、ガスで死亡したという死体二体を一三日に野戦病院で観察した。前日に前線から運ばれてきた時はまだ生きていたが、野戦病院に到着して数分後に死んだという。死体は、身体中に大きな茶・赤・黒色の斑点があった。皮膚組織は破れていたが、他に死に至るような傷はなかった。

ついで、師長・参謀長・参謀処長・化学将校を含む第九師の将校たちにインタビューしたが、その情報はつぎの通りだった。毒ガスの使用時間は、八日が午後九時三〇分から二〇分間、九日が午後二時から三〇分間、一〇日が朝四時から一〇時までだった。最後の日は、六時間休むことなく発射され、蜂子嶺・東山寺など郊外だけでなく、城壁内のカトリック教会の近くでも使用された。被害を受けたのは、中国の第九師二五・二六・二七団(聯隊)だった。毒ガス弾は野砲から発射され、飛行機から投下された。ガスの種類は、嘔吐性のジフェニールアミンクロロアルシン(アダムサイト)、窒息性のホスゲン、糜爛性のルイサイト、それに催涙性のクロロピクリンとクロロアセトフェノンのようだと聞いている。

被毒者の症状は、軽症の場合、戦場を離れて三時間後に眼が開けられなくなり、ノドの痛みと筋肉痛が生じた。嘔吐性ガスを多く吸いこんだ場合、一〇ないし一二時間後にめまいと震えが起き、衰弱した。しかし、二〇時間後には回復した。ルイサイトの被害者の場合、急速に糜爛し、水疱はテニスボール大になった。多くはヒジや腰の周りにできた。

八日に後送・救助された者のうち、一七名が麻痺し、失語状態となり、呆けていた。三〇名は戦闘能力を失っていた。九日には、二〇名が麻痺し、一〇名以上が糜爛し、四〇名以上が戦闘能力を失っていた。一〇日には、麻痺していた者は一〇名で、七〇名が戦闘能力を失っていた。これらは、救助された者だが、第九師の死傷者中、四分の一は被毒者で、約七五〇名に達すると見積もられていた。

帰還した被毒者たちは、外国人の専門家に見せるために、第六戦区軍の陳誠長官の命令で巴東や重慶に送られた(写真7・8はその内の二名である)。また、多くの被毒者が戦場に放置されたままになっていた。このため、第九師にはほとんど被毒者がいなくて、ベルデンが会えたのは二名だけだった。この二人には、とてもひどい水疱の症状がでており、グラハムが写真を撮った。彼の一三日の観察とインタビ

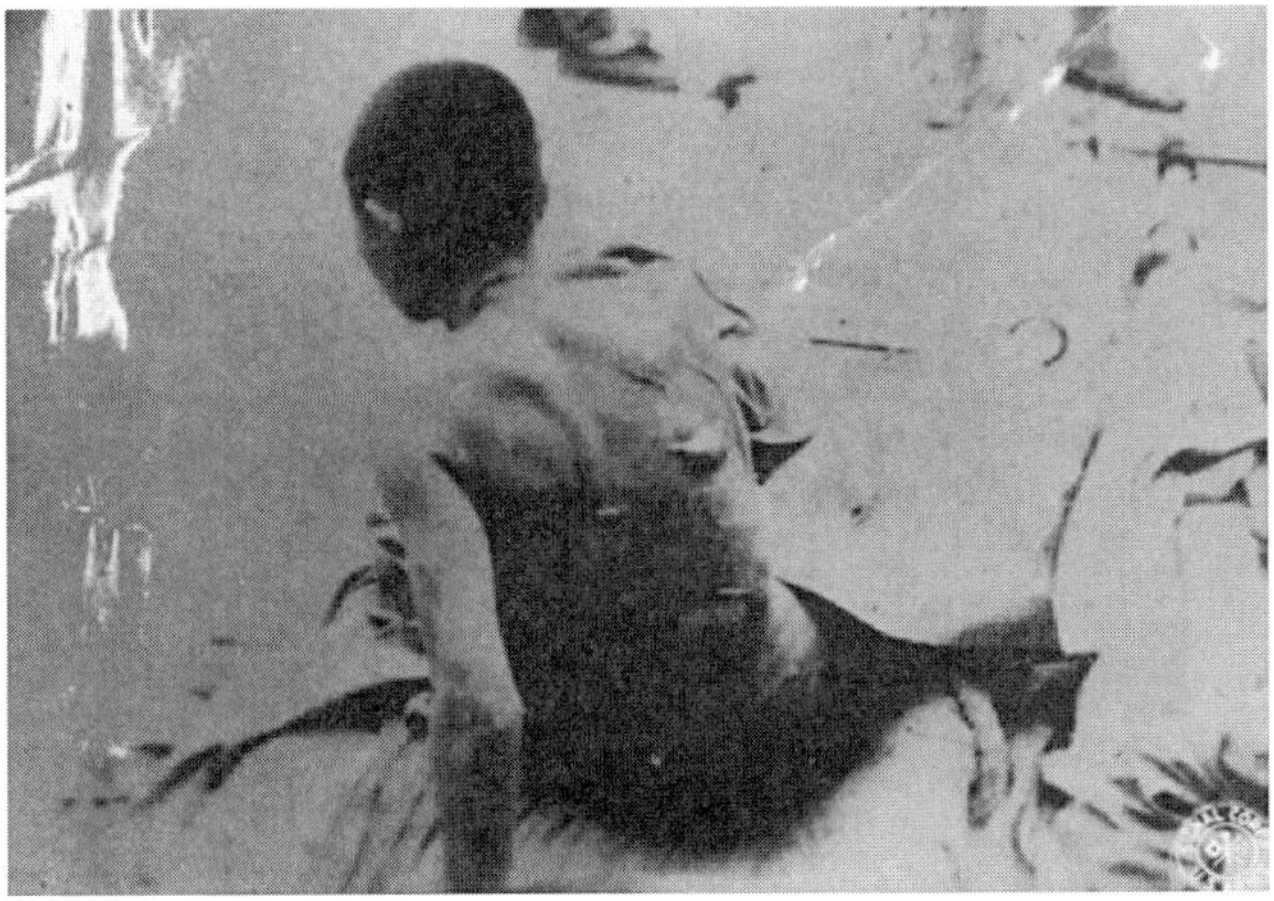

写真7・8　宜昌攻防戦で糜爛性ガスで被毒した国民党軍兵士(2葉)

国民党軍からストックウェル少佐が入手したもの．背中に大きな水疱ができている．

出典：W. P. Stockwell, Headquaters, Y-Force Operation Staff, US Army Forces, China Burma India Theater to Theater Chemical Officer, 8/8/1944, RG 332, Entry IBT, Box 472, NARA.

ューの記録はつぎの通りである。

水疱のいくつかは指のツメぐらいの大きさで、他のいくつかはテニスボール大だった。いくつかは皮膚がピンと張った状態でふくれあがって硬くなっており、いくつかは身体からグニャリと垂れ下がって、身体が動く度にある種の液体が水疱の内側で動きまわっていた。水疱のできた部分の皮膚はとても白くなっており、ふちは黄みがかりしわがよっていた。腕・脚・腹部にできた水疱はより深刻で、背中の水疱がもっとも悪質だった。顔の水疱が破れたところは、赤・黒・茶色に変色していた。

副小隊長だというこの兵士は、大変な痛みを訴え、背中の大きな水疱をベルデンに見せるために、慎重に背中を上げて座る姿勢をとらなければならなかった。食欲はまったくなく、頭痛と発熱を訴えた。

この兵士の語るところによれば、部隊は宜昌市外の飛行場を見渡せる東山寺の陣地を攻撃していたが、日本軍の激しい機関銃射撃で前進を止められ、ここを死守せよと大隊長にいわれて、一昼夜留まった。そして、八日に日本軍は毒ガス弾を撃ってきた。ガスにより多くの兵士の眼が見えなくなり、ある者は嘔吐し、ある者はしゃべれなくなった。副小隊長自身は、最初は大したことはないと思っていたのだが、やがて眼がずきずき痛みだし、傷つき、少し泣いた。約一時間半後、皮膚がかゆくなりはじめ、さらに一五分後には水疱ができはじめ、激痛がおそった。その二時間後には、半分麻痺し、意識が朦朧とする状態となったが、半ば意識があった。手足は、約六時間動かすことができなかった、という。

ベルデンは、この兵士の証言について、中国人、特に農民層の時間の観念は西欧のそれと違ってあいまいであり、ここでいっている時間は非常に大雑把なものと考えるべきだとしている。また、背中・脚・腹部の水疱が露出している部分よりもひどく糜爛している理由の一つは、ガスが衣服の中で滞留したからだろうと推測している。これはまったく正しかった。

もっとも激しい痛みをもたらすのは水疱内の液体が動くことだ、とこの被毒者はいった。ガス攻撃に対して何ができたかとベルデンが問うと、彼は「そこに留まって死ぬことしかできなかった」と答えた。

その後、ベルデンとグラハムは、第九師の司令部で、中国陸軍病院付きのポーランド人赤十字医師に会った。彼はつぎのように語った。自分は約一五名の被毒者を診察した。ガスが水疱内の液体にまだ含まれており、それが皮膚を冒し、内部に浸入しているので、液体を水疱から抜き出した。この医師と助手たちは、この処置をした後、自分たちの手がかゆくなったことに気づいたが、水疱はできなかった。医師は、このガスを第一次世界大戦時にイープル周辺で使用されたのと同じ「イペリット」であり、これは肺をも冒し、そこに水疱をつくるといった。

国民党軍のほとんどの兵士はガスマスクを持っていなかったが、第九師は装備がややましだったので、ある程度ガスマスクを持っていた。しかし、糜爛性ガスに汚染された兵士に対する治療はほとんどなされなかった。衛生隊がやったのは、兵士の衣服を脱がすことぐらいで、激しい苦しみの中で、衣服を自分で脱ぐ兵士もいた。

この他、ベルデンとグラハムは、吐血・嘔吐・吐き気・麻痺・視力喪失の話を他の師団の兵士たちから聞いた。これらの話から、ベルデンは、多くの兵士たちが戦場に置き去りにされた、ガス使用の正確な詳細は知られることはないだろう、そして、死傷者の数も推測の域を出ないだろうと思った。ベルデンは、にもかかわらず、特定の部署に特定の時間にいた者だけがその部署に関してよく知っているのだから、これらのことが兵士たちの語りの基本的な信頼性を損なうものではないと確信する、と記している。

このベルデンの報告は信頼性の高いものであり、アメリカ軍もイギリス軍も、毒ガスが使われたことを確信することとなった。アメリカ陸軍省参謀第二部の情報主任参謀、シャーマン・マイルズ准将は、「するどい、有能な観察者」としてのベルデンの高い能力を認めており、ガスが使用された時に現場にいなかったとはいえ、直後の取材結果を「本質的に正確」だとみなさない訳にはいかなかった。(53)

このベルデンの報告の中で注目されるのは、砲撃だけでなく、六〇機もの飛行機によるガス爆撃も行なわれたという指摘である。「遠藤三郎日記」によれば、第三飛行団は、八日まで内山部隊救援につとめ、九日からは宜昌附近の中国軍撃滅作戦に尽力し、一〇日午後には「司偵〔偵察機〕の偵察に依り敵兵近く退却を開始するにあらざるやを思はしむるものあり」と、国民党軍の退却の兆候を正確につかんでいる。(54) だが、毒ガス弾投下の記述はない。しかし、ガス空襲については、他の資料から確認することができる。

ガスが使用されたと聞いて、間もなく宜昌攻防戦の調査に赴いた(ただし、日本軍が占領していたため現場には行けなかった)アメリカ軍航空部隊の化学将校はつぎのようにのべている。

毒ガスは八日から使用されはじめ、一〇日から一二日にかけて、飛行機が飛んできて「致死性」のガス爆弾を到るところに投下したという。中国兵ははだしか、わらゾウリばきで、ガスマスクも防毒衣ももっていないので、空襲で激しくガスに冒され、負傷させられた。また、後方にいた中国兵はガスに冒され、多くが火傷を負い、そのほとんどは重体となった。前線の兵士は退却を始めたが、ガスで汚染された地域を通過しなければならなかった。正確な数字を中国軍から聴取することは困難だが、ガス弾と通常弾による砲爆撃で二〇〇〇人以上が負傷し、戦場から離脱できた負傷者のうち、二九名が被毒者で、そのうち一二名が病院で死亡した。六名は入院し、状況を説明でき、うち二名だけが原隊に復帰することができた。「ガス標本と砲弾・爆弾の破片の実験室でのテストから、使用されたガスは、マスタードガスとルイサイトの混合であることがわかった」。負傷者に現れた症状からみても、ガスは「持久性の致死性ガス」だった、と。(55)

その後、国民政府が欧米各国に送った文書は、宜昌攻防戦での中国側の被害は被毒者一六〇〇名、うち死者六〇〇名だったとしている。(56)

宜昌攻防戦で日本軍が糜爛性ガスを使用したことを英米両政府は確証した。これは、一九四一年はじめから開始されていた日米交渉が暗礁に乗り上げ、日米間の緊張が高まっていた時期だったので、深刻な影響を及ぼすことになった。一一月二一日、ヘンリー・スチムソン陸軍長官は、ローズベルト大統領とフィリピンへの毒ガス配備問題について話をした。

日本軍が宜昌で中国軍に対して毒ガスを使用し、中国兵およそ七〇〇名を殺し、〔空白〕名を負傷させたことを我々は知った。私は、フィリピンで毒ガスが配備されていない状態に陥らされることを望まない。(中略)もはやこれ以上遅らせるべきではない時がきたと私は思い、会議の後で、そっと、また、ひとりで大統領に話し、大統領は私に同意した。そこで、私は帰る時、マーシャル将軍〔参謀総長〕が不在なので、ジェロー将軍〔参謀本部戦争計画部長〕のところに立ち寄り、すべての事実を調べ、新聞に漏れることなく実行されるよう注意して、実現可能な船積みを準備するよう指示した。[57]

日本が攻撃するとしたら、これまでの日本の戦例から必ず奇襲攻撃をするであろう、攻撃方面はフィリピンになる、と考えていたスチムソンは、日本に対する対抗的な毒ガス戦を意識して、行動を起こしたのである。スチムソンの指示を受けたジェロー将軍は、二四日、イペリット一〇〇〇トン、一五五ミリイペリット砲弾五〇〇〇発、アダムサイト〔ジフェニールアミンクロロアルシン〕筒六〇〇〇本などをエッジウッド兵器廠とパナマからフィリピンに輸送する案を提出した。[58]だが、それから二週間後に、日本はハワイ・フィリピン・マレー攻撃をはじめるので、フィリピンへの毒ガス配備は間に合わなかったと思われる。

しかし、このスチムソン陸軍長官の進言と行動は、アメリカの対日毒ガス作戦計画の起点の一つとなった。翌一九四二年六月五日のローズベルト大統領の声明と、対日毒ガス戦計画JCS八二五の始動は、やがて日本にとって深刻な意味を持つことになる。

河南作戦鄭州附近の戦闘

宜昌攻防戦が終った直後の一〇月三一日、日本軍は河南省鄭州《ていしゅう》附近でも糜爛性ガスを使っている。

第一一軍の長沙作戦に呼応して、北支那方面軍の東京第三五師団(師団長・原田熊吉中将)は、黄河南岸に前進拠点を築くため、一〇月はじめに黄河を渡ろうとした。渡河は容易ではなかったが、なんとか成功し、四日には鄭州を占領した。ついで覇王城附近に拠点を築き、三一日には鄭州から撤退し、一部兵力を覇王城に残して、主力は再び黄河を渡って原駐地に帰った(河南作戦)。この退却時に、中国軍の追撃路を封鎖し、追撃を遅らせる目的で、イペリットが使われるのである。

「例証集」の戦例四四によれば、第三五師団は、鄭州城の南にある、五里堡・後石竹劉・老趙塞などの村々の要点に、午後二時から、きい剤三三〇キログラムを地上から撒布した。その結果、第一戦区軍の前進を「完全に阻止し」、第三五師団主力の撤退を容易にしただけでなく、第一戦区軍は大きな損害を受け、狼狽して後退した、という(59)。

こうして、「例証集」は、要点に撒毒すれば少量のイペリットでも戦場離脱のため効果が大きいと戦果を誇っている。撒毒は約一時間かけて行われたが、快晴・微風で、気温が二七度五分もあったため、イペリット撒布後の気状化が速く進み、効果が最大限に発揮された。この使用は欧米諸国に知られることはなかったが、日本軍が危急・苦戦の時や反転・後退の時に、しばしば致死性ガスを使用するようになったことを示すものであった。

VI　毒ガスの生産

1　陸海軍・民間工場での毒ガスの生産

毒ガスの生産・塡実施設の所在

アジア太平洋戦争での毒ガス戦を検討する前に、毒ガスはどのように生産・塡実《てんじつ》（海軍では充塡という）されたかをみておこう。Ⅰ・Ⅱ章でのべたように、陸軍は一九二九年から広島県の陸軍造兵廠火工廠忠海兵器製造所で毒ガスを生産した（一九四〇年、東京第二陸軍造兵廠忠海製造所と改称）。一九三三年に設置された福岡県の陸軍造兵廠火工廠曾根派出所は、一九三七年に陸軍造兵廠火工廠曾根兵器製造所となり（所長・門馬啓吾大佐）、忠海から運ばれた毒ガスを砲弾・投下弾に塡実した（一九四〇年、東京第二陸軍造兵廠曾根製造所と改称）(1)。

海軍では、一九三四年に技術研究所化学研究部が独立し、平塚で開発が行なわれた。ここには催涙ガス（一号特薬）・嘔吐性ガス（二号特薬）・ルイサイト（三号特薬乙）の製造実験工場が造られた。これは一九四二年に相模海軍工廠化学実験部となり、一九四三年には神奈川県寒川村に相模海軍工廠本廠（廠長・金子吉忠技術大佐）が設置され、ここでイペリット（三号特薬甲）を製造し、また各種毒ガスを砲弾（型薬缶）・

投下弾に充塡した。平塚の施設は平塚分所および化学実験部となった。民間会社では、日本曹達・保土谷化学が陸軍にホスゲンを納入し、三菱化成が青酸を海軍に納入した。

海外では一九四〇年、南満州陸軍造兵廠遼陽出張所(のち遼陽製造所)で糜爛性ガスの生産が計画された(月産七五トンを予定)。(2) しかし、これは計画だけに終ったようである。支那派遣軍参謀、岡野忠治大佐は、南京・上海・漢口・天津・張家口に補給廠があり、そこで嘔吐性ガスや催涙ガスを筒に塡実する作業も一部行っていたと証言している。(3)

オランダ領東インド(インドネシア)ジャワ島のバンドンにはオランダ東インド政府が経営していた大規模な兵器廠があり、その中には化学兵器生産施設があった。一九四二年、日本軍はこれを接収してバンドン造兵廠とした。真田《さなだ》穣一郎参謀本部第一部長(作戦部長)は、一九四四年に、バンドンの兵器廠では「イペリットは日量½t、製品の予備50tあり」と記している。(4)

このように、日本軍の生産・塡実施設は、中国・東南アジアに一部存在した。しかし、その規模は大きなものではなかったと思われる。以下では、国内の陸海軍工廠と民間工場における生産の実態をみていこう。

忠海製造所での生産

陸軍兵器行政本部造兵課の資料によれば、一九四二年一月現在の忠海製造所の月産能力は、イペリット・ルイサイト(きい剤)二五〇トン、ジフェニールシアンアルシン(あか一号)七五トン(三月に八〇トン)、

表 3　忠海製造所における毒ガスの生産(単位：トン)

品目／年度	イペリット甲	イペリット乙	イペリット丙	ルイサイト	青　酸	ジフェニールシアンアルシン	クロロアセトフェノン	計
1931	0	0	0	0	0	0	1	1
1932	0	0	0	0	0	0	0	0
1933	2	0	0	0	0	0	2	4
1934	60	0	0	4	0	6	2	72
1935	15	0	0	3	0	20	1	39
1936	10	0	0	5	0	15	2	32
1937	30	90	5	150	0	35	0	310
1938	30	160	130	210	0	310	7	847
1939	70	100	180	120	20	200	3	693
1940	120	100	160	170	5	175	0	730
1941	1138				113	306	22	1579
1942	170	100	180	150	103	433	7	1143
1943	169	102	100	194	1	246	5	817
1944	114	43	1	87	13	91	0	349
1945	0	0	0	0	0	0	0	0
計(除 1941)	*790*	*695*	*756*	*1093*	–	–	–	–
計	4472				255	1837	52	6616

出典：“Target No. 85: Tadanoumi Factory of the Tokyo Second Arsenal,” RG 319, Entry 85A, Box 1704, NARA. 斜体の数字は，1941 年の生産量を含まないことを示す．

表4　陸軍の毒ガスの生産量(単位：トン)

年度＼種類	イペリット	ルイサイト	ホスゲン	青　酸	ジフェニールシアンアルシン	クロロアセトフェノン	合　計
1934	57.2	3.3	−	−	5.3	0.1	65.9
1935	2.0	4.0	−	−	21.0	−	27.0
1936	15.1	7.0	0.1	−	3.0	−	25.2
1937	124.8	150.0	1.0	−	31.5	0.1	307.4
1938	329.3		−	−	120.8	−	450.1
1939	224.0	144.8	−	−	67.3	2.5	438.6
1940	278.7	171.8	−	−	157.7	−	608.2
1941	760.5	397.7	14.7	144.2	486.0	21.4	1824.5
1942	600.0		−	102.0	457.0	−	1159.0
1943 計画	*410.0*		−	*90.0*	*300.0*	−	*800.0*
1944 計画	*150.0*	*50.0*	−	*200.0*	−	−	*400.0*
計	3880.2		15.8	536.2	1649.6	24.1	6105.9

出典：1934–1939 年度は陸軍造兵廠編「陸軍造兵廠歴史」各年度，1940 年度は陸軍兵器本部編「昭和十五年度陸軍兵器廠歴史」，1941 年度は忠海製造所編「軍需動員実施の概況並に意見」(1942 年 4 月)，1941 年度のあを一号は東京第二陸軍造兵廠「軍需動員実施の概況並に意見」(1942 年．購買 14.06 トン・生産 0.6 トン)，1942–43 年度は同「軍需動員実施の概況並に意見」(1943 年 4 月)，1944 年度は兵器行政本部第一係「昭和十九年度兵器整備計画表(遠戦弾薬)」(防衛研究所図書館所蔵)．1935 年度の生産量はきい一号・きい二号・あか一号がそれぞれ 2 kg・4 kg・21 kg となっているが，これは 2 t・4 t・21 t の誤記と判断して計算した．斜体の数字は計画であることを示す．

青酸（ちゃ一号）七五トンだった。(5) きい剤生産能力の内訳（一九四四年三月現在）は、きい一号（イペリット）甲乙丙が月産各五〇トン、きい二号（ルイサイト）が一〇〇トンだった。一九四四年三月、青酸の生産能力の一五トン分は曾根製造所に移されている。

生産実績をみると、占領期にアメリカ軍が作成した「標的番号八五、東京第二陸軍造兵廠忠海製造所」という文書によれば、表3のように陸軍が国内で製造した毒ガスの総量は、六六一六トンになる。(6) 表4は、陸軍造兵廠などの資

表 5　忠海製造所における毒ガス筒・投下弾・ビンの生産(単位：個)

品目 / 年度	94 式みどり筒	みどり筒　甲	みどり筒　乙	みどり筒　丙	みどり投下弾	93 式あか筒	大あか筒	98 式中あか筒	100(99?)式小あか筒	98 式発射あか筒	99 式・100 式発射あか筒	青酸入手投ビン	計
1931	–	6100	1500	700	–	–	–	–	–	–		–	8300
1932	–	14000	2000	–	–	–	–	–	600	–		–	16600
1933	–	78000	6400	–	–	100	–	–	300	–		–	84800
1934	–	45000	12400	1000	1000	2300	–	–	–	–		–	61700
1935	–	22500	11000	600	200	1600	–	–	–	9500		–	45400
1936	–	–	–	–	1000	1000	–	–	–	–		–	2000
1937	179300	–	–	–	500	103900	–	–	–	–		–	283700
1938	263500	–	–	–	31000	308900	–	200	110500	50000		–	764100
1939	150000	–	–	–	–	57500	300	6100	188000	84900		–	486800
1940	1700	13500	–	–	–	–	5000	96000	174400	63900		–	354500
1941	528500	289700	–	–	–	–	20300	100000	107000	–		87000	1132500
1942	5400	300000	–	–	–	–	30000	10000	47600	–		55000	448000
1943	97832	220000	–	–	–	–	14000	–	150	–		25000	356982
1944	–	27340	–	–	–	–	3044	–	–	–		41000	71384
1945	–	–	–	–	–	–	–	–	–	–		–	
計	1226232	1016140	33300	2300	33700	475300	72644	212300	628550	208300	*1059910	208000	5176676
	みどり筒計 2277972				33700	あか筒計 2657004						208000	5176676

出典："Target No. 85：Tadanoumi Factory of the Tokyo Second Arsenal," RG 319, Entry 85A, Box 1572, NARA. ほかに 98 式催涙ガス現示筒 262,500 本，演習用みどり筒 338,570 本があるが，戦用ではないので除外した．*は Office of the Chief Chemical Officer, GHQ, AFPAC, "Intelligence Report on Japanese Chemical Warfare," Vol. 3, May 14, 1946, RG319, Entry 82, Box 1798, NARA. による補足である．

写真9　東京第二陸軍造兵廠曾根製造所跡

著者撮影(1996/3/21)．曾根製造所は現在陸上自衛隊の基地となっており，当時の建物はそのまま残っている．

料からわかる毒ガスの生産量(ホスゲンの生産・納入量を含む)で、六一〇五・九トンとなり、これより少ない。表3と表4の大きな違いは青酸の製造量で、表4の方が多い。また、表4の方が原資料に近いという特徴があるが、一九三三年度以前がなく、一九四三・四四年は計画に過ぎないという難点がある。そこで、概括的な生産量として表3を用いることとする。この六六一六トンに、民間工場が陸軍に納入したホスゲンを加えたものが陸軍関係の国内生産量である。

生産された毒ガスは、タンクや缶に入れて保存するか、放射筒・ビンや砲弾・投下弾などに塡実される。忠海製造所での塡実量は表5の通りである。総量は、催涙筒が二二七万七九七二本、催涙弾が三万三七〇〇発になる。また、嘔吐性ガス(あか筒)の合計は二六五万七〇〇四本、青酸手投ビン(ちび)は二〇万八〇〇〇本だった。

曾根製造所での塡実

曾根製造所における塡実実績は「標的番号CW五〇三一、東京第二陸軍造兵廠曾根製造所」によってわかる。(7) これによれば、曾根にはイペリット用、ルイサイト用、イペリット・ルイサイト(混合)用、ホスゲン用、ジフェニールシアンアルシン用、青酸用(不完全)、焼夷剤用、発煙剤用の八つの塡実装置があったという。曾根の塡実能力(月産)は、一九四二年三月現在、あか弾三万五〇〇〇発・きい弾一万七〇〇〇発・五〇キロ投下きい弾三五〇〇発・投下ちゃ弾ゼロで、一九四二年三月には投下ちゃ弾が五〇〇〇発になる予定だった。(8)

表6は塡実実績だが、毒ガス弾は一六一万二六二六発だった(焼夷弾・発煙弾を含めた化学弾は一八一万五八六一発となる)。あか弾は一一二万九九七五発、きい弾は四八万二六五一発だから、あか弾の生産が中心だった。なお、表7は、「陸軍造兵廠歴史」「陸軍兵器廠歴史」にあるガス弾・ガス筒の塡実(生産)実績である(一部未塡実弾丸を含む)が、一九四二年度以降の数字がないので全生産量はつかめない。また、表6と表7は全く一致しない。ともに数値がある一九三八年から一九四一年までの塡実実績をみると、表6が約一四〇万発、表7が約九六万発となる。表7の数値は原資料に近いので捨てがたいが、記録されていないものがあるようだ。概数を示すものとして表6の数値をとっておこう。(9)

なお、表7によれば、一九三二年度から一九三七年度まで忠海製造所で塡実された砲弾は四二万七二九七発になる。これに、表5の忠海製造所で塡実された投下みどり弾三万三七〇〇発と表6の曾根製造

表 6　曾根製造所における毒ガスの塡実(単位：発)

種類／年度	94 式 迫撃 砲弾	92 式 75 mm 砲弾	91 式 100 mm 砲弾	92 式 150 mm 砲弾	93 式 150 mm 砲弾	97 式 15 kg 投下弾	94 式 迫撃 砲弾	92 式 75 mm 砲弾	91 式 100 mm 砲弾	92 式 100 mm 砲弾	97 式 50 kg 投下弾	100 式 50 kg 投下弾	計
–	DC	DC	DC	DC	DC	DC	HL	HL	HL	HL	HL	HL	
1938	40000	69600	1200	0	0	1000	13000	6000	0	0	50	0	130850
1939	4000	50000	8300	0	0	0	0	0	1000	0	944	0	64244
1940	97580	112300	16800	0	4500	2080	43000	41480	12800	6000	0	540	337080
1941	350007	126360	32986	20622	0	185	17014	70320	81472	37465	0	556	736987
1942	91993	0	24014	0	13678	2000	13952	40000	4528	8535	0	595	199295
1943	58000	0	0	0	0	2770	0	14400	50000	15000	0	4000	144170
1944	0	0	0	0	0	0	0	0	0	0	0	0	0
計	641580	358260	83300	20622	18178	8035	86966	172200	149800	67000	994	5691	1612626

出典："Target No. CW 5031: The Sone Factory (Chemical Filling Plant) of the No. 2 Tokyo Military Arsenal," RG 319, Entry 85A, Box 1572, NARA. DC はジフェニールシアンアルシン(あか剤)，HL はイペリットとルイサイトの混合(ともにきい剤)であることを示す．92 式 150 mm 砲弾の数値は，93 式 150 mm 砲弾の 1941 年のところに入っていたが，"Intelligence Report on Japanese Chemical Warfare" Vol. 3 によって修正した．なお，これ以外に，焼夷弾 17 万 8835 発・発煙弾 2 万 4400 発が塡実されている．

表 7　陸軍による毒ガス弾の塡実(単位：発)

種類／年度	あか弾			きい弾			みどり弾	あを弾	あをしろ弾	ちゃ弾	計
	迫撃砲	山砲等	投下弾	迫撃砲	山砲等	投下弾	山砲等	山砲等	投下弾	投下弾	
1932	−	54000	−	−	59120	−	−	−	−	−	113120
1933	−	41351	−	−	52383	−	−	−	−	−	93734
1934	−	41747	−	−	57258	−	1000	3648	−	−	103653
1935	−	−	−	−	1000	1000	−	15000	−	−	17000
1936	36870	3080	−	24510	−	990	3000	3500	−	−	71950
1937	6125	10500	−	6000	4705	10	500	−	−	−	27840
1938	−	−	3044	73100	−	1380	−	−	931	−	78455
1939	*111910*	*52720*	1693	33330	−	1494	−	−	69	−	201216
1940	*116450*	*70536*	711	−	−	−	−	−	−	−	187697
1941	160170	148228	−	28855	144663	3027	−	−	1515	2980	489438
計	431525	422162	5448	165795	319129	7901	4500	22148	2515	2980	1384103
計	あか弾計 859135			きい弾計 492825							

出典：陸軍造兵廠編『陸軍造兵廠歴史』(1932–1939 年度)・陸軍兵器本部編『陸軍兵器廠歴史』(1940・1941 年度)，防衛研究所図書館所蔵．斜体の数字は弾丸のみの生産である(ガスが塡実されていない)ことを示す．この表は辰巳知司『隠されてきた「ヒロシマ」』(日本評論社，1993 年，24 ページ)にある表を補充したものである．

所で塡実された一六一万二六二六発を加えることが可能であれば、陸軍の毒ガス弾生産総量は一応、約二〇七万四〇〇〇発ということになる。

海軍の生産

海軍の毒ガス生産は陸軍より大幅に遅れている。生産が本格化するのは、アジア太平洋戦争がはじまった翌年の一九四二年からであった。一九四三年五月二〇日、相模海軍工廠本廠が竣工した[10]。アメリカ軍が把握した海軍の毒ガス生産量は、表8のように七六〇トンだった。陸軍の九分の一程度となる。この他に嘔吐性ガスのアダムサイト(ジフェニールアミンクロロアルシン)が少量ある。なお、海軍は防毒衣のゴムを透過する新しいガス、窒素イペリットの製法をドイツからえて、実験用に五〇キログラムほど生産したという[11]。

鶴尾相模海軍工廠第一火工部長兼実験部長によれば、砲弾による攻撃を受けた軍艦の応急排水修理を妨害する目的で、一二糎《せんち》通常弾用N剤缶(クロロアセトフェノン)、一四糎通常弾用N剤缶・S剤缶(ジフェニールシアンアルシン)を作り、通常弾の弾頭または弾底に入れることにした、という[12]。陸戦用には、一五糎迫撃砲弾にイペリットをつめた。一九四三年のマキン・タラワの攻防戦以後、「敵飛行場」攻撃用として、イペリットを充塡した六番一号爆弾(六〇キロ)が整備された。

これら砲弾・爆弾の生産量を示すものとしては表9がある。総量は七万一一〇〇発であった。なお、海軍省が戦後に提出した資料によれば、六番一号爆弾(イペリット)の配備量(一九四五年九月九日現在)は推

表8　海軍の毒ガス生産(単位：トン)

年度	イペリット	ルイサイト	ジフェニールシアンアルシン	クロロアセトフェノン	計
～1941	30	5	30	20	85
1942	80	5	50	20	155
1943	200	5	40	40	285
1944	190	5	0	40	235
1945	0	0	0	0	0
計	500	20	120	120	760

出典："Intelligence Report on Japanese Chemical Warfare," Vol. 3, および『相模海軍工廠』25-26ページ．両者は同じ数値だが，後者はさらに青酸3t(1945年，民間会社からの納入か)という数値も載せている．

表9　海軍の毒ガス弾生産(単位：発)

弾薬／年度	12センチ砲用型薬缶	12.7センチ砲用型薬缶	14センチ砲用型薬缶	15センチ砲用型薬缶	60 kg 一号爆弾三型特薬	60 kg 一号爆弾二型特薬	**8センチ迫撃砲一号特弾	計
―	*ガス	*ガス	*ガス	*ガス	糜爛性	嘔吐性	催涙性	―
1941	7,000	5,000	4,000	3,000	0	0	0	19,000
1942	3,000	4,000	3,000	4,000	0	2,000	0	16,000
1943	0	0	0	0	0	0	0	0
1944	0	0	0	0	35,000	0	500	35,500
1945	0	0	0	0	600	0	0	600
計	10,000	9,000	7,000	7,000	35,600	2,000	500	71,100

出典："Target No. 135: Sagami Naval Arsenal," RG 319, Entry 85A, Box 1704, NARA. *は催涙ガスまたは嘔吐性ガスであることを示す．**は『相模海軍工廠』42ページによる補足．

定四万三四一四発、嘔吐性・催涙性中口径砲用型薬缶は三万一〇三五個であった。[13]

このほか、敗戦の少し前には、サイダービンに青酸をつめた四号特薬ビンが約一万本生産された。[14] これは、戦車に肉薄して砲塔・操縦席の近くに投げつける特攻兵器で、青酸は広島県の三菱化成大竹工場で製造された。[15]

民間工場での毒ガスの生産と日本の生産総量

ホスゲンは染料として使われるため、保土谷化学(一九三八年から一九四五年までで九五三トン)・日本曹達(同一八〇トン)で生産され、その一部が陸軍に納入された。[16] 軍への納入総量はわからないが、一九四一年には一四・〇六トンが民間会社から陸軍に納入されている(表4の註)。海軍に納入された青酸の総量も不明だが、戦後、アメリカ軍は海軍から青酸五トンを押収している。

これまで検討してきた数字を合計すればつぎのようになる。陸軍六六一六トン・海軍七六〇トン・合計七三七六トン(ただし民間工場からのホスゲン・青酸の納入を除く)。[17] なお、表4が示すように、陸軍での青酸の製造量はもっと多いと思われるので、日本の毒ガス生産総量も増えるだろうが、八〇〇〇トンを越えることはないであろう。

塡実・充塡された毒ガス弾は、もっとも多く見積もると陸軍約二〇七万発・海軍約七万発・合計約二一四万発となる。また、放射筒は、陸軍だけであか筒(嘔吐性ガス)約二六六万本・みどり筒(催涙ガス)約二二八万本・計約四九四万本になる。

これらの生産実績から明らかになるのはつぎのようなことであろう。陸軍の生産が本格化するのは一九三七年からで、これは日中全面戦争以降の毒ガス戦展開や対ソ戦準備と深く関係している。生産のピークは一九四一年で、一九四二年から減少に向かっている。これは、一九四一年に対ソ開戦が中止されたこと、一九四二年にローズベルト大統領が日本の毒ガス戦に警告を発したことと関係があるだろう。米英との貿易が途絶したため、毒ガス原料が輸入できなくなったことも影響している。アメリカ軍の日本本土進攻が迫った一九四四年には、陸軍は毒ガスの使用中止命令を出す(VII章参照)。こうして毒ガスの先制使用をしないと決定したので、生産は一九四四年に中止された。以後、生産能力は発煙剤・ガスマスク・風船爆弾などの生産に振り向けられる。

海軍の生産は一九四二年から本格化し、一九四三年にピークに達している。これは、四三年のマキン・タラワ戦以後、アメリカで毒ガス使用論が高まったことに対応している。アメリカ軍が先制使用したら報復するための準備だった。海軍は一九四五年になってもイペリット爆弾を製造している。

生産量を他の国と比較すると、イギリスの生産量は約三万五〇〇〇トンで、日本の約五倍だった[18]。神経ガスを含むドイツの生産量は、イギリスの資料では約六万七〇〇〇トン(うちタブン一万二〇〇〇トン)[19]、アメリカの資料では七万八〇〇〇トンであり[20]、日本の約一〇倍になる。神経ガスや窒素イペリットもあり、質量ともに充実していた。アメリカの生産量は、イペリット・窒素イペリット・ルイサイト・ホスゲン・青酸・塩化シアン・アダムサイト・催涙ガスを加えると一四万六〇〇〇トン以上になった[21]。これは、日本の約二〇倍になる。このように、日本の化学戦能力は、アメリカ・ドイツのような現代的な第一級の軍事力と比較するとみすぼらしいものであった。しかし、それでも、中国にとっては大きな脅威であったことが重要である。

2　民間会社での毒ガス原材料の生産と納入

陸軍のホスゲンと海軍の青酸以外の毒ガスは、原材料が民間会社で生産され、忠海製造所・相模海軍工廠でこれらを反応させて毒ガスにする方式がとられた。陸海軍で毒ガスを製造しようとしても、民間会社の協力がなければできなかったのである。

陸軍への原材料納入企業は、一九二九年当時は、イペリット用に、エチルアルコールが南洋興発から、液体塩素が北海曹達伏木工場から、一塩化硫黄が四国曹達坂出工場から納入された、という。(22)

その後の納入企業は忠海製造所に勤務していた松岡康夫兵技中尉が作成した表10によって知ることができる。この表には、一九三七年に南海晒粉《さらしこ》から社名を変更した南海化学と、一九三九年に保土谷化学と社名変更した保土谷曹達が入っているので、一九三七年から一九三九年の間に作成されたものと考えられる。また、表11は、海軍に毒ガス原材料を納入した企業である。日本軍の毒ガス戦を支えていた主な民間会社をみてみよう。

三井財閥系

表 10　陸軍の毒ガス原材料とその納入企業

毒ガス	原材料	納入企業
きい一号甲	グリコール一号	日本曹達・三井鉱山
	塩酸	昭和曹達
	食塩（不純ソーダ灰）	三井鉱山
	硫酸	尾崎染料・住友化学
	ソーダ灰	大阪 岸田・清多
きい一号乙	四塩化炭素	南海化学・日本曹達・昭和曹達・三共
	液体塩素	晒粉販売会社
	一塩化硫黄	保土谷曹達・日本曹達・昭和曹達・南海化学
	アルコール	地方専売局
きい一号丙	グリコール二号	三井鉱山
きい二号	カーバイド	東京菱三商会〔日本曹達・原田商店・三井物産〕
	亜砒酸	日本鉱業・三菱鉱業
	食塩	地方専売局
	〔硫酸〕	〔住友化学〕
あか一号	CA剤（シモリン）	三井鉱山・日本染料
	重亜硫酸ソーダ	大阪晒粉・日本重化学工業
	シアンナトリウム（青化ソーダ）	保土谷曹達・日本曹達・昭和電工・鉄興社
	ヨードカリ	大阪広栄
みどり一号	三塩化燐	保土谷曹達・日本曹達・南海化学
	一塩化酢酸	保土谷曹達・日本曹達・三井物産
	三塩化アルミニウム	小西・日本合成化学
	二硫化炭素	南海化学
	ベンゾール	八幡製鉄
発煙剤	硝酸アンモン	日本窒素・日満商事
	塩化アンモン	岸田・清多
	亜鉛華	関西ペイント・日本ペイント・三共
	亜鉛末	三共・本荘・□田
筒加熱剤等	三硫化アンチモン	金井・小西
	アルミニウム粉	清多

出典：松岡康夫兵技中尉ノート「化学兵器」所収表，毒ガス島歴史研究所所蔵．〔　〕内はノートの別の箇所にある記載，□は判読不能であることを示す．なお，ちゃ一号（青酸）はシアンナトリウムと硫酸によってつくられ，しろ一号（発煙剤）は亜砒酸・濃硫酸・食塩からつくられた．これらの納入元はこの表にある企業と同じだと思われる．

表 11　海軍の毒ガス原材料とその納入企業

成　品	原材料	納入企業	月　産
イペリット	チオジグリコール(オクゾール)	三井化学三池染料工業所	7t
		旭電化尾久工場	10
		東洋製薬化成出来島工場	3
	塩酸	晒粉統制会社	120
	晒粉	晒粉統制会社	20
	消石灰	石灰統制会社	30

出典：“Target No. 135: Sagami Naval Arsenal,” RG 319, Entry 85A, Box 1704, NARA.『相模海軍工廠』24–25 ページ.

三井財閥の中心的企業である三井鉱山は、イペリット製造のための最終中間製品、グリコール一号(チオジグリコール)、不凍性イペリット製造のためのグリコール二号、嘔吐性ガス製造のためのシモリンを三池染料工業所で生産し、陸軍に納入した。

その始まりは、一九三二年初め、陸軍が三井鉱山にグリコール一号の製造を委嘱したことであった[23]。三井鉱山はただちに工場を建設し、翌年二月までに三六トンを納入した。ついで、一九三四年一月、久村陸軍科学研究所長は三井鉱山に対してシモリンの製造を委嘱した[24]。ついで、年度内に五〇トン納入が命令された。そこで、高級染料工場の一部を生産工場とし、月産三〇トンの設備を完成し、シモリンを「アサヂン」と命名して翌年三月までに全量を納入した。その後、一九三六年一一月には、アサヂンをCA剤と改称した。一九三七年四月には海軍からも注文を受けた(海軍は「二号中間薬」という)。

ここまでは、技術育成のための「教育注文」であったが、一九三七年七月に日中全面戦争が始まると、八月に陸軍からシモリン生産開始の命令が下り、九月から操業を開始した。海軍からも注文が継続した。同じ時期に陸軍からグリコール一号・二号の注文が、海軍からグリコール一号(海軍の呼称は「三号中間薬」またはオクゾールという)の注文が来たので、一九三八年一月までに増産設備を完成し、その後も大型反応塔を増設した。(25) その原材料は同じ三井系の東洋高圧大牟田工業所で生ずるエチレンだった。グリコール一号の生産量は、一九三八年度までに四〇〇・八トン、グリコール二号は二一六・七トン、CA剤は五二一・五トンに達した。(26) このように、三井鉱山には陸海軍から注文が継続したが、同じ時期に、ジニトロクロロベンゾールの生産が五九八一トン、ピクリン酸の生産が一三六八トンに達したことが示すように、化学部門の軍需生産は爆薬が主だったことはいうまでもない。

一九三八、九年頃から、「高度国防国家」建設のため三井財閥は重化学工業への傾斜を強めて行った。重工業部門では三菱財閥・住友財閥に遅れをとっていたが、化学工業では三井鉱山を中心に「有利な地盤を擁していた」ので、三井財閥の化学工業部門を統合・拡充すれば、三菱重工にも劣らない大会社を育成することも可能と考えられた。(27) こうして、一九四一年四月に、三井鉱山・三井物産・三井同族が共同出資して三井化学(会長・三井高修《たかなが》)が設立された。また、三井系の東洋高圧・北海曹達や、晒粉販売などの株式も三井鉱山から譲渡された。一九四一年度下期の三井化学の総売上高、三五〇〇万円のうち軍直納品の割合は三八%に達した。(28) 毒ガス原材料の生産もこの会社に引き継がれていく。

戦後、アメリカ軍が把握した三井化学(三池染料工業所時代を含む)の生産量は、グリコール一号が八〇〇・九トン、グリコール二号が一四〇二・四トンにもなった。海軍には一九四五年になってもグリコール一号(オクゾール)を二三・五トンも納入している。[29] なお、三井物産は、陸軍にルイサイト原料のカーバイドと、催涙剤原料の一塩化酢酸を納入している。

昭和曹達は福沢駒吉が一九二八年に設立した会社で、三井系ではなく福沢系であった。きい一号甲の原料である塩酸と、きい一号乙の原料である四塩化炭素・一塩化硫黄を陸軍に納入している。その点で非常に重要な会社だった。四塩化炭素は、一九三五年から生産が開始され、当初は消火器業者に出荷していた。だが、一九四〇年以降は工業塩の輸入量が減ったため「わずかに煙幕用としてのみ生産した」と社史はのべている。[30] しかし、実はイペリット用であった。

一九四四年七月、昭和曹達は、三井系の北海曹達・レーヨン曹達とともに矢作工業に吸収合併され、東亜合成化学工業という新会社になった。三井化学は、合併に先立ち、矢作工業・昭和曹達の株式を一部買収していたので、三井化学による新会社の持ち株比率は二三パーセントに達した。[31] こうして、東亜合成化学は、三井化学にとって東洋高圧につぐ第二の関連化学会社となった。

なお、陸軍科学研究所長だった久村砲兵中将(東大火薬科卒)は、予備役編入後の一九四〇年に北海曹達の取締役となり、一九四四年には東洋高圧の社長に就任していたが、東亜合成化学でも取締役に就任した。このことは三井系の化学会社や東亜合成化学の、毒ガス原材料を含む化学製品納入を通じての軍との深い関係を示すものであった。

住友財閥系・三菱財閥系・古河財閥系

もうひとつの大きなグループは、住友化学・日本染料と尾崎染料(岡山)である。日本染料は、嘔吐性ガス原材料のシモリンを納入し、住友化学・尾崎染料はイペリット原材料の硫酸を納入した。日本染料は、日本最大の染料工業会社で、大阪に北工場・南工場・春日出工場・西島工場を、大分県に鶴崎工場をもっていた。早くから火薬安定剤のジフェニールアミンや火薬原材料の石炭酸などを軍に納入していたが、社史には一九三四年からは「軍用特殊薬品(ヒC剤)を生産」したとある。[32]「ヒC剤」とはCA剤(シモリン)のことであろう。

日本染料は、一九四四年七月に住友化学に吸収合併され、その後、住友化学大阪製造所春日出工場が陸軍にシモリンを納入する。[33]なお、尾崎染料は、一九四五年八月に住友化学に吸収合併されている。

三菱財閥の三菱鉱業は、ルイサイト原材料の亜砒酸を陸軍に納入した。同社の生野鉱山では一九三三年から亜砒酸の精錬を再開し、一九三九年には年産二〇〇トン以上を産出した。[34]また、直島精錬所では、吉岡・生野・明延などの自社鉱山の産鉱や社外買鉱を精錬し、粗銅を産出していたが、一九三七年からは砒鉱の精錬も開始し、一九四〇年には、生野の亜砒酸精錬業務もここに移された。[35]東京菱三商会は、ルイサイト原材料のカーバイドを陸軍に納入した。

大阪晒粉会社は、嘔吐性ガス原料の重亜硫酸ソーダを陸軍に納入している。この会社は一九四二年に三菱系の旭硝子に吸収合併された。なお、旭硝子は、一九四一年には、イペリット原材料ともなるソーダ灰一〇万二三二〇トンを生産している。[36]一九四四年には、日本化成と旭硝子が合併して三菱化成となった。新会社、三菱化成が毒ガス原材料を納入した形跡は確認できないが、毒ガスの本体である青酸を海軍に納入している。

古河財閥では、旭電化工業が一九二〇年代にイペリット除染剤の高度晒粉の開発をはじめ、一九三一年には陸軍科学研究所の注文を受けるようになった。その生産量は、一九三八年には一〇四四トン(国内シェアは七六パーセント)にもなった。[37] 一九四一年一二月から、海軍の要求でイペリット原材料の「三号中間薬」(オクゾール)の生産を開始した。このため、旭電化はアルコール・食塩・ソーダ灰・硫化ソーダ・石炭や徴用工の優先配分を海軍に求めている。[38] 一九四四年前後には、海軍が旭電化・三井化学に「三号中間薬」年産各五〇〇トンという目標を指示している。[39] 旭電化の実際の総生産量は二六二トン程度であった(東洋製薬化成は一四〇トン)。[40]

新興財閥系とその他化学会社

新興財閥、日曹コンツェルンの中心的企業の日本曹達は、イペリット原材料のグリコール一号・四塩化炭素・二塩化硫黄、ルイサイト原材料のカーバイド、嘔吐性ガス原材料のシアンナトリウム、催涙ガス原材料の三塩化燐・一塩化醋酸を陸軍に納入した。これらは、日本曹達二本木工場(新潟県)で製造された。[41]

アメリカ軍の戦後の調査によれば、日本曹達は、ホスゲンを生産すると同時に、一九三四年一一月から一九四四年八月までグリコール一号を生産した。一九三六年以降のグリコール一号の生産量は六一九・一トンに達している。[42] その生産のピークは一九四三年で、翌年には半減している。これはすべて東京第二陸軍造兵廠に納入された。このように、日本曹達は毒ガス原材料の納入品目が非常に多いのが特徴であり、陸軍の毒ガス生産にとって、三井鉱山（三井化学）とならんで、もっとも重要な企業であった。

森コンツェルンの中心的企業、昭和電工は、嘔吐性ガス原材料のシアンナトリウム（青化ソーダ）を陸軍に納入していた。一九二五年に設立された日本沃度《ヨード》が、一九三三年に日本電気工業に発展し、一九三九年に昭和肥料を吸収し、昭和電工となる。日本電気工業の時代には、シアンナトリウム・晒粉などの製造もはじめていた。シアンナトリウムの製造工場は、福島県の広田工場で一九三八年の生産量は一七一一トン（国内シェア三二・七パーセント）だった。[43] なお、日産コンツェルンの日本鉱業も、イペリット原材料の亜砒酸を陸軍に納入している。

その他の化学会社では、程谷曹達工場が、もっとも早く陸軍の毒ガス、液化塩素の製造に関わってきた企業であった。一九二一年には、合成塩酸の製造を開始し、ついで、ホスゲンを製造して、染料会社の仲間入りを果たした。[44] 一九二三年には社名を保土谷曹達と変え、一九三九年には保土谷化学となった。一九三〇年代以降には、イペリット原材料の一塩化硫黄、嘔吐性ガス原材料のシアンナトリウム、催涙ガス原料の三塩化燐・一塩化酢酸を納入している。

南海化学は、南海晒粉会社が一九三七年に改称したものである（和歌山市）。イペリット原材料の四塩化炭素と、催涙ガス原材料の三塩化燐・二硫化炭素を陸軍に納入している。四塩化炭素・二硫化炭素は土佐工場で、三塩化燐は和歌山の小雑賀工場で生産された。[45] 一九三九年には中山製鋼所に吸収合併され、その化学部となった。鉄興社は、陸軍に嘔吐性ガス原料のシアンナトリウムを納入した。山形工場では月産一五〇トンの能力を持っていた。[46] 鉄興社の傍系会社である日本重化学工業(尼崎市)も、嘔吐性ガス原材料の重亜硫酸ソーダを陸軍に納入した。

以上のように、三井鉱山(三井化学)・三菱鉱業・住友化学・旭電化などの大財閥直系企業やその関連企業と、日本曹達・日本鉱業・昭和電工などの新興財閥の中心的企業、およびそれらの周辺にいる多くの化学関連会社が、陸海軍の毒ガス生産を支えていたのである。

Ⅶ　抑制された毒ガス戦　東南アジア・太平洋戦線
一九四一―一九四五

1　イギリス連邦軍に対する使用

毒ガスの配備

一九四一（昭和一六）年一二月八日、日本軍はハワイとマレー半島に奇襲攻撃を行い、アメリカ・イギリスに対して宣戦布告なしに戦争を開始した（アジア太平洋戦争）。この戦争の準備のため、陸軍省は、一一月一六日、つぎのような毒ガス戦資材の配備を決定した。(1)

①南方総軍（総司令官・寺内寿一大将）に、あか弾四万一六四〇発・ちゃ弾三九八〇発・中あか筒三〇〇〇本・発射あか筒八〇〇〇本。

②フィリピンに進攻する第一四軍（司令官・本間雅晴中将）に、あか弾九七〇〇発・試製手投ガスビン（ちび）三〇〇〇個・発射あか筒一万本・催涙棒五〇箱。

③タイに進攻し、ついでビルマ作戦を準備する第一五軍（司令官・飯田祥二郎中将）に、あか弾三〇〇〇発、中あか筒・発射あか筒各二〇〇〇本。

④オランダ領東インド（蘭印）に進攻する第一六軍（司令官・今村均中将）に、あか弾一万六五〇〇発、中

あか筒・発射あか筒各五〇〇〇本・催涙筒三〇〇〇本。

⑤マレー半島とシンガポールに進攻する第二五軍（司令官・山下奉文《ともゆき》中将）に、あか弾七万六三〇〇発・ちゃ弾四〇〇発・ちび一万個、中あか筒・発射あか筒各一万本。

また、グアム島攻略を担当する南海支隊（支隊長・堀井富太郎少将）には、あか弾一四〇〇発・中あか筒五〇〇本・ちび一〇〇個が配備された。(2)

このように、対米英開戦にさいし、かなりの規模の毒ガス戦準備が行われていた。各戦域を担当する軍の中では、マレー半島に進攻してイギリス連邦軍と戦う予定の第二五軍に重点的に配備されていることが注目される。これに対し、アメリカ・フィリピン軍と戦う第一四軍と、オランダ軍と戦う第一六軍への配備量は少なく、タイに進攻する予定の第一五軍への配備量はさらに少なかった。実際に毒ガス戦を展開することになるのは第二五軍だけだが、この軍には事前に使用許可の指示が出ていたのであろう。配備された毒ガスは嘔吐性ガス（あか弾・あか筒）が中心だった。第二五軍・第一四軍・南海支隊には青酸手投ビン（ちび）が配備され、南方総軍と第二五軍には青酸弾（ちゃ弾）が少量配備された。しかし、糜爛性ガスはこの段階ではどの軍にも配備されなかった。(3)

毒ガスを使用する第二五軍は、七月二八日に南部仏印（フランス領インドシナ南部）に武力進駐していたが、(4)アジア太平洋戦争開戦に際して南方総軍に編入され、軍司令官も飯田祥二郎中将から山下奉文中将にかわっていた。その主力は近衛師団・広島第五師団・久留米第一八師団・第三戦車団などの精強な部隊であった。

マレー攻略作戦

一九四一年一二月八日、マレー半島のコタバルに奇襲上陸した久留米第一八師団（師団長・牟田口廉也中将）の木庭《こば》支隊・侘美《たくみ》支隊は、マレー半島東岸を南下した。タイ領ソンクラ（シンゴラ）に上陸した広島第五師団（師団長・松井太久郎中将）の主力は半島をななめに横断し、西岸を南下した。パタニに上陸した第五師団の安藤支隊も半島をななめに横断して、西岸近くを南下した。やがて、ソンクラに上陸した第一八師団主力と、タイから陸路で進入した近衛師団（師団長・西村琢磨中将）が、第五師団に替わって突進した。こうして、第二五軍がジョホールバルを攻略するのは一九四二年一月三一日で、シンガポールを攻略するのは二月一五日であった。日本軍の資料により判明しているこの間の毒ガス戦を列挙すれば、つぎのようになる。

第五師団は、北部マレー攻略作戦（一九四一年一二月九日から二五日まで）で、イギリス連邦軍インド第一一師団（師団長、ミュリアン・ライオン中将）に対して、山砲あか弾一七発・あか筒二一本・ちび六個を使用している。(5) このうち、広島歩兵第一一聯隊第一大隊は、一二月一三日から一四日にかけて北部マレーで、あか弾を三発使用した。(6) また、同聯隊歩兵砲中隊は、一三日にアロールスター附近であか弾三発・あか筒二一本を使用し、一六日には、ムダ河附近であか弾九発を使用した。(7) アロールスター附近の戦闘は「砲手悉く傷き今井小隊長及分隊長のみとなれり。……分隊長栄井軍曹之を見るや直ちに砲側につき……榴弾及瓦斯弾を以て直接照準により連続射を浴せ忽《たちま》ち敵火を制圧す」と記録されている。(8) また、あか筒については、市街戦では陣地が堅固で「敵」の位置もはっきりしないので、あか筒を有利に活用しうることが多い、という教訓をひき出している。

このように、圧倒的に不利な戦況となった時や「敵」の位置が不明の時に毒ガスが使われたことがわかる。また、使用してみると、毒ガスを恐れる英連邦軍兵士は直ちに退却していった。捜索第五聯隊が、一二日にジットラ陣地を攻撃した時、ある小隊が陣地に発煙筒を投げ込んで突入すると、相手は毒ガスと誤認し、ガスマスクをつけて退却した。捜索第五聯隊は「文明国軍の取り越苦労によるものにして一興に価す」と嘲笑しているが、(9) 発煙筒だけでも逃げるのだから、嘔吐性ガスや青酸が使用されれば、その効果は大変大きかったというべきであろう。

ついで、第五師団は、中部マレー攻略作戦(一二月二六日から翌年一月一二日まで)に移ったが、この中で山砲あか弾一発・あか筒一本・ちび一〇個を使用(消費)している。(10)

さらに、第五師団は南部マレー攻略作戦で、あか弾四発・あか筒四〇本・ちび一八個を使用している(一九四二年一月一三日から二月一日まで)。(11) このうち、歩兵第一一聯隊歩兵砲中隊は、一月二三日にパロー附近で山砲あか弾四発を発射した。(12) 同第二大隊は、二八日のナマゼ附近の戦闘で小あか筒三四本を使用した。(13) この戦闘では、イギリス連邦軍の逆襲は「三回に亘り」、ようやくこれを撃退した。後述のイギリス側資料からみれば、日本軍は後退時に使用したものと思われる。イギリス連邦軍の遺棄死体は、あか筒使用の結果というわけではないが、三〇〇にのぼったという。

また、近衛歩兵第四聯隊第一大隊は、一月一五日から二六日にかけてマレー南部のバトパハ(バッパハット）附近の戦闘で、ちび一〇個を使用している。[14]

以上のように第五師団はマレー攻略作戦で、あか弾二三発・あか筒六二本・ちび三四個を使用し、[15]近衛師団はちび一〇個を使用したことになる。第五師団は、マレー半島を占領してから、中国系住民（華人）虐殺事件をあちこちで起こしているが、[16]それに先立つ戦闘でイギリス連邦軍に対して小規模ではあるが毒ガス戦を展開していた。

シンガポール攻略作戦

つぎに、シンガポール攻略作戦をみよう。第五師団は二月二日から一五日にかけての作戦で、あか筒七本を使用した。[17]

近衛歩兵第四聯隊はこの作戦で、ちび七個を使用した。[18]これは、聯隊本部が一個、第二大隊・歩兵砲中隊・通信中隊がそれぞれ二個使用しているもので、ごく小規模に使用されたことになる。毒ガス攻撃をうけたのは、オーストラリア第八師団（キイ少将）第二七旅団またはインド第一一師団第八旅団であった。なお、近衛師団の西村琢磨師団長は二月六日、各隊とも装備資材の全数を携行すべしという命令を出しているが、その中には、ちび七〇〇個・発射あか筒二〇〇本があった（近衛歩兵第四聯隊はちび一〇〇個を携行した）。

以上のマレー攻略作戦・シンガポール攻略作戦の記録で注目されるのは、第五師団があか弾・あか筒を相当程度使っていることと、近衛師団・第五師団が青酸手投ビン（ちび）を使っていることであろう。

これがどのような状況で使用されたのかという記録は「戦闘詳報」の中にはないが、その開発目的からみて対戦車戦に実験的に用いられ、実戦での効用を確認したことは十分に考えられる。一九四二年五月、教育総監部は「化学戦重要数量表」を決定、配布するが、その中には、戦車のキャタピラーより上に、ちびを一個命中させれば「殆ど風向に顧慮なく乗員を致死させることが出来る(殲滅)」と記されている。[19]これは、人体実験を含む実験結果から決められたと思われるが、[20]この作戦での効果も参考にされているかもしれない。

イギリスの資料から

これらの攻撃をイギリス連邦軍はどのように受けとめたのだろうか。今度は攻撃を受けた側の資料をみてみよう。一九四二年一月二八、二九の両日、オーストラリア第二七旅団が日本軍を撃退した時、退却する日本の部隊が催涙ガスを使用したとの報告がマレー駐屯軍司令官から提出された。[21]この報告をうけたイギリス陸軍省とＭＩ10(陸軍省軍事情報部第一〇部)は、より詳しい報告の提出を要求した。その結果、日本兵を銃剣で刺した時日本兵のベルトに付いていた小さな黄色い容器を貫きそこからガスが漏れたケースと、傷ついて地上に倒れていた日本兵が筒を投げたケースがあったことが分かった。これについて、ＭＩ10は、これは孤立した事件であって、日本軍の催涙ガス攻撃計画の実施ではない、容器は催涙液を入れた手投ビンかもしれない、とコメントしている。[22]

その後の詳報によれば、事件はつぎの通りだった。日本軍の攻撃がオーストラリア軍によってさえぎられ、銃を棄てて退却せざるをえないような混乱状態に陥った時、日本軍は相手の進撃を阻止するため、毒ガスを使用した。日本軍はガスマスクを持っていたが、使わなかった。オーストラリア軍は持っていなかった。ガスは、青白い色で、前方に一〇〇〇ヤード広がり、二五分後には晴れた。場所は、ゴムの樹々が茂り、作物で覆われた土地で、天気は晴れていて、かすかに風が吹いていた。ガス症者は三名で、うち一名が気管に炎症をおこして入院した。数名が翌日嘔吐した。[23]

これは、明らかに嘔吐性ガスが使用されたことを示すものであった。この報告に対して、マレー駐屯軍化学部は、致死性のガスが使われたのならもっと多くの被害者が出るはずなので、使用されたものは有毒剤を混ぜた発煙筒だと二月七日にコメントしている。[24]

以上の報告を検討したポートン・ダウン（イギリス生物化学戦施設）のH・F・トウィリア少佐は、突き刺したものはおそらく催涙液を入れた容器であろう、三名の症状や嘔吐は、もし連邦軍兵士の神経症が原因でなければ発煙筒の使用でも起こりうる、と二月一二日にのべている。[25] 彼は日本軍の毒ガス使用説については否定的であった。

この見解に対して、MＩ10の某大尉は、刺した容器はおそらく催涙液を入れた筒であろうという点には同意したが、後者については反対した。それは、日本軍がオーストラリア軍の攻撃を食い止めようとした時に使われたこと、日本軍は中国で発煙筒と一緒に毒ガス筒を使ったことがあること、使用された翌日に嘔吐したという例はあまり聞かないが毒ガスの濃度が高い場合にはおこる現象であることなどから、毒ガス筒が発煙筒と一緒に使用されたと考えられると、一五日に報告した。[26] トウィリア少佐は翌日この見解に同意した。

こうして、イギリス陸軍（DMIとMI10）は、二月一八日、これは一つの孤立した事件で、煙は主として無害なものであるが、おそらく少数の毒ガス筒も混用されたと考えられるという結論に到達した。[27] イギリスは日本軍の毒ガス攻撃をある程度確認したのである。だが、攻撃が小規模であったこともあって実態は部分的にしか把握できなかった。とくに青酸手投ビンの使用はまったく把握できなかった。

しかし、同じ時期に、イギリスは青酸手投ビン、ちびの捕獲には成功していた。一九四二年一月までにイギリス軍は、捕獲した「ちび」を分解し、青酸を同じようなビンにつめ直して、自軍のヴァレンタイン戦車にぶつける実験を行い、その結果をアメリカ・ソ連に通報しているのである。一月三〇日、MI2からイギリスのモスクワ軍事使節団に送られた電報はつぎのようにのべている。

以下のような新しい情報がもたらされた。手投弾は、青酸を入れたガラスビンと、それを保護するためにおがくずを詰めたブリキ缶からなっている。缶の総重量は二〇九〇グラム、ビンと青酸は五四三グラム、青酸の重量は二七八グラム、あるいは五分の四パイント（四五六cc）で、青酸を安定させるためのものと思われる銅粉が入っている。実験は、イングランドでガラスビンに上述の通りに入れて、日本軍の手投弾に似せて、ヴァレンタイン戦車を攻撃対象にして行われた。その結果、エンジンを十分にかけ、密閉した戦車の装甲板に、三、四ヤードはなれた所から直接ぶつけた場合、ガスは戦車の中に入り、乗員のほとんどが失神する原因になる。二発命中すれば死ぬかもしれない。さらに、すみやかに継続して命中すれば、おそらく死をもたらすだろう。ビンはマレーの状態にあ

図 8　青酸手投ビン(ちび)

出典：MID, War Department General Staff, "Military Attaché Report: Japanese Chemical Warfare Equipment," 1/12/1942, RG165, Box 2142, NARA. これはイギリス連邦軍がマレーの海岸で捕獲したもので，直径約 10 cm，青酸は 375 cc だった．安定剤の銅粉が既に分離している(後には三酸化砒素が入れられる)．『本邦化学兵器技術史』によれば，ちびの重さは 560 g，直径は 11 cm だという(89–90 ページ)．

写真 10　アメリカ軍が捕獲した青酸手投ビン(ちび)

これには砒素系の安定剤が入っている．出典："Weapons and Equipment," 1/14/1944, RG 338, Box 3806, NARA.

わせ、華氏七五度に暖めた。いまだマレーで使用されたという報告はないが、ある部隊の装備の一部として、この手投弾が携行されていることは確認されている。[28]

このように、イギリス・アメリカなど連合国軍は、いち早く、日本の青酸手投ビンの存在・性能と携行の事実をつかんだ(図8、写真10参照)。しかし、使用の事実はつかむことができなかった。

ビルマ作戦

ビルマでの使用の実態はほとんど分かっていないが、「日本軍が化学兵器あるいはガス兵器に訴える意図を示す事件および証拠の調査」というアメリカ軍の記録には、東南アジア・太平洋戦域での日本軍の毒ガス使用例が列挙してある。ビルマの部分には「戦車に対する日本軍のガス手投弾の使用は二つの事例でしっかりと確証されている。ガスのタイプは確認されていないが、毒煙だと信じられている」とある。[29] これは、一九四二年の出来事であった。一九四三年に行なわれた英中の化学将校の会議の結論によれば、ビルマで青酸手投弾がしばしば発見された。しかし、使用例はアラカンのイギリス軍に対するものが唯一つで、兵士が一時戦闘不能となったが、死亡はしなかった、という。[30]

日本側の資料で確認できる使用例を一つだけあげておこう。一九四三年一月五日から三月二日にかけて、インド洋に面しインドとの国境に近いドンベイク附近で、水戸歩兵第二一三聯隊(聯隊長・宮脇幸助大佐)はイギリスの第一四師団と戦っていた。壮烈な対戦車戦だったが、この時、同聯隊の第三大隊は、ちび二個を使用している(第八中隊と機関銃第三中隊)。その記録によれば、戦闘の模様はつぎの通りだった。

対戦車資材の欠乏と共に、手榴弾を結束し使用したるも、同時発火至難なる為効を奏せざるも、愈々肉薄し機関部扉を開放して手榴弾を投入する等、壮烈悲壮なる戦闘を反復す。(31)

このように、戦車に肉薄し、その機関部扉を開けて手榴弾を投げ込むような悲壮な戦闘が行われる中で、青酸手投ビンも特攻兵器として使用されたのではないかと思われる。

2　アメリカ軍に対する使用

ガダルカナル島での使用

一九四三年二月二四日、海軍のT・S・ウィルキンソン南太平洋部隊副司令官からC・W・ニミッツ太平洋艦隊司令長官に、日本兵がガダルカナルで「青酸手投弾と毒ガス筒」を含むいくつかの毒ガス弾薬を使用したと思われるという急送報告が届いた。(32) これは、日本の毒ガス使用に関する徴候があれば、どのようなものでも至急報告するようアメリカ軍指導部が指示していたからである。その背景には、アメリカ軍指導部が、日本に対する毒ガス使用を正当化することができるような情報をえたがっていたという事情があった。

この報告は直ちにE・J・キング海軍作戦部長に送付された。使用されたのは二回だが、第三五歩兵大隊先遣隊のジェームズ・L・ダルトン・ジュニア中佐の報告によれば、一つはつぎのようなものだった。一月二三日、ガダルカナル島オーステン山二七高地の西、五〇〇ヤード附近で攻撃中の午後四時頃、日本兵がいるシェルターからガスが放射され、ダルトン中佐は「きつい臭いとヒリヒリする味」を感じた。また、鼻・喉に締め付けるような痛みを感じ、おびただしい涙が出、吐き気を催した。ガスの色は白色か無色で、火災の煙とともにあっという間に広がり、丘を下った[33]。彼は、翌日、ガスが放射されたシェルターをつぶさに調査し、黒こげになった放射筒を発見した。これには前日に吸い込んだガスの強い臭いがあった。

もう一つの事件は一月二八日に起った。海兵隊第九防衛大隊一五五ミリ砲兵隊の化学将校、W・C・テイラー少佐の報告によれば「一月二八日現地時間約一八〇〇時に、CP(一五五ミリ砲兵隊)海岸附近で、八名または九名の兵士が軽くガスに冒された」というのである[34]。その特徴と被毒者への影響はつぎの通りだった。

ガスは、側面での少量の撒布で、五ないし一〇ヤードほど区域を横切り、急速に色を失なったが、地上に近接して残留した。その色は「地表の霧または濃い白色煙」に類似していた。臭いは「焼けたモモの種かアーモンドのよう」だった。気温は華氏八五度(摂氏三〇度)で、風は南からの微風、天気は晴れで、地面には湿気があり大気より冷たかった。放射音は聞こえず、色以外察知できなかった。持続時間は数分だった。ガスは、非持久性、催涙性で、鼻は焼けるような刺激を受け、おびただしい鼻水が出た。喉は乾いて焼けるような感覚だった。胸は締めつけられ、続いて胸を殴られるようだった。また、短い息切れを起こし、くしゃみが生じた。数回の軽い頭痛が起き、約一〇分続いた。まひや耳なり、めまいはなかった。夜中じゅう目の痛みを訴えた二名を除き、全員がすぐに回復し、有害な結果は残らなかった。その理由は早く拡散したためだと思われる。

以上の特徴から、テイラー少佐は、このガスは「クロロピクリンと青酸ガスの混合」であり、前者の狙いはガスマスクを着けておれなくすること、後者の狙いは閉ざされた空間で速やかに打倒することであるという結論に達した。

青酸ガスは桃の種か、苦いアーモンドのような匂いがし、低濃度のものを吸い込めばめまい・嘔吐・頭痛が起る(35)。濃い濃度であれば、短時間で痙攣《けいれん》・呼吸停止・心停止が起る。出現時は無色またはあわい白色だ。あか剤でも嘔吐・クシャミが生ずるが、特有の臭いや症状から青酸ガスが混じっていることは十分にありうることだった。

これらの報告は陸海軍の化学将校によって検討された。その結果、それぞれのケースで有毒のヒ素系弾薬が使用された、屋外でのクロロピクリンと青酸の混合は、たぶん同様の効果をもたらすが、発煙筒を併用しない限り無色であろう、ガダルカナルでは青酸手投ビン・嘔吐性ガス筒・催涙筒・発煙筒を捕獲しているが、絶望的な状況の下でこれらが併用されたのであろう、という結論になった(36)。

これを受けて、ウィルキンソン副司令官はニミッツ提督に、日本軍がガダルカナルで青酸手投弾と毒ガス筒を含むいくつかの毒ガス弾薬を使用したように思われる、しかし、ガスが使用された状況からすれば、司令官の命令によるとは思われない、兵士の孤立したグループが殲滅から逃れるためか、アメリカ軍にできるだけ大きな損害を与えるために、最後の絶望的な手段として持っていたガスを使用したということの方がよりありそうなことである、と書き送ったのである。以上から、孤立した日本軍兵士が絶望的な状況の中で二三日には嘔吐性ガス筒を使用し、二八日には青酸手投ビンをあか筒・催涙筒または発煙筒とともに使用したことが分かる。

なお、アメリカル師団化学部のオービー・ボスティック少佐は、第一三二歩兵大隊によるオーステン山作戦の初期には、空気中の何かのために兵士たちが一時的に眼がみえなくなったと様々な将校たちがしばしば主張したが、これは今になって考えれば、日本兵が青酸手投ビンを使用したためかもしれない、とのべている。[37]

これらの文書は、ニミッツ提督だけでなく、キング海軍作戦部長・マーシャル参謀総長も点検した。その結果、ニミッツは「このような孤立したケースでの化学剤の使用は、アメリカの報復行動を正当化するのに十分な国際協定違反とはみなされない」とのべ、この見解にキング提督もマーシャル将軍も同意した。[38] こうして、アメリカ軍による報復的毒ガス攻撃は行なわれなかった。

対米毒ガス戦準備から使用禁止命令へ

一九四四(昭和一九)年に入ると、日本軍にとって戦局は一層悪化した。アメリカ軍が日本本土に近づく中で、大本営陸軍部は毒ガス戦の方針転換を迫られることになった。アメリカの世論や軍の中に、アメリカの若者の人命喪失を少なくするために、先制的に毒ガスを使用すべきであるという声が高まってきたからである。

一月二四日に策定された大陸打通作戦(一号作戦)では、中国南西部にある米・中の航空基地の覆滅が命令された。その「一号作戦要綱」はつぎのようにのべている。

諸情報によれば「近き将来に於て米英が化学戦を行使するの公算大なるものと判断」される。米英の化学戦遂行能力は絶大であるが、日本軍の化学戦準備は「極めて貧弱」である。また、日本の国防圏はガス攻撃に対して弱い小島嶼が多く、本土も空襲にさらされるおそれがある。そこで日本としては「極力化学戦に移行するを避けるを有利とす」るので、相手を刺激し「化学戦を誘発するが如きは極力戒むべき」である。特に一号作戦では、アメリカ空軍との関係により毒ガスの「使用の時期、方法、方面等は慎重に考慮の要」がある。アメリカ軍に対する使用を禁止するのは当然だが、これと関係が深い地点、たとえば桂林、柳州の飛行場などに対する使用は「極力之を避け」、使用する場合は「特に痕跡を止めざる如く」すべきだ、と。[39]これは、連合国軍を刺激して化学戦を誘発しないように、アメリカ軍に対しては使うな、中国西南方面では使用を抑制せよ、というものだった。

ついで、二九日には、杉山参謀総長は、南方軍総司令官寺内大将(シンガポール)・関東軍総司令官梅津中将(長春)・第二方面軍司令官阿南中将(メナド)・第八方面軍司令官今村均大将(ラバウル)・第一四軍司令官黒田重徳中将(マニラ)・北方軍司令官樋口季一郎中将(札幌)に対して「化学戦準備」を実施するよう指示した。[40]また、連合国を刺激して「化学戦を誘発」することがないように念がおされた。別冊「化学戦準備要綱」は、この準備を「G作業」と命名して、つぎのように指示している。

連合国による全面的毒ガス使用を考慮し、速急に防護の措置を完成するとともに、特種煙・特種弾の

「報復的使用」を準備する。防護は航空部隊を優先し、防護資材を推進(輸送)する。報復的使用は大本営の命令または指示によるものとする。使用するガスは、航空機によるきい弾(糜爛性ガス)・ちゃ弾(青酸)・あか弾(嘔吐性ガス)の投下を主とし、主要な使用方面は南西方面(ビルマなど)と太平洋の重要島嶼とする。小樽(千島方面)・トラック島(中部太平洋方面)は青酸手投ビン(ちび)の比率を増やし、シンガポール(南西方面)は砲弾の比率を増やす。ガス弾薬は、とりあえず一九四四年春までに、札幌(小樽)・宇品(忠海)・上海・マニラ・シンガポール・トラック島に推進する(表12参照)。秘密を守るため第一線に配備してある毒ガス戦資材は後方に集める。「満州」は現状を維持する。[41]

この計画は、アメリカ軍の準備計画と比較すると見劣りがするものであったが、それでもかなりの規模の準備であった。中でもマニラ(豪北方面)・シンガポール(南西方面)と忠海(南東方面)が重視されていた。とはいえ、防護資材はとても惨めであり、防毒衣は第一線部隊でも定数の半分しか準備されないことになっていた。

七月に入って、サイパン島が陥落するなど情勢がさらに緊迫する中で、毒ガスの使用禁止問題が陸軍中央部で議論されるようになった。真田穣一郎参謀本部第一(作戦)部長の日誌によれば、一二日頃「大局上直ちに禁止すること(あか筒)」という記述の後に、ビルマのモガウン兵器廠の出張所で毒ガス弾が連合国軍に奪われたと記されている。[42] この事件によって、日本軍が毒ガス戦を準備しているという実態が知られると連合国軍による毒ガス戦を誘発することになるという恐怖感が広がって行った。また、七月一四日前後の日誌には「ガスは6D〔師団〕一会戦分」しかなく、曾根製造所で新たに同量を塡実する

表 12　陸軍の毒ガス弾薬推進要領(1944 年 1 月 29 日)

区分 / 地点	集積比率		集積期限	予想使用方面
	地　上	航　空		
札幌(小樽)	0.9 師団分 (ちびの比率を大にす)	1,500 発	3 月末	千島方面
宇品(忠海)	1.3 師団分	3,000 発	3 月末	南東方面
上　海	1.8 師団分	2,000 発	3 月末	総予備
マニラ	1.3 師団分	4,500 発	4 月末	濠北方面
シンガポール	2.7 師団分 (砲弾の比率を大にす)	4,500 発	4 月末	南西方面
トラック島	0.9 師団分 (ちびの比率を大にす)	——	3 月末	中部太平洋方面

出典：大陸指第 1822 号「別紙第二」,『毒ガス戦関係資料』 II, 272 ページ. 備考欄には一般弾薬の三分の一を以って 1 師団分とする, 航空弾薬は主として 50 kg 弾とし, 上海集結分は 15 kg 弾を主とするとある.

のに二年を要する、ガスは「米と相撲《すもう》にならぬ」から使わないことになれば兵器行政本部としては「結構」だ、そうなれば撒毒車などの化学戦資材を他の方面に「戦力化」しうる、生産設備は発煙剤生産に転用すれば「相当出来る」、従って、ガスを「使はぬか使ふか」早く決められたい、という兵器行政本部の意見が記されている(43)。

このような議論をへて、七月一四日には、毒ガスの使用中止を命ずる東条英機参謀総長(首相・陸相を兼任)の指示が発令された(44)。その原文は破棄されたため現存しないが、イギリス軍が傍受した機密電報は残っている。その全文はつぎのとおりである(英文からの復元)。

特種煙及特種弾(手投瓶、トヨ《ママ》筒、トヨ《ママ》弾を含む)の使用は、(大本営の)命令又は指示による場合を除き中止すへし、敵軍化学戦準備の現状に鑑み、敵に瓦斯使用の口実を与へ、化学

戦を誘発するか如きこと無きよう厳に注意すへし[45]

この機密電は、七月一五日にマニラの第一四軍（司令官・黒田中将）から蘭印スラウェシ島メナドの第二方面軍（司令官・阿南中将）へ、さらにそこから東部ニューギニア、サルプの第一八軍（司令官・安達二十三《はたぞう》中将）へと転電されたものである。文中の「トヨ筒、トヨ弾」は、あか筒・あか弾の解読間違いであろう。この機密電が参謀総長による毒ガス戦中止の指示であることはまちがいない。支那派遣軍総司令官、畑俊六大将が、衡陽攻略作戦でのあか弾使用の直前に「使用は相成らず」と大本営から止められたと、七月一五日の日記に記している記述とも一致する[46]。

なお、二八日に開かれた陸軍省の課長会報では、兵器行政本部から、連合国軍が毒ガスを使用しているとの情報がしきりにある、日本は連合国軍に対してあか筒と青酸手投ビンを使用した、モガウンの兵器廠が連合国軍に取られ毒ガス弾も取られた、主食の米さえ送れないのに毒ガス弾を輸送することは不可能だ、現地にある毒ガス弾は「焼却か海没」してほしいと真田参謀本部第一部長に進言した、外地では一切使わないことにするのがよい、国内では日本人の防護装備がないのでこれをある程度整備する必要がある、毒ガスの製造より発煙筒の製造をすべきだ、という報告があった。これに対し、陸軍省軍事課は「ガス弾不使用及F（敵）手に落ちぬ所へおけと大陸指で出た」と答えている[47]。このように、毒ガス不使用の大陸指がすでに出ていることが確認できる。

この機密電は「マジック」情報として傍受・解読され、チャーチル首相がローズベルト大統領の閲覧を要望したため、七月二七日、大統領の手許に最高機密のウルトラ情報として届けられた。イギリス・

アメリカ両政府は、日本軍の毒ガス戦中止の指示をいち早くつかんだのである。

こうして、日本軍の毒ガス戦は一九四四年七月一四日に中止された。なお、この日以降も使用中止に関連する追加の指示が出されたようである。たとえば、陸軍省軍務局の国武輝人中佐・岩越紳六中佐によれば、一九四四年半ばに独断使用をおそれた大本営は、前線や各部隊に配備されている毒ガス弾薬をマニラ・シンガポール・サイゴン・上海・青島・大連の補給廠に引き揚げるよう指示したという。(48) また、沖縄防衛にあたっていた第三二軍の牛島満司令官は、八月二五日、指揮下の各部隊に「自今特種弾の使用を禁止せらる、各部隊は敵の瓦斯使用の兆《きざし》濃化せるに鑑み速かに瓦斯防護措置を完成すると共に敵に瓦斯使用の口実を与へざる如く厳に注意すべし」と命令を発している。(49) これは第三二軍の陣容が整ったので新たに出されたものであろう。さらに、一〇月には、フィリピンの第四航空軍(またはマニラ陸軍航空廠)から、毒ガス弾約五〇〇発をコレヒドール内に入れるよう命じられたが、海没するのであればマニラ湾に投入したいという問合せがあった。(50) 毒ガス弾を後方に下げよという指示がでていることになる。

ビアク島事件

七月一四日の参謀総長の指示発令以後は、日本軍の毒ガスの使用はなくなるはずであった。しかし、その後も孤立した小さな隊が絶望的な状況の下で使用するケースは絶無ではなかったようである。

ビアク島では、アメリカ軍占領下に、山中で孤立した日本兵が出撃して、あか筒を使用したケースが報告されている。アメリカ陸軍兵站司令部化学部長、ジョン・リディック中佐の報告によれば、その概

要はつぎのようであった。(51)

一九四五年三月六日夜八時、日本兵が九九式あか筒を二本使用した。第五九七対空警報大隊D中隊の五名の兵士が嘔吐した。中隊全体に頭痛と眼・喉の軽いヒリヒリ感を訴えるものが生じた。急襲であったため、ガスマスク装着が間に合わなかった。

翌七日朝一〇時一五分、ここから五〇〇ヤードほど離れた第九九七通信大隊の駐屯地であか筒一本が使用された。附近の兵士が頭痛と喉・鼻の痛みを訴えた。ガスマスクの使用は効果があった。

ビアク島には、すでに一九四四年五月二七日にアメリカ軍が上陸していた。したがって、これは、米軍支配下での、孤立した日本兵によるささやかな奇襲攻撃であった。

その後も太平洋戦線では、何度も日本軍の毒ガス使用の情報が飛び交ったが、ガダルカナル島の事件とビアク島の事件以外には、確証されたケースはなかった。アメリカ軍が報復的毒ガス使用を実行に移すに足るほどの、日本の毒ガス使用は少なくとも太平洋戦域では起こらなかった。

3　青酸手投ビン「ちび」の人体実験

事件の概要

一九四八(昭和二三)年七月一五日、オーストラリア軍による香港戦犯裁判で、広島第五師団のA元中佐とB元中尉に絞首刑の判決が下された。ふたりは減刑の嘆願を行なったが、却下され九月二四日と一〇月一日に刑が執行された。第五野戦憲兵隊第九分隊のC元憲兵少佐は無罪となった。A中佐は第五師団の作戦主任参謀で、B中尉は同師団参謀部の瓦斯掛《がすがかり》将校、C憲兵少佐は憲兵分隊長だった。罪状は、二名の連合国軍飛行士に対して青酸手投ビン(ちび)の人体実験を行ない、殺害したというものである。裁判資料からこの事件の概要をみてみよう。(52)

一九四四年九月一五日、B25ミッチェル爆撃機の無電オペレーターを務めていたオランダ東インド空軍のF・エンゲルスマン軍曹は、オランダ領東インドのカイ諸島(ケイ諸島)のラングゴアを攻撃中、撃墜された。エンゲルスマンを含む三名の搭乗員は地上に激突して爆発炎上する飛行機からかろうじて脱出した。その内の一人はジャングルの中で病気と疲労が原因で死亡し、もう一人は日本軍に捕獲され、軍の病院に収容されたが、墜落の数日後に死亡した。

一〇月一三日、オーストラリア空軍のA・D・ネルソン大尉は、カイ諸島の上空で、P40キティホーク戦闘機に乗って船舶掃蕩を行った。この飛行機も日本軍の高射砲に撃たれ、海岸近くの海に不時着した。仲間の飛行機が最後に見たのは、ゴム製の救命ボートで小カイ島にむかって漕いでいる姿だった。ネルソンとエンゲルスマンのふたりは、小カイ島の日本軍守備隊に捕獲され、カイ島トアルの第五師団付の第五野戦憲兵隊第九分隊に引き渡され、収容所に入れられた。

一一月、多数のインドネシア人が日本陸軍第一九軍のアンボン軍律会議で死刑判決を受けた。オーストラリア戦犯裁判の論告によれば、C憲兵少佐は、その処刑をカイ島で行なえという命令がきたとA中佐に報告した。この時A中佐はC憲兵少佐に、二名の飛行士も一緒に「処刑」するように命じ、上級司令部には二人は病気で死亡したと報告するよう指示した。また、A中佐はB中尉に、青酸手投ビン数個を二人に投げつける実験を行うよう命じた。

「処刑」当日の朝、多数のインドネシア人と二名の飛行士は、近くの小さな無人島、キルウィック島に連行された。インドネシア人が射殺された後、ふたりは目隠しされ、大きな岩に向って座らされた。安全のために、風向きなどの念入りな予防策が採られた後、B中尉と他の数名の将校は、飛行士の眼の前にある岩にちびを投げつけた。数発投げたところで、B中尉が投げた一個が岩に当り、顔前で砕け、ふたりは意識を失った。そこで、軍医将校が犠牲者の状態を調べ、それから墓の近くに引っ張って行き、止めを刺すために憲兵が銃剣で刺した。それからB中尉は、カイ島に帰って、ちびの実験は有効だったとA中佐に報告した。A中佐はキルウィック島には行かなかった。以上が論告の内容である。

ちびの実験

この実験は何のために、どのように行なわれたのであろうか。裁判開廷前の一九四七年三月に、A中佐が提出した宣誓書によれば、一九四四年一〇月初旬に着任した山田清一師団長から戦闘を直接任務としない人員を戦力化するよう強調され、憲兵分隊の収容者を減らすため、釈放しえないインドネシア人一七名と飛行士二名を処刑するようC分隊長が進言した、という[53]。また、部隊にある青酸手投ビンは、減耗して効果がないのではないかといわれていたが、検査の方法がなかった。ところが、処刑することになったので、師団長から「今度処刑者があつたときやれ」といわれたので、B中尉に伝達した、という。しかし、山田師団長は一九四五年八月一五日、セラム島で自決していたので、調べようがなかった。A中佐は、ちびはインドネシア人処刑のために使われるものと思っており、飛行士に対して使われるとは知らなかった、とものべている。

これに対し、B中尉は、処刑の前日の午後、A中佐から「明日憲兵隊が多数の処刑をするから二人の捕虜とインドネシヤ若干を使つて「ちび」を投げて見ろ、尚《な》ほ近くの部隊の瓦斯掛将校には之を見学させろ」と命令されたが、命令は強制命令で、一言の不服もいえなかったと宣誓供述している。[54] B中尉によれば、戦後、巣鴨拘置所に収容されていたが、A中佐が食器洗浄の時に近づいてきて、師団長はすでに亡くなっているので、ちびを使えというのは師団長の命令であったことにせよ、参謀長の名前も出そうといわれた、しかし、師団長や参謀長は慈父のように立派な軍人だったので、事件の真相を話そうと決心した、とものべている。B中尉の供述を要約すれば、つぎのようになる。

一一月のある日、B中尉は、師団兵器部でちび六個を受け取り、翌朝、近くの部隊の瓦斯掛将校や軍医ら見学者約八名と憲兵隊の船に乗り、キルウィック島に行った。現場には四ヵ所ほど穴が掘ってあったが、一つの穴の近くに飛行士二名とインドネシア人三名を連れて行き、飛行士を前方に座らせ、木を中心にして五名を縛った。B中尉は、見学者にちびの説明をした後、飛行士の前に大きな岩を置き、五メートルの距離から岩にちびを投げた。すると、二個目が命中して破裂し、飛行士は呼吸困難となり、一七、八秒後に失神したようだった。後にいたインドネシア人には影響はなかった。そこで、「捕虜は終わつた」というと、憲兵が飛行士を穴の中に入れて、上から銃剣で突き刺した。ついで、憲兵軍曹がインドネシア人三名を前方に移動させて、ちびを一個投げた。すると、一名はまもなく失神したが、二名は失神までに時間がかかった。この三名も憲兵が穴の中に入れ、銃剣で刺し、上から土をかけた。残りのちび四個は持ち帰り、A中佐には、「「ちび」の効果は有ります」と報告した。使用したちびは、第五師団がマレー、ジャワと持って廻ったもので、すでに製造後四年ほど経過していたため、内容量が三分の二ぐらいに減少し、金色の薄片の沈殿物が充満していたので、効果があるかどうか分からなかった。しかし、第五師団の対戦車兵器はちび以外なく、変質したちびでも十分な効果があると見学者に説明したという。

　C憲兵分隊長はこの事件にどう関わったのだろうか。その宣誓書によれば、一九四四年八月以降補給が絶え、連合国軍の爆撃が激しくなったため住民の動揺がはじまった[55]。そこで、住民の反乱行為の捜査を行った。アンボンでの第一九軍（司令官・北野憲造中将）の軍律会議の結果、カイ島の住民一七名に死刑判決が下された。そして、軍律会議長官から、現地で処刑を執行せよという命令がきたので、その報告のためA中佐の所に行った。その時、憲兵隊の収容所がいっぱいなので、飛行士は師団司令部に引き取ってもらうか、アンボンの第一九軍の方に送ってほしいといった。すると、A中佐は、「土人の刑を執行するなら夫《そ》れと一緒に（飛行士を）処刑せよ、軍には病死と報告しておこう」といった。参謀の命には服従するしかないので、憲兵准尉に処刑準備を命じた。処刑現場には行かなかった、という。

　C憲兵少佐は、ちびの使用は参謀の命でなければできないし、自分はB中尉に命令する権限はもたない、飛行士を憲兵隊に収容せよと命令したのは師団司令部なので、移動も処刑も師団命令でなければできない、とのべている。

実験について、見学したD軍医少尉は、ちびが岩に命中してガスが出ると飛行士は「二分位でフラフラしてバッタリ前に倒れ」、苦しい呼吸が三分から五分続いた、その後、飛行士を穴に入れ、土を被せ、実験が終わったとのべている[56]。E憲兵准尉は、中尉の投げた手投ビンはなかなか壊れなかったが、破裂すると飛行士は倒れ「約五分間許り呼吸して居つた様」だが、軍医が呼吸停止を確認したのち、埋葬した、とのべている[57]。また、師団司令部付の情報掛将校、F少尉によれば、憲兵隊がインドネシア人一七名を処刑した後、飛行士に対してB中尉がちびを投げたが破裂せず、ついで各隊のガス掛将校が投げても命中しなかった、最後にB中尉が再び投げたのが破裂し、飛行士は三〇秒ほど呼吸をしたのち倒れ「それから約2～3分位で呼吸がとまって死亡」した、という[58]。三名とも、刺殺ではなく、ちびだけで死亡したとのべていることが注目される。

戦犯裁判では、A中佐は、このような捕虜の処刑が違法であることを知っていたと認めたが、処刑と実験を命じたのは師団長で、自分は命令伝達者にすぎないと抗弁した。B中尉は、飛行士は青酸手投ビンの毒ガスで死亡したのではなく、実験が終了した後の憲兵隊の銃剣による止めで死亡したのだ、とのべた。

しかし、違法な命令を実行したり、その推進に荷担したりした場合も有罪である、両名は違法な命令に反論しなかった、捕虜が毒ガスで死亡しなかったとしてもB中尉の行為は殺人の共犯または幇助になるとされ、これらの抗弁は認められなかった。

この裁判は、以上の通りだった。捕虜の「処刑」の責任が誰にあるか、捕虜が青酸手投ビンだけで死亡したかという点に関しては争いがあった。しかし、第五師団が、古くなったちびの効力を検査するために人体実験を行ったこと、その後ふたりの飛行士が死亡したことについては争いがなかった。この事件は、連合国軍の爆撃が激しくなり、近い将来にその上陸が予想される時期に、有効な対戦車兵器がほとんどないという絶望的な状況の中で、大本営の許可があれば青酸手投ビンをも使おうとする考えが、第五師団司令部の一部にあったことを示すものであろう。しかし、第五師団主力と連合国軍がカイ諸島周辺で激突する戦闘は起らなかった。また、この段階では、すでに圧倒的に優勢な連合国軍を相手に毒ガス戦を開始することは、報復の場合を除いてありえない状況になっていた。その意味では、第五師団司令部の一部にあったあせりと不合理な判断がこのような事件を起したといえるのではないだろうか。

Ⅷ　燼滅戦・殲滅戦下の毒ガス戦　中国戦線　一九四二—一九四四

1　「解放区」への攻撃

冬季山西粛正作戦

中国では日本軍の八路軍との戦闘、国民党軍との戦闘が継続していた。このうち前者から見ると、北支那方面軍は、山西省南東部の太行《たいこう》山脈に八路軍（第一八集団軍）司令部（総司令・朱徳）と第一二九師司令部（師長・劉伯承）があるとみて、その絶滅を図っていた。アジア太平洋戦争が始まってからは、治安の安定とともに、新たに「重要国防資源の開発取得」と現地自活の推進が強調されるようになり[1]、そのために徹底した「粛正掃蕩《そうとう》」作戦が行なわれる。これは、一九四〇年に始まった燼滅作戦が発展したものだった（中国側がいう三光政策・三光作戦の本格化）。

第一軍（司令官・岩松義雄中将）は、一九四二年二月はじめから約一ヵ月間、山西省全域で冬季山西粛正作戦（一号作戦）を行い、八路軍の撃滅、根拠地の徹底的掃蕩、兵器物資の奪取によって日本軍の「治安圏」を拡大しようとした[2]。宇都宮第四一師団が沁源一帯を掃蕩し、独立混成第四旅団が石太線（石家荘—太原間）南方を、独立混成第三旅団・第一六旅団が山西省北西部を、熊本第三七師団が南西地区を掃蕩

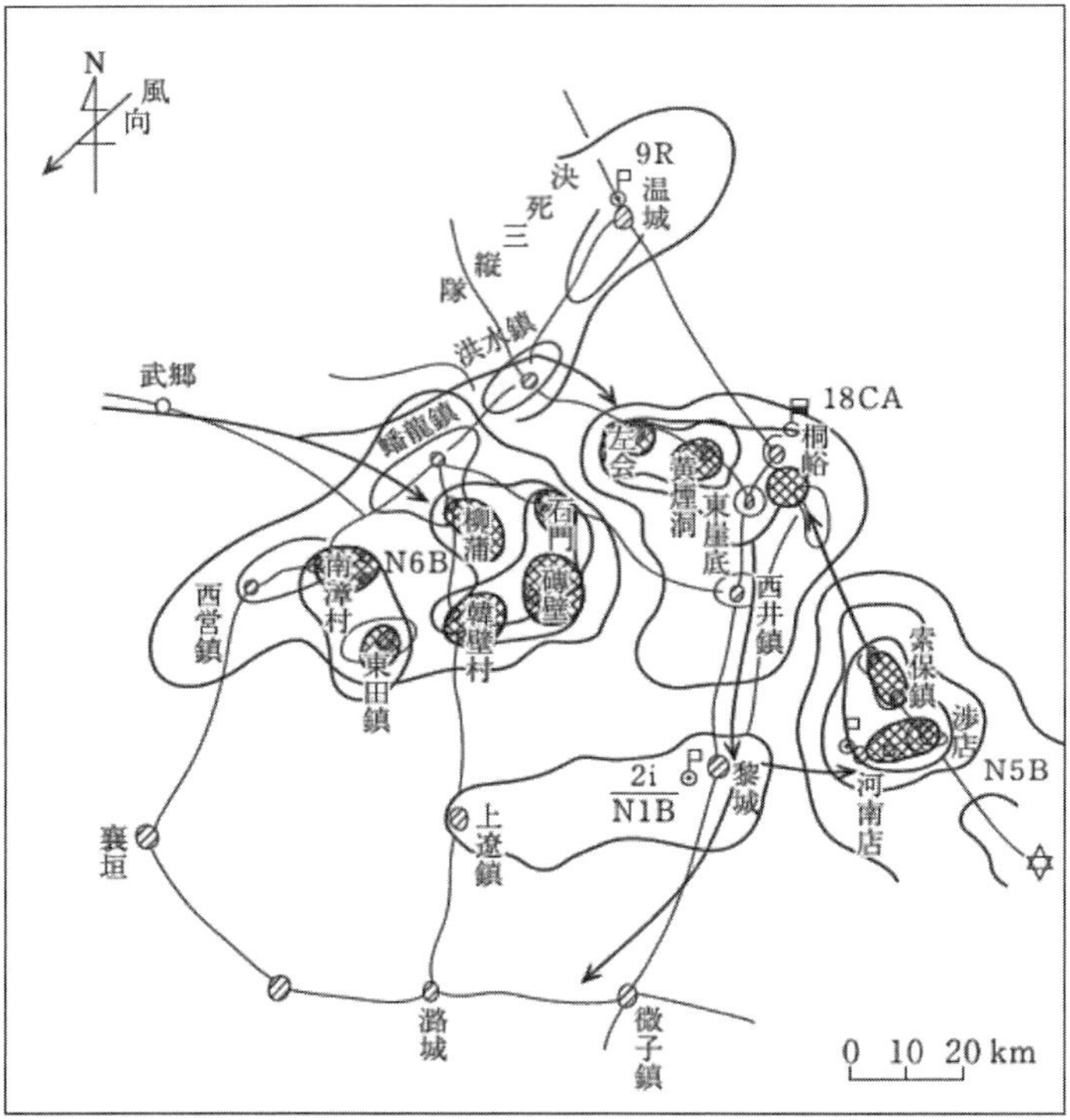

図 9　太行地区撒毒実施要図（1942 年 2 月 8 日〜15 日）

出典：粟屋・吉見編『毒ガス戦関係資料』454 ページ．
18CA は第 18 集団軍，N5B は新編第 5 旅，2i は第 2 団（聯隊），▩は撒毒地であることを示す．

した。そして、問題の山西省南東地区は、弘前第三六師団(師団長・井関仭中将)が担当したのである。「例証集」の戦例二一によれば、第三六師団は、特種作業隊を編成して一月下旬から潞安《ろあん》で教育と作戦準備を行った。この特種作業隊は、二つの聯隊に配属され、掃蕩戦に連携して撒毒を実施し、八路軍の根拠地を「完封」した、という。(3) 二月八日から一五日にかけての厳冬期に、特種作業隊は八路軍の根拠地と判断した村々の兵舎・工場・洞窟・監視哨陣地などの要点(といっても実際は民家やバラック程度の家)に、きい一号甲(ドイツ式イペリット。糜爛性ガス)約三〇〇キログラムを撒いて毒化したのである。気温は零下五度から三〇度であった。毒化した村は、左会・黄煙洞・索保鎮・渉店(渉県)・石門・柳蒲・磚壁《せんへき》・韓壁村・南漳村・東田鎮などであった(図9参照)。

防衛庁防衛研究所は歩兵第二二四聯隊「冬季山西粛正作戦戦闘詳報」其一を長い間非公開にしていたが、田島一成衆議院議員(民主党)の国会質問により、ついに二〇〇四年五月公開した。以下、これによってその実態を見てみよう。

一九四二年二月六日、襄垣《じょうえん》にいた井関仭第三六師団長は、指揮下の各部隊にイペリット撒毒の命令(三六師作命甲第九〇六号)を発令した。それはつぎのようなものだった。

一、三六師作命甲第九〇四号に示せる撒毒地区の件左記の如く定む

左記

二、撒毒地　柳蒲、王家峪、東田鎮、半蒲北方地区、黄煙洞、左会、五軍寺、河南店、セキガイ、東堡《ママ》鎮附近とす

三、主要道路より離隔せる地点に於て重要施設を発見せる場合之を撒毒す

四、撒毒地はその都度報告すべし(4)

八路軍の重要施設に撒毒する方針であったことが分かる。秋田歩兵第二二三聯隊(聯隊長・高木正実大佐)は、二月八日に洪水鎮を掃蕩し、二月九日に黄煙洞に進出した。一〇日には多くの武器弾薬を押収し、附近一帯を掃蕩した。(5) 一六日から黎城東北・渉県北方地区を掃蕩し、反転して東崖底・黎城北方地区を掃蕩した。また、近藤部隊(山形歩兵第二二四聯隊基幹。聯隊長・近藤新八大佐)は、岩渕大隊(第一大隊・岩渕千尋少佐)・松尾大隊(第二大隊・松尾篤少佐)・平塚大隊(山砲兵第三六聯隊第一大隊・平塚晃少佐)に分かれ、八日に柳蒲・馬嵐頭・石版などを掃蕩し、一二日・一三日には石門村などを、一四日には韓壁村・型村などを、一九日には東田鎮などを掃蕩した。(6) したがって、高木部隊が黄煙洞など東部地区を毒化し、近藤部隊(第二二四聯隊基幹)が石門など西部地区を毒化したのである。

近藤部隊は、八路軍の掃蕩、施設の燼滅、物資の摘出・搬送を行ないながら、配属された特種作業隊に重要施設への撒毒を行なわせた。(7) 近藤部隊長は、九日、石瓮《せきおう》村・馬西坡《ばさいは》角《かく》・朝陽坡・柳蒲・馬嵐頭・磚壁附近に撒毒するよう命令した。一一日には、馬嵐頭・磚壁・東田鎮・王家峪附近に撒毒するよう命令した。また、一八日には、磚壁・東田鎮・王家峪に撒毒するよう命令した。

このように、実際の撒毒は予定より遅れていったようで、二〇日、松尾大隊が磚壁とその周辺にイペリット二五キログラムを撒き、岩渕大隊が東田鎮に二五キログラムを撒いている。二一日には、平塚大隊が王家峪・下合の兵舎とその周辺にイペリット一八キロを撒毒した。「戦闘詳報」にはこれだけしか

記載されていないが、「例証集」と照らし合わせれば、韓壁村・石門・柳蒲・南漳村も近藤部隊が毒化したことになる。

「例証集」戦例二二は、「共産軍」は陣地を持たず、洞窟・村落などを根拠地として住民に対する政治工作をしているとし、このような「敵」に対する攻撃方法としてイペリットの撒布は効果が非常に大きいとのべている。(8) 他方、歩兵第二二四聯隊は、撒毒については特に批判していないが、「敵性物資を壊滅」する作戦の実行では、一般住民の被害も少なくないと思われ、「民心の離反永続し、寧ろ悪影響を齎《もた》らすに至るべし」と、燼滅作戦の継続に憂慮の念を抱いていたことが注目される。(9)

なお、失敗例だが、「例証集」戦例二三は歩兵第二二三聯隊が行った東崖底の集落に対する攻撃である。(10) 二月一三日、聯隊の左大隊が東崖底集落を掃蕩するのに伴い、特種作業隊は要点に撒毒するよう命じられた。しかし、石油を混ぜたイペリット入りのドラム缶は、ムシロを巻いて保温していたにもかかわらず、大半が凍結したため撒くことができず、中止せざるをえなくなった。気温は零下二五度であったが、石油を混ぜた液体イペリットの凝固点は零下一〇度だったのである。

そこで、教訓として、極寒地での撒毒は不凍性の「きい一号内」を準備すること、これがない場合は凍結の予防につとめ、撒毒する場所は屋内にするなどの注意が必要だとのべている。こうして、東崖底の集落は、毒ガス汚染からかろうじてまぬかれた。

では村落内に毒ガスを撒かれた時、住民の被害はどのようなものだったのだろうか。第一八集団軍の朱徳総司令が三月三一日に発した代電(電報がわりの速達郵便)が、四月九日付の蔣介石軍事委員長の代電

表 13　糜爛性ガスの使用例(年または場所が未特定のもの)

月日	戦例	場　所	毒ガスの種類	概　要
4/9	56	記載なし	きい剤	対ゲリラ攻撃．サイダービンにきい剤をつめ電柱の上部に取り付け，電柱切断中のゲリラの頭上に遠隔操作で爆撒．
6/1	22	観音寺高地附近	きい弾 100 発	小部隊での相手陣地突破戦．きい弾で側防機関銃を，あか弾 180 発・中あか筒 250 本で中央を攻撃．
6/12	38	陳家河附近	きい 1 号甲 8 kg	襲撃する中国軍の撃退．進撃路の要点にイペリットをつめた一升瓶を置き，3ヵ所で遠隔操作により爆撒．
10/22	39	山西省垣曲附近黄家庄	きい弾 26 発	砲撃．黄河対岸，南村の遮蔽陣地にいる国民党軍砲兵隊をきい弾で沈黙させる．
12/30	20	陳家河附近	きい剤 200 kg	掃蕩戦での毒化．相手陣地内の要点(幅 2,3 m 長さ 2800 m)に撒毒．被毒者 2000 以上と推定．

出典：陸軍習志野学校案「支那事変に於ける化学戦例証集」『毒ガス戦関係資料』453・455・474・475・495 ページ．

に引用されているので、その部分をみてみよう。

敵軍はこの度、わが太行山地区を掃蕩したさい、大量の糜爛性毒ガスを使用した。この毒は液体の毒汁で、敵はこの毒を室内の机、椅子および各種器具に塗布した。この毒汁を塗布された室内の器物は極めて多く、室内はきちんとしていて、まったくもとと変わりない状態だったので、誰にも疑惑を抱かせなかった。清《せい》漳河《しょうが》下流両岸および武郷東部地区は事前にこれを察知していなかったため、毒の被害にあった者が大変多い。毒の被害の重い者は、全身が赤く腫れ、ついでくずれただれた。このほか、敵はまた故意に毒汁を含有する米、肉、缶詰、武器、衣服、靴、靴下等の物品を遺留した。渉県〔河南省北部〕付近では、一村民が革靴一足を拾得し、これをはいたところ、両足が腫れて痛み、次第にくずれただれるに至った。また、東崖底付近の住民数人が同様の毒の被害を受けた。(11)

この事実を知った蔣委員長は、この代電で、日本軍がふたたび各戦場で使用するのを防ぐために各戦区・各省政府に打電して周知徹底するよう何軍政部長に命令した。

これはイペリットが撒布されたことを示すとても生まなましい記録である。極寒の地での液体イペリットの凍結を防ぐため、室内に立ち入り、机・椅子をはじめ各種の器具や靴などに塗布・撒布したことがわかる。東崖底附近でも一部塗布・撒布されたようだ。

「例証集」は、日本軍が引揚げると住民は直ぐに帰ってきたが、密偵などの情報によると、「数千の瓦斯〔症〕者」を出しその半数は死亡したと誇っている。(12)これはやや誇大だと思われる。しかし、この作戦で被害を受けた者のうち、重傷者は全身が赤くただれ、やがて潰瘍《かいよう》となり、肉がぐずぐずになって死亡したという。(13)

なお、この前後に、支那派遣軍化学戦教育隊は、対ゲリラ戦を中心に、少数兵力で広い地域を警備するため、糜爛性ガスを一升ビン・サイダービンなどに詰めて地上や樹上に仕掛け、遠隔操作で爆撒させる方法を示している。(14)さらに、表13のような用法で糜爛性ガスを使用している。手掛かりが限定的で使用の地域または年が確定できないが、かなりの頻度で糜爛性ガスを使用していることがうかがえる。(15)

また、この時期に陸軍では攻撃兵器としての青酸ガスの使用法の開発を急いでいたことを付言しておこう。参謀本部作戦課の井本熊男中佐の業務日誌によれば、一九四二年後半、中国東北で幅約一キロに二五メートル間隔で青酸五〇キログラム入のボンベ三五〇個を並べ、一七・五トンの青酸を一気に放射したところ「縦深二粁に亘り致死効力を出」し、「更に二粁に亘り半死効果」があったという。しかし、実戦での効果には確信が持てなかったようであり、井本中佐は、投下ちゃ（青酸）弾を含めて「今直ちに実用になるものなし」と嘆いている。[16] このような中で、一九四三年春、日本軍が山西省垣曲から黄河南岸の国民党軍に対して青酸弾七〇五発を発射し、兵士一名・民間人二一名が負傷し、他に兵士一名・民間人二二名が死亡した、四発の砲弾を調べたところ、青酸が検出されたという国民政府の報告が四月七日、アメリカ軍に届けられた。[17] その真偽の検証は今後の課題であるが、青酸弾が使用された可能性がないとはいえないだろう。

河北省魯家峪での毒ガス戦

同じ一九四二年、河北省東部では八路軍の活動が活発になっていた。これに対し、第二七師団（師団長・原田熊吉中将）は、その根拠地を徹底的に覆滅する目的で、四月一日から冀東作戦（一号作戦。冀は河北省をさす）を発動した。

第二七歩兵団長（北部防衛地区隊長）の鈴木啓久《ひらく》少将（のち中将）は、支那駐屯歩兵第一聯隊・第二聯隊を指揮して、豊潤北方に現れた八路軍約三〇〇〇を殲滅しようとし、包囲したが、逃げられてしまった。ところが、支那駐屯歩兵第一聯隊が多くの住民を尋問した結果、八路軍に反感を持つひとりの若者から、八路軍は「魯家峪《ろかよく》村西側高地に予め秘密裏に構築してある洞窟に逃避した」という供述をえた。そこで、八路軍や住民の避難していた洞窟を封鎖し「発煙筒、後には催涙筒など」を使用して攻撃し、遂に「全洞窟を殲滅」した。この作戦では「八路軍の有力幹部以下三〇〇を殲滅」し、長年秘匿されていた「兵器庫兼修理工場の洞窟」や被服庫となっている洞窟も発見したが、このように大きな戦果は、鈴木元中将の八路軍との五年間にわたる交戦のうち唯一のものであった、という。(18)

この攻撃の日時は、支那駐屯歩兵第二聯隊の部隊史に「四月十七日剔抉《てっけつ》地区を北部に推進し、徹底的の検索を行いしが、この間魯家峪、西山口を急襲し、……又四月下旬、日野原大隊は前山屯、村田中隊は義王庄附近にて敵の洞窟を掃討して戦果を挙げ」、五月四日には「日野原大隊前山屯、魯家峪の洞窟を剔抉し、小銃軍靴等多数鹵獲」とあるので、四月一七日から五月はじめにかけての時期であろう。(19)

また、鈴木元中将の回想には、発煙筒のほかに「催涙筒など」を使用したと記されているが、この「など」は、あか筒(嘔吐性ガス)の使用を意味しているであろう。彼は、敗戦後捕虜となって中国撫順の戦犯管理所に収容される。そこで記した供述書には「魯家峪に於ての洞窟攻撃に際し毒瓦斯を使用して八路軍の幹部以下百名を惨殺」したとあるが、(20)陸軍は催涙ガスを毒ガスとはいわなかったし、殲滅戦で戦用ガスである嘔吐性ガスを使わず、演習用ガスである催涙ガスだけを使うのは不自然だからである。

こうして掃蕩作戦は一応成功した。また、岡村北支那方面軍司令官から、この戦闘により「冀東地区は非常に治安が良好になつた」と激賞された。(21)しかし、間もなく、六月上旬には八路軍部隊が再び出現することになる。鈴木兵団長は、岡村司令官に対して、掃蕩戦により治安は表面上よくなったが、「一皮むけば下がマッカなので、考えようによっては却って治安悪化とも言えるのです」と答えるほかなかった、という。そこで、第二七師団は、「満州」からの出入りを遮断するために、万里の長城以南幅四キロ以内の住民を強制的に立ち退かせて「無住地帯」とする政策を実行することになる。

河北省北坦村での地下道殲滅作戦

山西省や河北省東部での掃蕩戦に併行して、一九四二年五月一日から北支那方面軍は冀中作戦(三号作戦)を開始した。河北省の中央部は平坦な大平原で、その中に村落が点在する地形であった。北支那方面軍はここを山西省・チャハル省・河北省を根拠地とする八路軍、特に北部太行山脈の八路軍の「培養地帯」・食糧物資補給地帯とみなしていた。[22] 青壮年男女の多くは、青年抗日先鋒隊や基幹遊撃隊などの民兵に参加したり、郷土防衛の自衛隊に加わったりしていたため、民衆全般が「一応敵性を有する」ので、宣撫工作だけでは共産党と民衆の分離は困難とみていた。そこで、方面軍は、この地区の八路軍主力に対する「急襲的包囲作戦」を実施し、その根拠地を覆滅して日本軍の「治安地区」(支配地域)としようとした。[23] 作戦に参加したのは、宇都宮第四一師団主力、姫路第一一〇師団の第一一〇歩兵団、独立混成第九旅団の二個大隊、名古屋第二六師団の坂本支隊などだった。

その第一期作戦(五月一日から一〇日)では、徹底的な「精密掃蕩」が行われ、八路軍部隊の殲滅、隠匿武器の摘出、指揮官・党幹部の捕獲、「厳正な匪民分離」が行われた。

河北省南部の平原では、一九四〇年までに、二万五〇〇〇キロメートルの道溝が掘られていたというが[24]、中部にあたる沙河・水道溝河に沿う地区でも日本軍の討伐戦に備えるため、共産党が平野部のモデル地区としてほとんどの集落に交通壕と地下壕(地下道。中国側は「地道」という)を築いていた。三ヵ村約七、八キロメートルを地下道で連結した所さえあり、民衆の抗日意識も高く、日本軍の目的達成はきわめて困難だった[25]。集落を攻撃しても、みな地下道を通じて逃げ、もぬけの殻になっていることも少なくなかったのである。

五月一一日から一五日にかけての第二期作戦では、八路軍主力を撃滅しようとしたが、成果があがらず、区域を分けて繰返し掃蕩を行った。また、一六日から六月二〇日にかけての第三期作戦では、各部隊が担任地域の「精密掃蕩」を反復し、とくに、滹沱《こだ》河・滏陽《ふよう》河《が》・石徳線で囲まれた三角地帯の掃蕩に力を入れた[26]。その結果、遺棄死体九〇九八、捕虜五一九七をえて、八路軍の冀中軍区に壊滅的な打撃を与えたと北支那方面軍はのべている[27]。しかし、広大な平原の点と線しか確保できない日本軍が八路軍を完全に駆逐することは困難であった。

この冀中作戦の第三期作戦で行われた定県北坦村(北疃《ほくたん》村)の掃蕩作戦は、激烈な毒ガス戦になった[28]。五月下旬、姫路第一一〇師団の飯沼守師団長は、松江歩兵第一六三聯隊(聯隊長・上坂勝大佐)に三角地帯内の八路軍根拠地を覆滅するよう命令し、とくに地下壕の戦闘のため、あか筒(嘔吐性ガス筒)・みどり筒(催涙筒)を使用し、その用法を実験するよう命じた[29]。この命令に基づき、上坂聯隊長は第一大隊(大隊長・大江芳若少佐)を定県から出発させた。第一大隊は、五月二七日夜明け前に北坦村を包囲した。

民兵組織、青年抗日先鋒隊の隊長をつとめていた地元の住民、李徳祥さんによれば、民兵は日本軍の攻撃を七度退けたが、八度目の突撃を受けた時、弾丸・手榴弾・地雷などのすべてを使い果たしていたので、持ちこたえることができず、日本軍の村への侵入を許してしまった。日本軍は、村に入ると、地道の入口を数ヵ所発見して毒ガスを投入した。ガスを吸い込むと、喉が乾き、嘔吐し、息がつまった。こうして、地道のなかで多くの住民が殺されていった、という。(30)

この証言によれば、毒ガスの容器は高さが約二〇センチ、直径が四、五センチ、全体が灰色で本体のやや蓋よりのところに円周に沿って赤い線が一本入っていたという。(31) これに対し、現実の九八式小あか筒は、高さ一八・四センチ、直径五・七センチで、蓋に近い方に赤い帯線が入っていたので、直径がやや小さいが、小あか筒にまちがいないであろう。また、密閉された空間でのあか筒の致死的効力については、つぎの資料から明らかである。

赤筒の使用に関しては全住民(壮年の男子のみ、老人婦女子を除く)を適当なる一室に入れ、赤筒を焚《た》き、適当なる時間に扉を開放し、全住民(男子)を室外に出し、新鮮なる空気を吸入せしむべし。量及時間を誤りては犠牲者を出す怖《おそれ》あるが故なり(六—八坪の室に於て赤筒一本にて夏期三分間、其の他約四分間迄は可なり)。之を三—四回(三—四回以上の赤筒使用は危険)反復す。(32)

これは、情報検索のため住民を毒ガスで恫喝《どうかつ》する方法を指示したものだが、六—八坪の部屋では、あか筒一本だけでも夏なら三分間以上いれば死亡するおそれがあることを示している。狭い地下道内に多数のあか筒を投げ込めば大量の死者が生じるであろう。歩兵第一六三聯隊は実戦で大規模実験を行ったことになる。

大江第一大隊長の回想によれば、北坦村附近に八路軍一個営(大隊)が坑道作業中という情報をえて、二七日深夜行動を起こし、同日払暁までに村を完全に包囲し、戦闘がはじまると逐次包囲圏を圧縮して村に突入した。ところが、「敵兵」は忽然と姿を消した。そこで、坑道口を探し出し、隣村に通じる地下道を遮断した。地下道や地下室には「敵兵」が充満しており、頑強に抵抗するので手間取ったが、ことごとく殲滅した。その数は一〇〇〇名だった、という(33)。また、彼の別の回想によれば、通訳を通じて降伏を勧告したが応じず、日没も間近いのでやむを得ず「発煙筒」を投入した。その結果、「敵」は苦しまぎれに穴の中から先を争って出てきた。その中には「本当の住民もいたであろう」と記されている(34)。

では、嘔吐性ガスは使用されなかったのだろうか。あか筒があるのにわざわざ効果の劣る発煙筒を使ったのだろうか(35)。大江大隊長のもう一つの回想には、この村での戦闘がつぎのように記されている。

2、定県南方召村附近の河川に沿ふ地区、特に安国県境に沿ふ地区は治安特に悪く、民衆は日本軍に親しまず再々附近を掃蕩せるも空室清野戦法にて敵の姿を見ずに終れり。

3、斯《か》くする内に南坦、北坦に《ママ》両村に敵の大部隊あり、当部落には坑道を掘りある状況を知り、大隊は現駐屯地より夜間行動を起し、特に道路を避けて行動し払暁同村を包囲攻撃せり。

4、午前五時頃同村を完全に包囲し、敵の銃声と共に射撃戦を開始し漸次包囲圏を圧縮し部落に突入せり。然《しか》るに今迄猛烈射撃しありし敵の姿全然なし。部落中にて屋根より屢々《しばしば》手投弾を受け又入口にて地雷の爆発を受く。直ちに部落外囲の坑道を捜索せしめ又部落中の井戸其他坑を捜索せしめ毒瓦斯を投入せしむ。然る所漸く共産軍の騒ぐ声聞きぬ。村より隣村に通ずる坑道を遮断せしめ坑導《ママ》内にて共匪の数百名を窒息殲滅せしめ、小銃、軽機等約百二十挺鹵《ろ》獲《かく》し、我方にも将校以下数名の死傷ありたり。爾来定県南方河川流域の治安急速に良好となれり。(36)

このように、井戸その他坑道を捜索させ、坑道に「毒瓦斯を投入せし」めたが、使用に際し隣村に通じる坑道を遮断したため数百名を「窒息殲滅」せしめたというのである。

では、この毒ガスとは具体的には何だったのであろうか。岡山歩兵第一一〇聯隊第一一中隊は五月二六日大江部隊の指揮下に入っていたが、(37)上羽修氏が発見・紹介した第一一中隊長の報告によれば、地下坑道の入口に「小あ筒を使用し其の入口を蒲《ふ》団《とん》を以て密閉せしめた」とある。(38)この中隊によるその後の凄惨な戦闘の模様はつぎのようであった。

現場に於て詳細調査するに西城に通ずる地下坑道内は喧噪を極め、其の周章狼狽振《しゅうしょうろうばいぶ》りは地上に於ても想像に余りあり。尚も小あ筒を以て西城部落に脱逸せんとする敵の退路を遮断すると共に要所に兵を配置し厳重監視に任ぜしめたり。部落内の坑道入口も逐次に発見し、小あ筒を投下密閉し脱出を封止せり。敵は愈々あ筒の効力により思はざる地点に脱出を企図せるも、各要点に配置せる兵により逐次に刺殺又は捕虜となせり。其の間坑道内は手榴弾の爆音、阿鼻叫喚《あびきょうかん》その極に達す。

「小あ筒」というのは「小あか筒」のことである。嘔吐性ガス(あか筒)が使用されたことはもはや明白であろう。その威力は密閉した地下道では特に強烈であった。その後、軍夫を使って内部の調査をし、中に入って掃蕩を実施した。ガスの薄い所を選んで、濡れ手拭で口を覆い、三人一組で五分程度地下道に入って掃蕩し、夜は逃亡者を出さないように現地で露営し、翌朝再び徹底的に「反復掃蕩」を実施した、という。

こうして、毒ガスにより地下道内で多数の民兵・住民が死亡したのだが、それだけではなく、地上に引きずり出された民兵・住民も殺されたという。その総数は、地下道での死者を含め大江大隊長の記録や李徳祥さんの証言で約一〇〇〇名、北疃村の記念碑で約八〇〇名ということになる。[39]

このような徹底した掃蕩戦は他の場所でも行なわれていた。姫路歩兵第一三九聯隊の進藤集成大隊(大隊長・進藤栄次郎少佐)も冀中作戦に参加しており、五月二九日、深沢県東北四キロにある北白庄の村を攻撃した。[40]村は周囲に頑丈な土塀をめぐらせ「恰《あたか》も要塞のよう」であった。そこで、聯隊砲で入口の土塀を破壊し、各方面から一斉に突入した。ところが、村の中はもぬけの殻であった。抜け道を捜したが、見つからず、部隊が重苦しい空気に包まれたころ、交通壕の一部に土の盛り上がった所が発見された。そこで、その場所を掘ったところ、地下壕があり、人のざわめきが聞えてきた。投降を勧告したが、出てこないので、やむなく「携行した催涙ガスを投入したところ、敵はぞくぞくと這い出して来た」。それから、周辺の地下壕を掘り拡げ、数珠つなぎになるほど多数の捕虜を一網打尽に捕らえた、という。ここでも嘔吐性ガスが使用されなかっただろうか。

いずれにしても、河北省では毒ガス戦を伴なう徹底した粛正掃蕩作戦が遂行され、八路軍一万六〇〇〇人余りが犠牲となった。主力部隊は三五パーセント減少し、河北省中部では半数近くに減少し、死傷ないし拉致された住民は五万余人に達した、という。[41]

北支那方面軍の粛正討伐戦指導

一九四三年には、太平洋戦線での頽勢・後退がはじまり、中国大陸の兵站基地化の強化は一層求められるようになった。しかし、華北では、燼滅戦・掃蕩戦にもかかわらず、八路軍の影響力は深く浸透していった。このような中で、北支那方面軍(司令官・岡村寧次大将)は、占領地域の安定確保を期すことを第一に掲げ、治安地区の警備はカイライ政府側の協力にまかせ、軍は野戦軍に徹することを決定した。[42]そして、三月二四日の隷下兵団参謀長会同では、作戦警備の重点を八路軍に向け、その掃滅を期すことを指示した。それは、具体的には、新戦法の創意工夫による攻撃、奇襲・急襲、指揮中枢の捕捉、根拠施設の覆滅などであった。

この方針に基づき、北支那方面軍は、五月に『粛正討伐の参考』という小冊子を刊行した。これは、「主として共産党軍に対する討伐粛正要領中直接兵力を以てする戦闘行動」の指針を示したものである。その中の「討伐隊の兵力編組及行動」という項にはつぎのような毒ガス戦の奨励があった。

集落、とくに堅固な圍壁の内側にいる「敵」に対しては、不意にまた巧みに使用する「特殊資材」(毒ガス兵器)は、味方の犠牲を最小限にして最大の成果を収めることができる。また、討伐隊は、各集落の徴候や住民の態度等に細心の注意を払い、疑わしい集落・地域に進入するに当っては、「敵」の待伏せに会わないように密偵・斥候を先に派遣し、必要なら重火器を配置し、一部を集落の両側に進めて進入すべきである。時として「敵」の不意に乗じ、断平集落内に進入すれば奇功を奏することもある。このような場合には重擲弾筒《てきだんとう》または「特殊発煙筒」(嘔吐性ガス筒)の準備を忘れないようにすべきである。[43]

これは、八路軍を相手とする対ゲリラ戦の指針であった。一般住民のいる集落に対して、一九四三年に入ってもなお毒ガスがしばしば使用されるが、これは北支那方面軍のこのような積極的な指導の結果であった。

2　国民党軍に対する使用

浙贛作戦

アジア太平洋戦争開始後の華北南部や華中・華南での、国民党軍に対する作戦、とくに毒ガス戦はどのようであっただろうか。この時期の作戦は、国民政府支配地域に進攻し、戦力を破砕した後、反転して再び原駐留地域に引き揚げてくるのが普通だった。

一九四二年四月一八日、東京・名古屋・大阪などの都市がアメリカのＢ25爆撃機一六機によって初めて空襲された。これは西太平洋に密かに進出したアメリカ空母から強引に爆撃機を発進させ、爆撃後は中国の飛行場に着陸させるという冒険的な試みで、日本側が受けた被害は小さかった。しかし、日本本土がアメリカ軍機によって空襲されるということをまったく予想していなかった日本の大本営は大あてとなり、Ｂ25が着陸した中国浙江省(浙)・江西省(贛)の飛行場を破壊する作戦を行うこととなった。これが浙贛《せっかん》作戦である。

この作戦では、大本営の指導で毒ガス戦と細菌戦が推進されたため、とりわけ不名誉で特異な作戦となった。現地の支那派遣軍(総司令官・畑俊六大将)や、作戦を実施した第一三軍(上海。司令官・沢田茂中将)では、毒ガス戦に対する態度と細菌戦に対する態度が対照的なほど異なっていた。

細菌戦については、五月三〇日に実施を命ずる参謀総長の指示、「大陸指」が発令され、八月一九日、第一三軍が反転・後退を開始してから始められた。第一三軍に配属された実施部隊は、広信でペスト蚤やペスト菌に感染したネズミを撒き、広豊ではペスト蚤を、玉山ではペスト蚤・ネズミのほか、米にペストの乾燥菌をつけたものを撒いた。また、江山・常山ではコレラ菌を井戸に投入したり、食物に付着させたり、果物に注射したりして置いてきた。衢州《くしゅう》・麗水ではチフス菌やパラチフス菌を撒いた。(44)これらはいずれも地上での撒布だが、贛州《かんしゅう》・建甌《けんおう》などには飛行機から細菌兵器が投下された。

しかし、その実施をめぐっては、支那派遣軍の後宮《うしろく》淳総参謀長が日本軍にも被害が出ることを心配して強く反対した。畑総司令官も味方に被害がでないように遠方の桂林・衡陽を飛行機で攻撃したらどうかとのべた。(45)

また、沢田第一三軍司令官は、六月一六日、実施督励のために現地にやってきた参謀本部作戦課作戦班長の辻政信中佐から、大本営はこの作戦で石井部隊(七三一部隊)の使用を考えていると聞いて「日支関係に百年の痕《こん》を残す、且つ又利益なく、我方防疫の手続き丈《だ》け厄介《やっかい》なり、山中、田舎の百姓を犠牲にして何の益あらん」として、反対した。(46)

これはとても健全な議論であったが、大本営はこれを無視して細菌戦を推進したのである。二五日、沢田軍司令官は命令ならば致し方ないとしぶしぶ同意したが、辻中佐をはじめとする作戦課の中堅将校たちを杉山参謀総長が抑えることができないのは「遺憾なり」と日記に記している。[47] また、七月一一日には、七三一部隊長の石井四郎少将がやってきて説明したが、沢田中将は細菌戦を「効果なく弊害多き」作戦と断定し、なぜこのような作戦を強行するのか、「堂々王者の戦」をすればいいではないか、とも記している。[48]

これに対し、毒ガス戦については支那派遣軍も第一三軍もまったく反対しなかった。それだけではなく、第一三軍司令部は、五月三〇日から六月八日にかけての第二期作戦(衢州会戦)の衢州攻略戦では、特異の攻撃方法として毒ガスの使用を「奨励」したのである。[49] こうして、衢州攻略戦に参加した敦賀第一五師団(師団長・山内正文中将)・仙台第二二師団(師団長・大城戸三治中将)・東京第三二師団(師団長・井出鉄蔵中将)・京都一一六師団(師団長・竹内俊二郎中将)と、第一一軍から増派された河野混成旅団(旅団長・河野毅少将)は毒ガス使用を奨励されたことになるが、このうち、とくに第二二師団正面で毒ガスが「最も有利に使用」された。[50]

顧祝同上将が率いる中国第三戦区軍は、金華・蘭渓附近の劣勢を挽回するため衢州附近で対陣していた。第二二師団は、外翼師団として第三戦区軍の中に深く進入しており、六月一日、大洲鎮《だいしゅうちん》東側高地にいた第三戦区軍の前進部隊を撃退した。ついで、大洲鎮の主陣地を機動戦により攻略しようとした。この時毒ガスが大規模に使われるのである。

六月三日早朝、第二二師団は、「敵陣」から二、三〇〇メートルはなれた場所で、正面二キロに亘って中あか筒一〇〇〇本を並べ、一斉に点火した。また、山砲あか弾四〇〇発・迫撃砲あか弾四五〇発を発射した。その結果、「効果甚大」で、第一線の右翼隊・左翼隊とも一挙に相手陣地を突破し、予定線まで進出した。[51] こうして、動きが速い機動戦でも指揮が軽快であれば毒ガスを大規模に使用することができることを実証した。

この攻撃について、沢田軍司令官は、第二三師団に配属された化学戦指導将校、森田豊秋中佐・国富勇大尉から「大洲鎮附近の攻撃に於ては特に顕著なる効果ありし」と聞いている。[52] しかし、彼らは、問題点として、第二三師団の各部隊がガスの効果に膚接して突撃し「殺傷威力を発揮するの意」が乏しかったこと、第二三師団が携行しているあか筒の軽便投射器は水の影響を受け装薬が湿って不発のものが多いこと、砲兵のガス弾使用はもっと歩兵と協調すべきことなどをあげている。これらについては沢田軍司令官にも異存はなかった。

しかし、この指導将校たちが、一層の効果をあげるため嘔吐性ガスだけでなく「殺傷効力」のあるガスを使うべきだとのべたとき、沢田中将は、それは東南アジア・太平洋地域を含めた全戦域での毒ガス戦の出現という事態を覚悟して、中央が「大決心にて」決めるべき問題だとのべている。

このように、沢田中将は、細菌戦は「王者の戦」ではないとして反対したが、嘔吐性ガスの使用は奨励した。いわゆる致死性ガスの使用問題については直ちに用いることには賛成しなかったが、原則的な反対意見を持っていない。その理由の一つは、有効性が実証されておらず「効果なく弊害多き」細菌戦と、大きな効果があることが実証されている毒ガス戦との評価の違いにあったのであろう。

十八春太行作戦（東姚集での毒ガス戦）

一九四三年春、太行山脈南部には国民党軍の第二四集団軍（司令・龐炳勛）がおり、その北側には八路軍（第一八集団軍）司令部と第一二九師がいた。十八春太行作戦では、北支那方面軍の第一軍（司令官・吉本貞一中将）と第一二軍（司令官・喜多誠一中将）は協力して第二四集団軍を攻撃し、次いで第一八集団軍・一二九師を掃蕩しようとした。

その前段の第一期作戦は四月二〇日から二九日まで行われた。その最後、二九日に戦われた東姚集《とうようしゅう》の戦闘は激烈な戦いになった。この作戦に参加した独立混成第三旅団（旅団長・毛利末広少将）は、東姚集の堅固な陣地にこもって抵抗する第一〇六師約二〇〇〇に対して苦戦し、砲兵・工兵・飛行隊の増強・協力をえて、ようやくここを占領した。[53] この戦闘は、毒ガスを用いることによってようやく終了したのである。その模様をみてみよう。

東姚集は「全部落一体の城砦」で極めて堅固であるため、毛利旅団長は、二六日黎明を期しての攻撃に嘔吐性ガス（あか筒）を使用することとし準備を進めた。[54] しかし、これは第一軍の命令により中止された。第一軍の方針は、歩兵一個大隊・歩兵三個中隊・山砲兵二個大隊などの増援部隊と資材の到着をまって本格的な攻撃を行うというものであった。毛利旅団長は、二八日に、翌日の天長節（天皇誕生日）を期して攻撃せよという命令を発した。突撃隊には、新たに補給されたあか筒投射器・あか筒・ガスマスクが交付された。歩兵と砲兵の協定は、①午前六時から五〇分間、山砲による榴弾とあか弾による要点の破壊と迫撃砲の制圧射撃を行う、②六時五〇分から二〇分間、飛行隊があか弾と火焔弾を投下し、陣地の要点を破壊する、③七時一〇分から三分間、あか弾・榴弾・発煙弾の順で突撃支援射撃を行う、④歩兵は最終弾に膚接して突撃する、というものだった。[55]

二九日午前六時七分から砲撃が開始され、飛行機も飛来して爆撃した。このため、「殷々轟々《いんいんごうごう》たる砲爆声東姚集天地を圧し今や修羅の巷《ちまた》と化した」という。しかし、当初、飛行機から国民党軍の第一線陣地に対してあか弾を投下する予定だったが、中止され、また爆撃は一斉爆撃でなく逐次爆撃となった。このため、独立歩兵第九大隊の突撃隊は、「敵陣」突入後に使用を計画していたあか筒を突入時に使用せざるをえなくなった。第一線中隊は「赤筒投射器の全力を挙げて赤筒の発射に努め、且発煙して」突入の好機をうかがった。[56]しかし、ガスが逆流して突入は失敗し、多数の死傷者をだすことになった。その後の第二次攻撃で、飛行隊は砲兵の砲撃と同時に爆撃を行い、歩兵は一〇時以降徐々に「敵陣」に突入したため、午後五時四〇分には約二〇〇の中国兵が退却を開始し、翌日一二時頃、ようやく東姚集を完全占領した。

山砲兵第三六聯隊が撃ったあか弾は一八一発だったが、同聯隊は「特に瓦斯(飛行機及第一線歩兵も使用)の効果は十分ありたるものと認めらる」と結論づけている。[57]これは第二次攻撃のことである。八路軍兵士の死体をみると、布製の防毒覆の内側には鼻汁が充満しており、ガスを吸ってふらふらしながら射撃する兵士もいた、という。

東姚集の陣地は、土を踏み固めた厚さ約二メートルの壁で、あまり固くないため山砲弾を撃ち込んでも突入口はなかなかできなかった。この戦闘での毒ガスの利用は鮮やかなものではなかったが、堅固な陣地を攻略するためになお嘔吐性ガス（あか弾・あか筒）を使用しつづけていることが注目される。

3　常徳殲滅作戦

中国の告発と連合国軍の調査

常徳殲滅作戦とは、第一一軍が湖南省常徳とその周辺地区にいる国民党軍、とくに第六戦区軍（司令長官・孫連仲）の部隊を殲滅しようとして、一九四三年一一月二日から一九四四年一月はじめまで展開した作戦である。

すでに太平洋戦線では、二月にガダルカナル島から撤退し、五月にアッツ島守備隊が全滅しており、一一月末にはマキン・タラワ両島の守備隊が全滅する。このように、アメリカ軍との戦闘は著しく悪化していた。太平洋方面への兵力転用が進む中で、一九四三年夏には、支那派遣軍の総兵力は約六二万に減少しており、国民党軍は約二九〇万、八路軍は正規軍約二三万、民兵約六〇万とみられていた。(58) しかも、一〇月上旬には、在華六個師団を太平洋方面に転用し、五個師団を大本営総予備として現地集結させ、独立歩兵旅団を若干新設するという方針が大本営から内示された。このような中で、国民党軍の兵力に打撃を与えておくことが緊要な情勢になっていた。

常徳は湖南省西部の要衝であった。この作戦は全般的には「順調」に進んだが、常徳市では強い抗戦があり、「難戦」の末、ようやく一二月三日に完全攻略した。(59) この間、京都歩兵第一〇九聯隊の布上照一聯隊長と名古屋第六聯隊の中畑護一聯隊長が相継いで戦死した。その後、日本軍は常徳から撤退して原態勢に復帰するが、このように難攻の作戦であったため、特に常徳市内外で毒ガスが広範に使用されることとなった。

アメリカ陸軍中国・ビルマ・インド戦域軍司令部の化学将校、W・P・ストックウェル大尉は、国民政府から常徳会戦で毒ガスが使用されたという情報をえて調査を開始し、一九四四年二月に報告をまとめている。(60) そこには、一九四三年一一月三日から一二月一八日までの常徳作戦での七四回の使用例が列挙されている。これは国民党軍から提供された情報だが、その内訳は、常徳城とその附近が三五回、常徳北々西一〇〇余キロにある仁和坪《じんわびょう》附近が八回、宜昌の防御線が七回、その他が二四回となっている。これらの攻撃により一三〇〇名の将兵が被毒し四七名が死亡したとされている。一日当りの最高の使用回数は、一一月二六日の常徳城に対する嘔吐性ガス使用で、一三回にのぼった。最大の攻撃は、一二月七日の傳家廟《でんかびょう》への攻撃で、迫撃砲弾と野砲弾五〇〇発が使われた。一回の攻撃で最大の被毒者が出たのは一一月二九日の仁和坪附近での使用で、三〇〇名以上に達したという。

このような報告の信憑性を調査するために、ストックウェル大尉は第六戦区に派遣されたのだが、彼の結論は、①作戦期間を通じて催涙ガスと嘔吐性ガスが使われたことは事実だが、窒息性ガスも使われたという中国軍の主張は疑わしい、②日本軍のガス使用は攻撃時に限られており、小隊程度の小規模部隊が主として発射筒を接近戦で使用し、その直後に歩兵部隊が突撃している、③中国軍はガスマスクを装備しており、ガスだけでは陣地を獲得することはできないだろう、というかなり過小な評価だった。

その後、国民政府軍政部防毒処がまとめたより詳細な表には、この会戦での八七の使用例が掲載されている。[61] 注目されるのは、一一月二五日以降、常徳城内外で相当な規模で毒ガスが使用されたということであろう。中でも、二七日の毒ガス攻撃では三五〇名が中毒し、三〇日の小西門攻撃で一五〇名が、一二月一日の城内東南区で四〇〇名が中毒した。二日には大小西門攻撃で三〇〇名が中毒して二五名が死亡し、三日には大小西門・下南門で一八〇名が中毒した、という。[62]

また、国民党軍は、この会戦中に日本軍の二つの極秘資料を捕獲し、毒ガス攻撃の主体が、第一三軍から増援された京都第一一六師団(師団長・岩永汪中将)の福知山歩兵第一二〇聯隊(聯隊長・和爾《わに》基隆大佐)と津第一三三聯隊(聯隊長・黒瀬平一大佐)であることをつかんだ。[63]

一つは、一一月二七日、常徳附近長生橋で、第一二〇聯隊が出した命令である。これには、「化兵小隊は速かに第三大隊長の指揮下に入るべし」「野戦瓦斯隊は速かに黒瀬部隊の指揮下に入るべし」と書かれていた。もう一つの文書では、和爾部隊副官が「作戦期間中、特種煙使用の際は、各部隊(中隊または小隊も同様)は別紙に重要事項を記入報告すべし」と指示し、「化学戦報告書」の見本を付していた。

熊本第五八師団から広島第三九師団(師団長・澄田《すみた》睞四《らいし》郎《ろう》中将)に配属された古賀支隊の独立歩兵第九四大隊(大隊長・前崎正雄中佐)は、長江の南、松滋附近で戦っていたが、その命令書の一部も国民党軍に捕獲された。それは、一一月八日に燕山墻から発信された命令を受信したもので、大隊はこの夜から翌早朝にかけて国民党軍陣地に突入するが「迫撃中隊は明フツギョウ前MG〔機関銃〕左地区に連地《ママ》〔陣地〕進入、敵連《ママ》地前正面に瓦斯弾射撃を実施すべし」と記されていた。[64] なお、この部隊は九日には臘樹埡《ろうじゆお》に進出するが、国民政府軍政部防毒処の記録には、八日の攻撃で毒ガス弾一〇〇余発を受け、二〇余人が中毒し、陣地が陥落した、とある。(65)

これらは、毒ガス戦実施に関する重要な公文書だが、アメリカ陸軍省参謀本部軍事情報部は、使われたガスは「非致死性」であったことを示す資料だとだけコメントしている。

以上のように、国民党軍は、常徳会戦でも苦戦に陥ったとき日本軍が毒ガスをかなりの規模で使用したことを確証している。そこで、今後の作戦でも、日本軍は難攻の拠点を攻撃するときや、包囲を突破するときには、同じように「大規模に」毒ガスを使用するだろうという結論を出している。(66)これに対して、アメリカ軍は、国民党軍の評価を過大だとみなしていた。では、日本側の記録ではどうなるであろうか。

歩兵第一二〇聯隊と迫撃第四大隊の記録

常徳殲滅作戦に参加した京都第一一六師団は、長江の石首北方を出発し、紅廟・津市・澧県《れいけん》・臨澧《りんれい》を攻略しながら、西方から常徳城に進撃した。そして、一一月二五日からの常徳城に対する攻撃は岩永第一一六師団長が統一指揮した。

指揮下の福知山歩兵第一二〇聯隊は一一月一七日、里禋湖で集落に駐屯している国民党軍に遭遇した。そこで、聯隊砲中隊が榴弾三発・あか弾一〇発を発射すると同時に、決死隊を投入した。その時の様子を聯隊作業隊長の片山忠三中尉(化学将校)の手記によってみてみよう。

聯隊砲初発命中。二発目、目前に炸裂。続いて赤筒《ママ》の発射音、同時に前進、壕に飛び込む。天佑―、壕は三米の深さあるも空であった。一挙に駆け上り敵の壕を見るに敵兵伏せ戦意なし、拳銃不発、これを投げつけ抜刀、斬りかかる。敵必死に逃げる、抜刀のまま追撃。赤筒の煙もうもうたり、追うを止め民家を確保。第十中隊追撃戦に移る。大成功だ。第十中隊対岸を確保。赤筒の毒煙にやられ、当番の介抱を受けているうちに、部下の者続々と集まって来る。嬉しそうな顔、忘れられない。……死を覚悟している私には防毒面はいらないと被らなかった結果散々だ。クシャミ、涙、鼻汁、多量に出て苦しむ。(67)

第二期作戦の緒戦から、第一二〇聯隊は毒ガスを使用しているのである。また、二五日、常徳城西門に到達した時、すでに前面の民家が射界清掃のため焼き払われていたという。しかし、片山中尉の手記にはその後のガス使用の記述はない。かわりに「敵は既設陣地の堅固を誇り、その上地雷、重機、重迫撃砲の援護で頑強な抵抗を行ない、撤退時にはガスを使用するなど今まで経験したことのない装備と訓練のよく出来た敵だった」という注目すべき記述がある。(68) 蔣介石軍事委員長は日本軍の全面的な毒ガス戦発動を恐れていたので、嘔吐性ガス使用であっても許可しなかったと思われるが、この記述の検証は今後の課題である。

第一二〇聯隊は総攻撃を行うが、西門を突破できず、大きな被害を受けて攻撃は頓挫する。片山中尉も右手首を失う重傷を負い担架で後送される。中国軍の装備・訓練は著しく向上していたのである。

同じ第一一六師団の津歩兵第一三三聯隊（黒瀬部隊）に配属された迫撃第四大隊（大隊長・塩田一少佐）は、

常徳市を北門から攻撃する作戦に参加した。一一月二八日、第一中隊は、近距離から「砲身も焼け爛れるばかり」に、約五〇〇発の迫撃砲弾を撃ち込んだが、これは「主として赤弾だった」という。[69]砲撃は約一週間続いた。日本軍の飛行機も城内を爆撃し、味方の軍には弾薬の補給を行ったが、アメリカの飛行機が飛んできて爆撃されるなど戦闘は苛烈となった。一二月三日、城門に白旗が上がって国民党軍が降伏し、第一・第二・第三中隊は毒ガスの充満する城門に突入し、城内を掃蕩、多くの捕虜を捕獲した。降伏原因の一つは、迫撃第四大隊が撃った「榴弾及び赤弾による抗戦意欲喪失」であった。[70]

常徳城攻略戦の記録は敗戦直後に焼却されたため、迫撃第四大隊の戦友会(迫四会)は、一九八〇年代前半に元将校・兵士によるシンポジウムを開いて、史実を確定しようとした。[71]これによればつぎのようなことがわかる。

第一三軍から転属された迫撃第四大隊主力は和爾部隊に配属され、第二中隊は京都第一一六師団化学部に配属された。両部隊は一一月下旬、和爾部隊の常徳城西門・小西門攻撃に加わった。第二中隊は、二五日からの西門総攻撃であか弾を発射した。二六日、第三中隊は、西門城外で火焔弾約五〇発を発射し、城外の集落を焼き払った。しかし、和爾部隊は白兵戦で全滅寸前となり、城門攻略が難しくなったため、二七日、命令により大隊主力が黒瀬部隊に転属され、二八日からの北門総攻撃に参加した。また、第二中隊もこの攻撃に参加した。携行弾薬の半数以上があか弾だった。総攻撃では、各隊とも弾薬を撃ち尽くし、飛行機から弾薬の投下補給を受けた。

シンポジウムでは、北門総攻撃などの際、あか弾を使用したかどうかをめぐって激論が続いた。「確かに常徳では瓦斯弾を使いませんでしたよ」(第三中隊・長戸忠隣氏)、「わしは指揮班にいたので実際のところはわからない」「防毒面を携行した覚えはない」(同・池内芳雄氏)、「自分は観測〔班〕だったのでそのへんのことになるとよく判らない」(第一中隊・南川忠男氏)、「さあ弾の種類なんかどうだったのかみな忘れてしまいました」(同・川原正輝氏)という発言がある半面、つぎのような有力な見解が出されている。

「携行弾薬の約半数が赤でした」(大隊段列・卜部義富氏)、「二中隊の小西門の攻撃は赤弾を撃ちました。敵の抵抗が頑強なので、瓦斯弾を撃たにゃどうにもならない状況だった」(第二中隊・片桐秀雄氏)、「城内にはずい分赤弾を撃ちました。それは降伏入城後私は城内で敵の新聞に随分、日軍毒瓦斯使用の文面を派手に大きく書いておるのをたくさん読みました」(大隊本部・本田又嗣氏・誌上参加)、「常徳攻撃は赤弾使用五〇パーセント位か、命令は中隊長から出る。私は作戦中ずっと一緒だったので良く覚えています」(第二中隊・白石嘉男氏・誌上参加)、「火焔弾・榴弾も撃ったが、赤弾射撃が常徳城降伏の引金になっている。これは降伏した敵も語っているし、感状の原因にもなっているのです」(第三中隊長・山田忠夫氏・誌上参加)、「常徳のような攻城戦に赤弾を使わないで何処《どこ》で赤弾を使うんですか」(久保井理津男氏。なお彼は常徳戦には参加していない)。

これらの発言は中国側の資料とも一致する。このシンポジウムは、旧軍関係者の中に、毒ガス戦の事実をあくまで秘匿しようとする強い意思が戦後も持続していることを示しているが、同時に、事実は事実として明らかにすべきだという、いさぎよい意見も元将校・兵士の中に少なからず存在していることを示している。

以上から、常徳で毒ガスは使用されなかったとか、使用されたがごく小規模だったという主張はなりたたないといえるであろう。常徳城内は火焔弾などで焼払われたが、その攻略の決め手は毒ガスの使用だったことになる。常徳を占領した第一一軍は、一二月一一日に常徳から反転を開始し後退する。途中、大本営の方針転換から、常徳確保の指示が出されて混乱するが、常徳を保持するだけの兵力の余裕がないことから、原態勢に復帰した。常徳殲滅戦への参加総兵力は約五万だったが、国民党軍の戦力が向上し、防備も堅固であったため、戦死・戦傷・戦病などで約一万の減員となった。(72)

4　最後の毒ガス戦——大陸打通作戦

京漢作戦

一九四四年一月二四日、大本営は大陸打通作戦(一号作戦)を策定した。その原因となったのは前年一一月末に、中国南西の遂川基地を飛び立ったアメリカ軍機が台湾の新竹を空襲した事件であった。これにあわてた大本営は、南西部にある空軍基地を覆滅し、大陸に南北につらなる鉄道の沿線を攻略して、国民政府を追いつめようとしたのである。この作戦は、一五個師団五一万の兵力を動員して、北京・漢口間、武昌・広州間、衡陽・柳州間の鉄道を中心に中国大陸を南北に縦断しようとする大作戦であった。

作戦は四月一四日から開始され、華北では京漢作戦として展開された。この作戦で、第一二軍(司令官・内山英太郎中将)の熊本第三七師団(師団長・長野雄一郎中将)は、開封から新黄河を渡り、鄭州・許昌に向かって南下し、ついで西進して嵩県《しゅうけん》・盧氏《ろし》へと向かった。四月から六月末までの間に、あか筒一四一本・小あか筒一七本を使用した。(73) 同じ時期に、京都第六二師団(師団長・本郷義夫中将)は、覇王城北方から黄河を渡り、覇王城・禹県《うけん》を攻撃し、西進して洛陽南方から洛寧へと進撃した。第六二師団に配属された独立歩兵第一二大隊は、山砲あか弾一三発、あか筒六本を使用した。(74)

第三七師団の「戦闘詳報」は、「齟齬、過失其の他将来の参考となるべき事項」の中で、作業小隊のあり方について、編成人員に対し携行器材が「過大」であり、「瓦斯投射に重点を指向し小量の爆薬を附加するを以て、機動力並戦闘力上至当と思考す」と意見具申している。(75) これは作業小隊の主任務を毒ガス攻撃とすべきであるという提言として、しかもアジア太平洋戦争の末期の提言として注目される。このように、一九四四年前半には、大陸打通作戦により華北各地で毒ガスが使用されていた。

衡陽会戦

華中・華南の状況はどうだったのだろうか。すでに見たように、「一号作戦要綱」ではアメリカ軍に対する毒ガス使用を禁止するだけでなく、これと関係が深い桂林・柳州などに対する使用は極力避け、使用する場合は「特に痕跡を止めざる如く」するよう指示していた(Ⅶ章)。三月中旬には、参謀本部から新たに「衡陽、梧州より前方で化学戦はやらぬ」という方針が示された。(76)

第一一軍(司令官・横山勇中将)は五月二七日に岳州から進撃を開始し、六月一八日に長沙を占領した。これに対し、第九戦区軍(司令長官・薛岳上将)は衡陽で日本軍を迎え撃とうとした。

第一一軍の衡陽攻撃は六月二六日、衡陽飛行場の占領からはじまった。総攻撃は二八日からで、大阪第六八師団(師団長・佐久間為人中将)・京都第一一六師団(師団長・岩永汪中将)・志摩支隊(支隊長・志摩源吉少将)によって行われた。しかし、第一線の各大隊は大損害を受け、砲兵は弾薬を撃ち尽くしたため、七月二日夜に攻撃は中止された。第二次総攻撃は一一日から再開されたが、失敗した。この間、第五八師団から歩兵三個大隊が増派された。第三次攻撃は、八月四日から始まり、八日に衡陽の国民党軍は降伏した。

衡陽会戦では日本軍が糜爛性ガスを使用したとの情報が飛び交った。六月二八日、イギリス参謀本部はワシントン駐在の合同参謀本部参謀につぎのように指示した。アメリカのマーシャル参謀総長が第一四航空軍司令官、クレア・L・シェンノート少将から「日本軍はマスタードガスとルイサイトを使用しており、その詳報を待っている」と告げられたと東南アジア連合国軍総司令官、マウントバッテン提督が報告してきたが、この情報は十分な証拠があがるまで慎重にとりあつかうべきだとマーシャル将軍に伝えよ、と。(77)

翌二九日、イギリス陸軍省は、ワシントンから、「在昆明アメリカ第一四航空軍化学戦偵察官の検証のある同航空軍の二六日付電報によれば、衡陽にむけて前進中、ジャップ(日本人の蔑称)はマスタードガスとルイサイトガスを使用した」という情報を受け取った。(78)また、七月五日、イギリスの重慶駐在武官は、「日本軍が糜爛を起すガスを使用した」と中国軍情報部長が通報してきたと、本国の陸軍省に打電した。(79)

これらの情報はどの程度の信頼性があるものだろうか。その結論は、七月九日、ＯＳＳ（戦略局）長官、ウィリアム・Ｊ・ドノバンがローズベルト大統領に、大統領の個人秘書、グレース・タリーを通じて、手渡しするために大統領執務室に届けた覚書で判明する。

ここに昆明の我が情報部代表からの報告があります。

「今日我々は、トンプソン大尉から、日本軍が中国軍第五四師に対して、衡陽の真東五マイルの地点で、六月二三日夜、毒ガスを使用したという事実を確証する報告を受け取りました。ふたりの犠牲者に見られる火傷から、マスタードガスとルイサイトが使用されたと思われます。この報告は、日本軍が自分の部隊の安全を図るため、小部隊に対してのみ、限定的に、そして慎重にガスを使用したことを示しています(80)」。

使用された場所は、衡陽東方五マイルの地点にある湘江の支流、来江の河岸であった。詳細を把握するため、第一四航空軍の化学戦情報将校、ラルフ・Ｆ・トンプソン大尉とカメラマンのオコーナー中尉が派遣されたのだった。二人は、被毒者である二名の兵士を調査した。トンプソン大尉の報告はつぎの通りである。

二人の兵士は、両足の足首からパンツの下までひどく糜爛していた。また、二人とも股と性器が糜爛していた。大きな水疱は、濃い黄色の液体で満たされ、高さは約四分の三インチ、大きさは一ドル銀貨ぐらいだった。それぞれの足に各々およそ半ダースほどのこの大きな水疱がみられた。小さくて深く食い込んだようにみえる水疱が大きな水疱と水疱の間にみられた。小さい水疱のまわりの皮膚は、青みがかって脹れ、しわがよっていた。[81]

彼が、水疱を見たのは、六月二四日一五時で約二四時間経過していた。これは二人の兵をとても苦しませていた。肺と眼には被害がなく、胴体にも火傷はなかった。ふたりの兵士に質問することはあまりできなかったが、彼らは「砲弾が炸裂した場所から大急ぎで逃げ出した」とはっきりとのべたという。以上から、ごく小規模ではあるが、衡陽郊外で六月二三日夜、日本軍が糜爛性ガス弾を使用したことは間違いないだろう。その報告は、ローズベルト大統領まで届いていたのである。

その後はどうだったのだろうか。七月九日、重慶駐在のロイター通信員、トーマス・チャオがカルカッタのロイター支配人、K・N・ラマナサンに出した手紙が、カルカッタのインド検閲局により検閲されたが、その中には「〔日本軍は〕ガス弾で〔衡陽〕市内を砲撃した。アメリカ陸軍のある将校は、その砲弾をマスタードとルイサイトガスの混合弾だとのべた。市内は荒れ狂う地獄だった」と書かれていた。[82]

これが事実だとしたら、衡陽市内に大規模に糜爛性ガス弾が使用されたことになるし、アメリカは、対日毒ガス戦を正当化するために徹底的に調査したはずである。しかし、そのような事実を裏づける米英の資料はない。したがって、これは誤報というべきであろう。

第二次衡陽攻撃では、日本軍はいわゆる致死性ガス以外の毒ガス攻撃を大規模に準備していたことは事実である。しかし、大本営の毒ガス戦中止命令の伝達によって、中止することになる。畑俊六支那派遣軍総司令官は、一五日に「衡陽の攻撃は弾薬の不足に帰因《ママ》し、十五日より再興することゝなり、且迫撃砲を以てする赤筒《ママ》の使用は相成らずとのことにて、第十一軍は折角相当赤筒を準備したるに大本営は重慶の宣伝に驚き、瓦斯弾使用は米をして瓦斯使用の口実を得せしめるものとし、折角の処にて使用を停止せられ」たとし、攻撃は「第百十六師団長岩永中将をして統一指揮せしめた」が進捗しないとも記している。[83]

通常弾薬の不足を補うため、第一一軍は「相当」量の迫撃砲あか弾を集め、集中使用する準備をしていたのである。支那派遣軍は、毒ガス使用を禁止する大本営の決定に大きな不満を抱くが、その原因の一つは、アメリカの武器貸与を受けた国民党軍が強力な航空兵力の支援を受け、優勢な重火器を持つのに対し、日本軍には重火器が不足し、被害が拡大しつつあったことにある。そこで、攻城のために毒ガス弾が不可欠となっていたのである。常徳と同様に第一一六師団がその主任務を担当していたことは興味深い。第一一六師団は、常徳でやられ、衡陽で壊滅的打撃を受け、この後、芷江《しこう》作戦でも打撃を受けるが、その原因は「皆重火器の不足」であった。[84]衡陽攻略の時点で、第六八師団と第一一六師団だけで一万数千の戦死傷病者を出し「その惨状は目を覆うばかり」だったという。[85]

畑総司令官がいう使用停止の指示とは、七月一四日に出された大陸指第二〇六一号であることはいうまでもない。これ以後、嘔吐性ガス(あか剤)を含むすべての毒ガスの使用が禁止された。このため迫撃第四大隊は、安仁警備期間中の一九日に使用禁止命令と「ガス弾は全弾之を軍に返納すべし」という命令を受け、あか弾を返納した。[86]また、八月三一日以降常寧城を攻撃した第三中隊は、あか弾使用が許されず、突撃が失敗した。[87]

こうして、進攻作戦が困難になる危機的な状況の中で、日本軍の中国大陸での毒ガス戦はついに終了する。一九四二年後半以降の陸軍中央関係資料は敗戦直後に焼却されたし、戦争後半期の各部隊の「戦闘詳報」・「陣中日誌」もあまり残っていない。このためとくにこの章の記述は、日本軍が中国で展開した毒ガス戦のうち、一端しか明らかにできていない。それでも、相当規模の毒ガス戦が展開されたことは明らかだろう。

IX　アメリカの毒ガス戦計画と日本　一九四一―一九四五

1　日本軍に対する警告

ローズベルト大統領の声明

一九四一年一〇月の宜昌攻防戦で日本軍が毒ガスを使用した詳報が届くと(V章参照)、アメリカ国務省は日本に対する警告声明の検討を開始した。極東部は、日本軍が毒ガスの使用をやめるよう強く希望するという、野村吉三郎駐米大使と来栖三郎特派大使に手渡すべき口頭声明案を一二月二日に提出したが、何もしない方がいいかもしれないと迷っていた。その理由は、現在の緊迫した日米交渉の最中に、このような声明を出すことは有益な結果をもたらさない、というものだった。四日にホーンベック政治顧問は、やがてドイツがイギリスに対して毒ガスを使用するだろうから、その時まで待つべきだとのべて、今抗議声明を出すことには反対した。[1] こうして声明案は棚上げとなったまま、七日(日本時間では八日)の真珠湾奇襲攻撃を迎えることになった。

日本軍は、一九四二年春までにアジア・太平洋の広大な地域を占領した。戦闘が一段落した五月にこの問題は再び動きだした。きっかけとなったのは、一〇日付のイギリスのチャーチル首相の声明と二九

図 10　ローズベルト大統領の警告声明に驚く日本軍将校

1942 年の警告声明が大量の毒ガス弾薬の備蓄に基づくものであるとし，日本軍の貧弱な装備を皮肉っている．
出典：*Chemical Warfare Bulletin*, 28–3, July 1942, p. 154.

日の蔣介石軍事委員長の電報だった。チャーチルの声明はドイツによる対ソ毒ガス使用疑惑(一九四二年春)があって出されたが、今後使用が確証されれば最大限の報復的毒ガス戦を遂行すると強い調子で警告していた。(2)蔣介石は、浙贛作戦で日本軍が毒ガスを使用していることに強い危機感を抱き、ワシントンにいた宋子文外交部長に、より大規模な使用を防ぐためにチャーチルの声明のような「最も厳しい調子の表現の声明」を出すようアメリカ政府と交渉せよと二九日に指示した。(3)

六月一日朝、宋外交部長はサムナー・ウェルズ国務次官に声明を出すよう求めた。ウェルズはその日のうちにローズベルト大統領に会って同意を取りつけた。また、日本軍の毒ガス使用に関する詳しい報告はすでに陸軍省から大統領に届けられていた。(4)こうして、五日に大統領声明が出された。その全文はつぎのとおりである。

日本軍が中国の様々な地域で毒ガスや有害なガスを使用しているという信頼できる諸報告がわが政

府に届いている。もし日本がこの非人道的戦争手段を中国あるいは他の連合国に対して用い続けるならば、このような行為はアメリカ合州国に対してなされたものとわが政府はみなし、同様の方法による最大規模の報復が与えられるだろうということを、私は疑問の余地がないほど明白にしておきたいと思う。我々は完璧な報復を遂行する準備を行うであろう。責任は日本にある。(5)

この声明は、今後一定規模の使用の事実が確証されたら毒ガスによる最大規模の報復を行うという激しいものであった。この声明のもう一つの重要な意味は、アメリカ政府内の毒ガス使用問題に対する態度のブレを抑止し、毒ガスの使用を「非人道的戦争手段」といいきったところにあった。これまで、毒ガスの使用は違法ではないとか、毒ガスは「人道的兵器」であるといった意見は少なくなかった。

この点は、翌一九四三年六月八日に出された日独伊などの枢軸諸国に対する大統領声明で一層明確になる。この声明では毒ガスその他の非人道的戦争手段の使用について「このような兵器の使用は文明化された人類の公論によって違法化されている」と宣言された。(6)アメリカ政府は毒ガス使用などを違法とする国際慣習法が成立していると宣言したことになる。自分たちだけを「文明化された人類」と呼ぶ問題を別にすれば、その意味は大きい。軍の中での毒ガスを先制的に使うべきだとする有力な意見の台頭に対して、この二つの大統領声明が抑止力となる。なお、警告の内容は「枢軸国によるガスのいかなる使用も枢軸国の全領域にわたる弾薬センター、海港その他の軍事目標に対する可能な限り最大限の報復を迅速にもたらすことになるであろう」とするより激しいものとなった。こうして、アメリカは、毒ガスの先制使用はしないが、日本などがそれを使用すれば最大限の報復(厳しいいい方をすれば過剰報復)をすると公式に声明したのである。

先制使用論の台頭

ローズベルト大統領の声明は別の動きを誘発する。アメリカ軍の中に声明とは異なる立場の毒ガス使用論が台頭するのである。以下、フレデリック・J・ブラウン博士とコートランド・ムーン教授の研究に学びつつ、いくつかの新資料を追加しながらみていこう。(7) 最も早い例は、ウィリアム・N・ポーター化学戦統轄部隊長官が一九四三年一二月一七日にジョゼフ・T・マクナーニー陸軍参謀次長に提出した書簡である。(8)

この中でポーター少将は二つのことを主張していた。一つは、日本軍は中国に対してこれまでガスを使用してきており、このため報復を免れる権利を放棄しているというものである。彼は、一九三七年以降の中国その他の地域における日本軍の毒ガスの使用例を十数例あげ、直近の常徳会戦での嘔吐性ガスの使用例も列記して、アメリカにはすでに報復使用の権利があると主張した。

しかし、アメリカ軍が確証したいわゆる致死性ガスの使用例四件のうち、宜昌と太行山脈での使用は大統領声明より前のことであった。ガダルカナル島での使用はごく小規模であり、黄河南岸での青酸弾使用は確証されていなかった。そこで、もう一つの理由が登場する。それはアメリカ軍兵士の人命を救うという主張であった。一九四三年一一月のタラワのベティオ島上陸戦で四〇〇〇人の日本軍守備隊に対して三〇〇〇トン(以下、米軍のトン表示は全て米トン。一米トンは約九〇七キログラム)もの爆弾を投下しながら容易に攻略できず、四日間の戦闘で四〇〇〇人近い死傷者が出ていた。そこで、ポーターは、もし九〇〇トンのイペリット爆弾かホスゲン爆弾を投下していれば、守備隊はほぼ全滅しアメリカ軍は無傷で島を占領できただろうというのである。(9) また、新たに生産中の塩化シアンは、日本軍のガスマスクを透過するとし、フロリダ・パナマ・南西太平洋で行いつつある実験では、イペリットの殺傷効果が熱帯では非常に増大するという事実をつかんだと強調している。こうして、彼は「〔ガスは〕適切に使えば太平洋における戦争を早く終わらせ、多数のアメリカ人の人命を救うことができる」とのべている。

このように、報復的使用論と早期終戦・人命節約のための使用論がからみあっているのがポーター書簡の特徴であったが、早期終戦・人命節約論は先制使用論につながっていく。

しかし、参謀本部は毒ガスの使用は時期尚早とした。参謀本部作戦部長トーマス・T・ハンディ少将は、一二月二七日、作戦部の見解をマクナーニー参謀次長に報告した。それは、①ガス戦は一度始まればコントロールできなくなる、②日本に対するガス使用はドイツのガス戦を誘発するが、ノルマンディー上陸作戦をひかえた時にガスを使用する口実をドイツに与えるべきではない、③準備のために厖大な兵站的負担がかかる、というものだった。(10)

ハンディは、時期尚早とするもう一つの理由として、同盟国であるイギリス・オーストラリア・ロシア・中国では民間人が毒ガスの報復を受ける危険性が高いことを挙げた。これは大変重要なことであった。そこで、一九四四年四月二八日、米英合同参謀本部はつぎの方針を決定した。毒ガス戦は、報復として、米英及び関係英連邦諸政府の承認の後に米英合同参謀本部の命令に基づいて米軍・英連邦軍により、または関係諸政府の決定により個別に開始され遂行される。報復使用の決定が個別になされる場合、その政府は報復を行なう前にその企図に関する確定された報告を速やかに合同参謀本部に提出する、と。(11)

また、アメリカ中国戦域軍司令官A・C・ウェデマイヤー中将と蔣介石軍事委員長は、一九四五年五月、中国における報復的毒ガス戦は戦術的使用に限定する、米中両政府がその使用を認める合同宣言なしには開始しない、民間人に不必要な死傷をもたらすので都市と農村の人口稠密《ちゆうみつ》地帯では使用しないという協定を結んだ。(12) 中国の日本占領地域とその外側には膨大な数の中国人が住んでおり、本格的な毒ガス戦が始まれば大きな被害が中国人に及ぶからである。

しかし、アメリカ陸軍参謀本部が毒ガス使用を時期尚早とした理由は、作戦上の理由だけであって、毒ガスのような非人道的兵器を使用すべきではないという原則的反対論は全くなかった。

2 アメリカの毒ガス戦準備の本格化

JCS八二五計画の進行

日本に対する本格的な毒ガス戦準備は意外なことからはじまった。それは一九四四年初めに日本政府が行なった申入れである(JCS八二五)。(13) 日本軍による連合国軍捕虜に対する残虐行為がアメリカ政府により公表されたため、日本に対して報復的戦争手段、とくに毒ガスを用いるべきだとする新聞報道がアメリカ国内で現れていたが、日本政府はこれに対する憂慮の念を国際赤十字委員会を通じてアメリカ政府に伝えたのである。これに対し、統合参謀本部は、アメリカの立場はローズベルト大統領の声明で明白であり、それ以上の声明を出す必要はないという結論を四月一八日にだした。

しかし、日本の申入れが、報復的毒ガス戦の準備ができていないことをアメリカ政府に気づかせることとなった。六月三〇日、アーノルド陸軍航空隊司令官は、報復的な対日毒ガス戦を開始するという決定をした場合に発生する問題についての研究と勧告を、緊急に行うよう統合参謀本部が指示すべきだという覚書を提出した(JCS八二五／一)[14]。アーノルド元帥は、陸軍航空隊用の毒ガス弾薬は後方の貯蔵区域にあり、化学戦の訓練もできていないというのである。こうして、報復的毒ガス戦の計画策定が急がれることになった。

八月一八日、統合兵站委員会は、日本に対する報復的毒ガス戦開始の準備完了日を一九四五年一月一日とするという案を統合参謀本部に提出した(JCS八二五／二)[15]。しかし、マクナーニー参謀次長は再検討を要求した。その理由は、中国やフィリピンの都市・軍隊・工場などにガスを戦略的に使用すれば無防備の民間人にも深刻な被害がでる、日本内地に対してのみガス攻撃を行うべきだが、B29による限定的な攻撃を除いて一九四五年春より前にはアメリカ軍は内地攻撃を行いうる位置に到達できない、というものだった[16]。

一〇月七日、統合兵站委員会は新たな報告を提出した。それは、戦略的な報復的ガス戦は琉球諸島・小笠原諸島を含む日本内地に限定し、準備完了日を一九四五年四月一日とする、他のアジア・太平洋地域では戦術的使用に限定するというものだった(JCS八二五／四)[17]。このために生産・準備すべき毒ガス

写真 11　B25 爆撃機からイペリットを雨下する実験

1944 年ユタ州ダグウェイ実験場で対日使用のためのイペリット雨下実験が行なわれた．地上には防毒衣の一部を破いた兵士たちが「ボランティア」として立たされていた．
出典：“Report of the Joint Chemical Spray Project Sub-Committee of the United States Chemical Warfare Committee,” Approved March 12, 1945, RG 165, OPD 385 CWP, NARA.

爆弾の量は、非持久性ガス弾（ホスゲン・塩化シアン・青酸）約一〇万トン・持久性ガス弾（イペリット・ルイサイト）約八万トンとし、航空機の最大限の配備ができた場合最初の一ヵ月間に投下可能な毒ガス弾は五三万七四八〇発、雨下は一六九〇トンで、総重量は五万四五九〇トンになるとされた。[18] 統合参謀本部はこれを一〇月一六日に正式に承認した。この決定が以後の対日毒ガス戦準備の基本となる。

しかし、一九四五年三月五日、マーシャル参謀総長は新たな問題の検討を統合兵站委員会と統合参謀計画部に指示した。彼は、戦略的ガス使用が可能な太平洋海域、南西太平洋・中国各戦域に配備すべき毒ガス弾薬は、まだアメリカ国内や各戦域の後方に置かれており、これでは日本が毒ガス戦をはじめても、報復は直ぐには実行不可能だというのである。[19]

四月一日、アメリカ軍は沖縄本島に上陸した。日本軍は、硬い隆起サンゴ礁でできた洞窟陣地にもって粘り強く抗戦し、アメリカ軍に四万九一三三名に達する死傷者がでる。そこで、洞窟陣地に対しては発煙筒・黄燐弾・梱包爆薬・ガソリンなどを投入したり、火焔放射器を使用したりして殲滅した。しかし、上陸軍に毒ガスは支給されなかった。(20)また、「敵がガスを使用した場合は、地上軍部隊による報復的毒ガス使用が〔化学戦部隊の〕主要任務となる」とされていたが、(21)そのような事態は起らなかった。五月一七日、バックナー第一〇軍司令官は「毒ガスまたは刺激性ガスは使用してはならない、また、このような弾薬は携行してはいけない」という命令を発している。(22)洞窟陣地を攻撃するには毒ガスが最適であることは分かっていたが、使用命令は出すことができなかった。

報復的使用論から先制的使用論へ

四月一二日、ローズベルト大統領が死亡し、トルーマン副大統領が新しい大統領になった。五月七日にはドイツが降伏した。この劇的な状況の変化が対日毒ガス戦の再検討を促すこととなった。なぜなら、毒ガスの先制使用を認めない大統領の死により、その声明を変更しうる可能性が生まれたからである。また、アメリカ軍が先制攻撃をはじめたらヨーロッパで全面的な毒ガス戦が開始されるという恐怖は、ドイツの降伏でなくなった。

他方、三月の硫黄島の戦いと、四月からの沖縄本島の戦いでのアメリカ軍の死傷者は「呆然とするほど」であった。このため、日本本土進攻作戦での「コスト」（米軍に死傷者が出ること）の重さが予想され、戦争を早期に終わらせることが重視されることとなった。(23)あるいは、そのような理由が持ち出されるようになった。

このような中で、マーシャル参謀総長は行動を開始する。五月二九日、彼はスチムソン陸軍長官・マックロイ陸軍次官と対日攻撃目標と最小の犠牲で戦争を終結させる方法について話し合った。[24]最大のテーマは開発中の原爆を日本に投下する問題であった。マーシャル参謀総長は使用には反対しなかったが、「このような兵器の悪用から生ずるかもしれない汚名」から逃れるために、きちんとした警告を発しておくべきだとのべた。スチムソン陸軍長官をはじめとする文官たちが原爆の投下をためらわなかったのと比較すれば、軍人たちは非戦闘員、とくに女性や子どもを無差別に殺す兵器の無警告の使用にはある程度のためらいをみせている。

それから、マーシャルは、「狂信的で絶望的な」日本の防衛戦術による人員の損耗を防ぐために、日本本土から離れた島々での「限定された規模での」毒ガスの使用の可能性についてのべた。それは、最新・最強のガス（神経ガスのこと）である必要はなく、たっぷり浴びせかけて戦闘意欲を奪うこと、多分イペリットで地域を覆いそこに近寄らせないことで十分だというのである。彼は、毒ガスは「燐や火焔放射器よりは非人道的ではな」く、人口密集地帯で使う必要もないとのべた。

これはマーシャル参謀総長が毒ガスの先制使用論に転換したことを示すものであろう。その背景には、化学戦統轄部隊が進めている対日使用を想定した毒ガス実験、スフィンクス・プロジェクトの成果があった。ユタ州のダグウェイ実験場で五月から七月上旬にかけて行われたこの実験では、生きたヤギやウサギを入れた洞窟に対して煙・焼夷弾・毒ガスなどが使用された。[25]実験の結果、洞窟内の人員を殺すという点からみると、ガソリン・焼夷弾・発煙筒はあまり効果がなかった。青酸はあまりに発火しやすかった。ホスゲンは効果的だったが、ガスマスクがあれば別だった。塩化シアンはガスマスクを透過するので有効だったが、殺すには非常に高い濃度が必要だった。低い濃度で殺すという点でイペリットが最適であるという結果が出た。なぜなら、日本兵はガスマスクを持ってはいるが、有効な防毒衣は携行していないから、気状イペリットに冒され易いという弱点を持っているからである。使用の方法は、洞窟の入口が判明している場合どの毒ガスでもいいが、洞窟の入口が不明か、多くの洞窟がある場合その一帯にイペリットによる濃密な汚染区域をつくることが推奨され、低空からの雨下がもっともよいとされた。

しかし、この段階では、まだ沖縄諸島・ルソン島などの島々での戦術的使用の構想しか示されていない。そして、これらの島での主要な戦闘はまもなく終了する。そこで、五月二九日の会談以後、マーシャルは日本本土に対する毒ガス攻撃計画を推進していく。なお、毒ガス戦については、事前警告が必要だという発想はマーシャル将軍にもなかった。

3　九州上陸作戦での使用計画

毒ガス弾薬の配備計画

五月二五日、統合参謀本部は一九四五年一一月一日から開始する日本本土上陸作戦の準備を指令した。

二八日、マッカーサー将軍とニミッツ提督はダウンフォール作戦と名づけたプランを提出した。これは対日戦終結のための作戦で、①一一月一日からオリンピック作戦を開始し、宮崎平野・志布志湾などから上陸して南九州を制圧する、②一九四六年三月一日からコロネット作戦を開始し、房総半島と相模湾から上陸し、東京・横浜を制圧するというものである。トルーマン大統領は、陸海軍の指導者を集めた六月一八日の会議で九州上陸作戦を承認した。

この間、統合参謀計画部は統合兵站委員会と共同で、六月一三日、「準備完了日である一九四五年一一月一日に報復的毒ガス戦を実行するために」、十分な毒ガス弾薬を生産すべきであるという、新たな計画を提出した(JCS八二五/六)[26]。そのためにアメリカやヨーロッパにある毒ガス弾薬一一万三五〇〇トンを準備完了日までに太平洋戦域と中国戦域に配備することが含まれていた。一一月一日というのは、もちろん九州上陸作戦での使用を考えてのことである。しかし、毒ガス弾薬の輸送命令は出されなかった。

一九日、統合参謀本部はJCS八二五/六を非公式の行動により承認した。この計画は建前としては報復的使用の形式をとっていた。日本が毒ガス戦を開始すれば報復する、そのための準備であるという建前である。しかし、この計画は、最後の絶望的な攻撃を除いて日本が毒ガスの使用に踏み切ることはないし、絶望的ガス使用すら起こりそうもないと判断していた。にもかかわらず毒ガス戦準備が進められたのである。

マーシャル参謀総長の新構想

では、マーシャル参謀総長の主導によるＪＣＳ八二五／六の承認は何を意味していたのだろうか。これを考える上で重要なのはマーシャルの新構想と、化学戦統轄部隊・参謀本部によるオリンピック作戦のための標的研究である。これらは相互に響きあう関係にあった。

マーシャル将軍の新構想からみると、彼は、ＪＣＳ八二五／六が提出された翌日の六月一四日、「アメリカの化学戦政策」と題する文書をキング海軍作戦部長に示し、その同意を求めた。この文書はつぎのようにのべている。

この対日作戦計画は、最も早い終戦をもたらし、アメリカの「人命・資材の消耗を最小にするもの」であるが、日本軍は最後の一人になるまで狂信的に抵抗してアメリカ人の人命を奪い、戦局の進行を遅らせている。これら「山道や島の橋頭堡や抵抗地域」はガスによって簡単に一掃することができ、わが軍の最小の人命コストによって、「敵兵」を追い出して殺すことができる。そして、毒ガスの使用はオリンピック作戦から開始するのが軍事的に理想的である。(27)

こうして、彼は、ガス生産を直ちに開始するという指示と、「日本に対する全面的なガス戦」をオリンピック作戦とともに開始するという方針の承認問題について、非公式に大統領と討議するよう提案した。また、アメリカ政府内でガス使用に関する新たな合意に達したら、これまでの協定と大統領声明を変更する問題を、大統領が英ソ首脳との会談(ポツダム会談)で取り上げ、後で蔣介石軍事委員長と討議するよう統合参謀本部が勧告すべきだとした。

化学戦統轄部隊の標的研究

化学戦統轄部隊の研究をみると、六月九日、M・E・ベーカー大佐ら担当官は、毒ガス戦のための標的研究報告を提出した。これはつぎのようにのべている。

東京以南の日本には、おのおの一〇平方マイル〔二五・六平方キロメートル〕の広さの適当な都市的、工業的標的が少なくとも五〇ある。これらのうちの二五は、特にガス攻撃に適している。これら二五〇平方マイルの都市の住民に対する、推奨される規模と強度のガス攻撃は、容易に五〇〇万人を殺し、それ以上を負傷させるであろう。[28]

使用するガスはイペリット・ルイサイト・ホスゲン・塩化シアン・青酸などだった。ガス攻撃に適した都市とは、東京・大阪・名古屋・神戸・八幡〔若松・戸畑・小倉を含む〕・横浜・川崎・広島・福岡・長崎・呉・横須賀・尼崎・大牟田・佐世保・新潟・門司・京都・豊橋・下関・和歌山・堺・岐阜・岡山・静岡の二五都市であった。この研究はJCS八二五／四に基づくもので、ダグウェイ実験場などで大規模に行われた各種の毒ガス実験を基にした本格的な報告であった。使用される飛行機はB29が八四八機、B24が二一六機で、これら戦略爆撃機のみで月間一〇万五七四〇トンのガス弾投下が可能とされていた。三都市については具体的な攻撃区域が示されていた。第一は東京であるが、攻撃開始日をオリンピック作戦の一五日前の午前六時からとし、市街地をホスゲン弾二万七一〇〇発で戦略爆撃することにより、「無防備の人員」を殺傷することを目的としていた。ホスゲンが選ばれたのは一〇月中旬早朝の東京の低い気温ではイペリットの効果が減殺されるからである。標的は、皇居からまっすぐ南北に向い、そこから墨田川の西岸にいたる約四五平方キロで、神田・湯島・上野・浅草・向島・日暮里・駒形・両国・日本橋・八重洲・浜町などが含まれていた。これらの地域は五月二四日の空襲までにほとんど焼き払われていたが、駿河台・本郷・小石川・駒込・千住・三河島の一部は焼けずに残っていた。

第二は、八幡・戸畑に対するイペリット弾の戦略的使用だが、標的は工業地域と人口密集地域で、上陸開始の三日前の夕方六時から、五〇〇ポンドイペリット爆弾二万一六八〇発(一〇〇〇ポンド爆弾なら五四二〇発)が投下される予定だった。また、六日後にはイペリットの効力が薄れるので、六日目ごとに追加攻撃する予定であった。他の二三都市には東京型の攻撃か、八幡・戸畑型の攻撃を行なうとされていた。

第三は、鹿児島市内の陸軍兵舎と旅団司令部に対する塩化シアンの戦術的使用で、攻撃対象は軍隊であった。上陸開始当日の午前六時に一〇二六発を投下し、地方軍司令部を無能力化しようとしていた。これは部隊に対する攻撃方法の雛形であった。

報告は、結論として「もしオリンピック作戦に先立つ一五日間に、攻撃的かつ自由にガスを使用したら、日本人の生命を国民的規模で崩壊させるかもしれない」とのべていた。この報告は、明確に毒ガスの先制使用を主張していたのである。(29)

参謀本部作戦部の標的研究

つぎに、参謀本部作戦部の研究をみると、六月一七日に作成された標的研究「第二次草案」が具体的な毒ガス使用の研究であった。[30] それはつぎのようなものだった。

九州上陸作戦に際して、航空部隊は、ガス爆撃により、毎日四〇平方マイル(一〇二平方キロ)、または一五〇〇マイルの長さの道路・小道・鉄道を汚染することができる。地上部隊は、標準装備の砲により毎日一・五平方マイル(三・八平方キロ)を汚染することができ、トーチカや洞窟にいる人員を苦しめ、野外に追い出すことに貢献するであろう。空からの戦略的使用は、道路・小道や、ガス資材の補給と補給基地を妨害し、司令部のような重要区域を無力化する機会を提供しうるだろう。道路や鉄道は、山脈のために交通が狭い海岸線に限定されている九州中部の攻撃を受けやすい諸地点で閉塞されるだろう。下関地区、八幡・福岡の基地地域、九州各地の飛行場はガス爆撃の目標として適当な重要地点である。こうして、オリンピック作戦での戦略的・戦術的ガス戦は実行可能であり、「有用」である、と。

この研究は、航空兵力によるガス攻撃は日本の軍事的・工業的効率性を低下させ、相当の人命喪失を生むこととなるが、それ自体では日本の崩壊をもたらさないであろうとし、補給と部隊増援の流れを妨害することを主眼にしていた。そして、毒ガス戦の決定は可能なかぎり早急になされるべきであるとのべていた。その附属文書は、図11のように三三の標的を列挙している。

この報告を受けて、作戦部のM・S・ジョンソン大佐は、六月二〇日、オリンピック作戦のために「戦略的急襲によって可能な限り作戦を援護する目的で」毒ガスを使うように提言した。海岸での使用

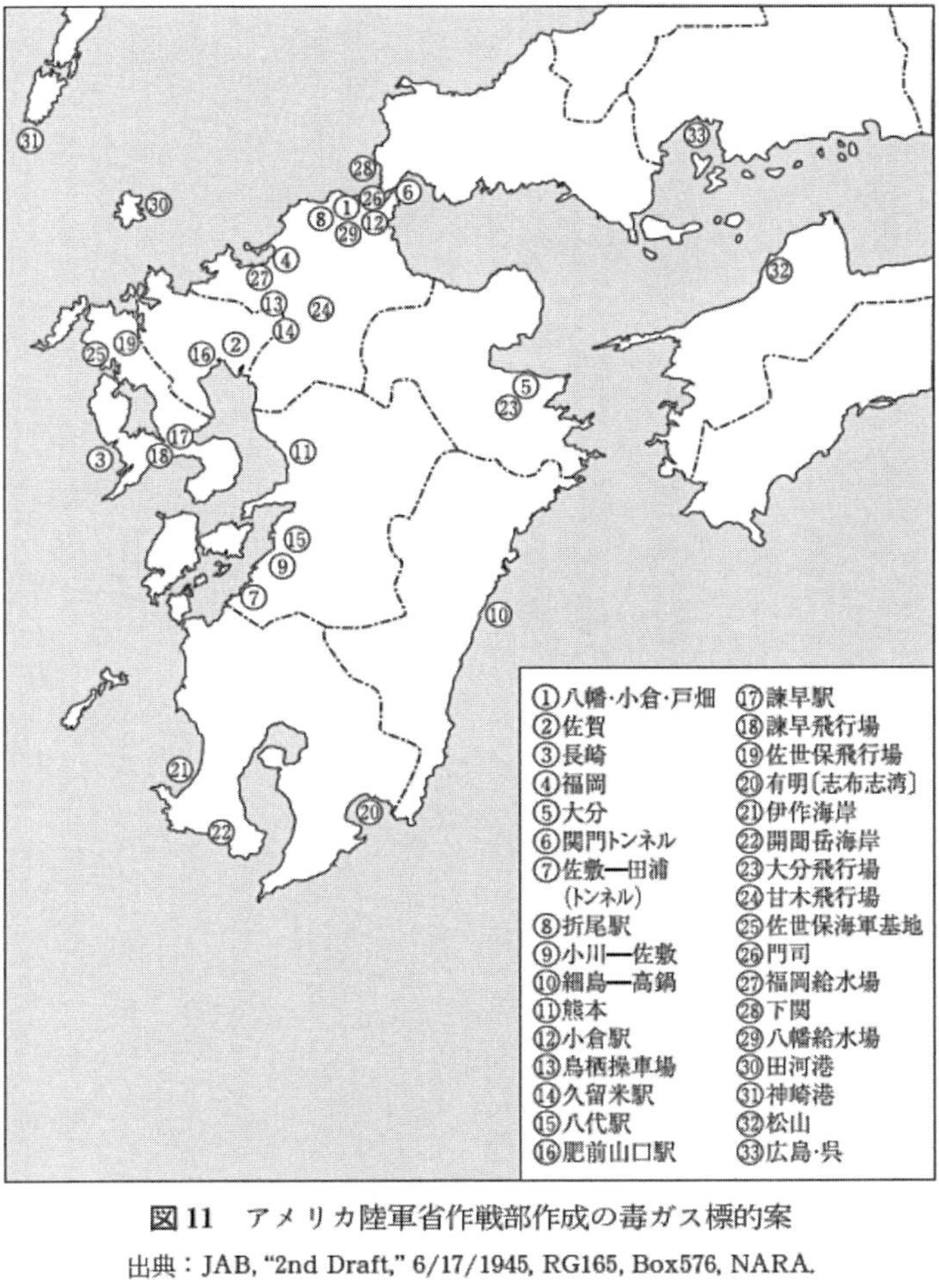

図11　アメリカ陸軍省作戦部作成の毒ガス標的案

出典：JAB, "2nd Draft," 6/17/1945, RG165, Box576, NARA.

をやめ、九州南部や壱岐・対馬・松山を除外し、九州北部の交通拠点と軍の司令部に対するガス空襲をおこなうべきだというのである。[31]そして、マッカーサー元帥の幕僚たちによる研究だけが有効だと付言した。

「第二草案」もジョンソン大佐の提言も、毒ガス使用だけでは日本は降伏しないだろうが、それは有用であるとしていた。これも先制的使用論であることは明らかであった。

実際にオリンピック作戦での最終的な毒ガス戦の標的が決定されたとすれば、マーシャル将軍の新構想に基づき、二つの標的研究とアメリカ陸軍太平洋軍の見解が統合されたものとなっていたであろう。

では太平洋軍の考えはどうだったのだろうか。七月一二日から一五日まで、東南アジア連合国軍最高司令官、マウントバッテン提督はマニラを訪問し、マッカーサー元帥と対日戦終結問題について話し合ったが、その時、マッカーサーは「日本に対するガスの使用を許可するよう政府に意見をのべるつもりだ」と語っている。[32]マッカーサー将軍も対日毒ガス戦を望んでいたようである。

このような陸軍省内や太平洋軍の要求を背景に、マーシャル参謀総長は報復的毒ガス戦を先制的毒ガス戦に変更すべく行動していたことになる。六月のアメリカの世論調査では、対日毒ガス使用に賛成する者は四〇パーセント、反対する者は四九パーセント、意見なし一一パーセントであったが、[33]マーシャル将軍はこのような世論は十分有利に誘導できるとみていた。毒ガス先制使用論はついにここまで発展したのである。

先制的対日毒ガス戦の推進

マーシャル参謀総長の新構想に対し、大統領の幕僚長であるリーヒ提督は二〇日に返答している。それは、対日毒ガス戦政策はローズベルト大統領の声明の下では変更の余地はない、しかし、毒ガス戦を信奉する者がそれを取消す可能性についてトルーマン大統領と討議することに異存はない、あらゆる要素を検討した上で統合参謀本部が明確な勧告をすれば大統領はそれを承認するに違いない、というものだった。[34]

これに対して、二一日、マーシャル将軍はリーヒ提督に、今や航空部隊と地上部隊がともに日本本土を攻撃しうる位置に到達したのだから「もし、我々が主として空からの〔日本本土にたいする〕巨大な攻撃能力を整えればガス弾薬に対する要求がものすごく増大するであろう」として、マリアナ諸島・琉球諸島などへ大量のガス弾薬を配備する軍事的正当性があると主張した。[35]

七月三日、統合参謀本部はふたたび毒ガス戦問題を討議した。キング海軍作戦部長はガスの増産に反対した。また、生産をどうするかという問題の方が緊急だとのべたので、輸送は先延ばしすることとなった。[36] オリンピック作戦のための兵站的準備が大変な時なので、毒ガスを前線に送ることに海軍が強く反対していたからである。

しかし、マーシャル将軍は生産問題から配備・輸送問題に重点を移すために、六日、新しい覚書を記して統合参謀本部に提出し、ポツダムに出発した。それは、ガス弾薬は現にアメリカ本国とヨーロッパと太平洋戦域に存在しており、とくに生産を増強しなくても、一一月一日に攻撃を始めれば、ＪＣＳ八二五／四の攻撃計画の最大規模で九ヵ月間ガス攻撃が継続できるというものだった。[37]

こうして、対日毒ガス使用問題はポツダム会談の席上で討議されることはなかったが、準備の方は進み、八月一日には毒ガス弾薬の船積み命令が出された。[38] このような中で、イギリスの参謀本部も七月二〇日には、アメリカ軍が今年末までにガスを使用する「相当の可能性がある」という結論に達していた。[39]

しかし、八月九日までに焼夷弾用弾丸の需要の急増で、ガスを塡実する弾丸が不足していることがはっきりしてきた。[40] マーシャル将軍は、日本降伏前々日の八月一三日に、非持久性ガス爆弾の準備は十分だと統合参謀本部に報告しているが、[41] 持久性ガス爆弾の弾丸が焼夷弾と通常弾のためにとられて不足していた。そこで、ドイツ軍などから捕獲したストック、[42] 連合国に貸与した武器の還流品から回すための集中的な研究を行っており、その結果を近く報告すると、マーシャルはのべている。先制的対日毒ガス戦は目前まで進んでいたのである。それが実行されたらどのようなことになっていただろうか。

4　本土決戦での日本の毒ガス戦能力

報復能力

一九四五年四月一九日、アメリカの統合情報参謀は、日本軍は局地的な毒ガス戦遂行能力を持っているが、航空戦力の圧倒的な劣勢、生産能力の減退によりその能力を継続的に減少させている、また、日本の大本営は連合国軍が報復的毒ガス戦を開始する口実をあたえないためのあらゆる努力をしている、と報告している。[43] これは正確、怜悧な分析であった。

日本軍は一九四四年秋のレイテ決戦で残存航空兵力の主力を失い、一九四五年春以降の沖縄戦での特攻攻撃で多数の飛行機と搭乗員を失っていた。四五年初めから本土に対するB29の空襲は激化し、六月中旬までに東京・大阪・名古屋など六大都市が焼き払われた。六月九日からは中小都市に対する焼夷弾攻撃が始まったが、すでに日本の防空能力は無きに等しい状態だった。

陸軍は大久野島周辺に各種毒ガスを約三二五三トン備蓄していた。[44] これは陸軍の全生産量の約半分であった。また、あか(嘔吐性ガス)筒五八万三二六〇本を保管していた。[45] もう一つの大きな保管場所は山口県大嶺の廃坑と広島県八本松で、大嶺(広島兵器補給廠大嶺常駐班)にはきい(糜爛性ガス)砲弾二万〇〇八〇発・あか砲弾五万七七九八発が、八本松(同八本松分廠)にはきい砲弾一七九六発・あか砲弾七二九四発があった。[46] また、曾根航空補給廠には、きい投下弾九五五発・あを(青酸)投下弾四四八発・あか弾投下弾三〇〇〇発、計四四〇三発があった。[47] このほか、小樽の補給廠にも保管されていた。しかし、アメリカ軍と較べれば微々たるものであり、対米毒ガス戦は航空でも地上でもさほど効果的に行うことができなかったであろう。

海軍はどうだっただろうか。鶴尾相模海軍工廠第一化工部長兼実験部長によれば、海軍ではマキン・タラワ戦以後アメリカで毒ガス使用の新聞論調が出てきたので、アメリカが使用したら直ちに報復することとしてイペリット爆弾を生産していた。しかし、空襲の激化にともない、危険を避けるために各航空廠に分散したという。[48] それは、横須賀(池子・瀬谷)に一万発、相模海軍工廠(寒川・平塚)に四一四発、

呉地区に一万五〇〇〇発、大分（耶馬渓）・佐世保・舞鶴地区に各五〇〇〇発、大湊地区に三〇〇〇発であった。(49)

しかし、この分散は、九州上陸作戦でアメリカ軍が毒ガスを使用した場合報復を行う準備でもあったのではないだろうか。九州と広島への配備が多いのがそれを裏づけているように思われる。とはいえ、その報復能力はあまりにも貧弱だった。鶴尾大佐も、海軍はあまりにも生産量が少ないので「一九四五年には毒ガスの〔報復的〕使用を放棄した」とのべている。(50) そこで、別の戦術が考案される。

四月一日、海軍省に化兵戦部が設置された。化兵戦部の北里又郎《やすお》中佐によれば、そこでの判断は、日本本土での最後の決戦に際してアメリカ軍が大規模な毒ガス戦に訴えることは自然であるというものであった。(51) 六月と七月には、化学兵器に関する全部局長と専門家が参加する会議が化兵戦部で開かれた。その結論は「連合国の局地的な使用があっても無視する」、大規模に使用したら報復使用を強いられることになるだろうが、その場合も使用は「大本営の特命」による、使用の場合イペリット爆弾は「飛行機の不足のために使う機会はない」から、残された唯一の手段は「青酸の急襲的放射または投擲《とうてき》」である、というものだった。(52) そこで、七月に化兵戦部は、海岸に上陸してくる米軍に対して青酸手投弾を使用する計画を立てたという。(53)

海軍の実験では、青酸をサイダービンにつめトーチカに投げると、ビンがわれると同時に液体青酸が「その気化熱により固体になり氷の様にトーチカに附着し著しい効果をあげ」るなど、トーチカ攻撃・戦車攻撃の効果が大きいことが分かっていた。(54) この青酸入サイダービンは、すでに見たように、約一万本製造された。しかし、青酸は発火しやすいという弱点をかかえていた。また、このような肉薄攻撃がアメリカ軍に対してどれほど効果的だっただろうか。

防御能力

一九四四年六月、オールデン・H・ウェイト化学戦統轄部隊長官代理は、日本の毒ガス戦防御能力についてつぎのように判定している。日本陸軍は化学戦防護に関してよく訓練されている。しかし、ガスマスクは旧知のガスには有効だが、アメリカ軍が新しく配備した塩化シアンには無力である。防毒衣は

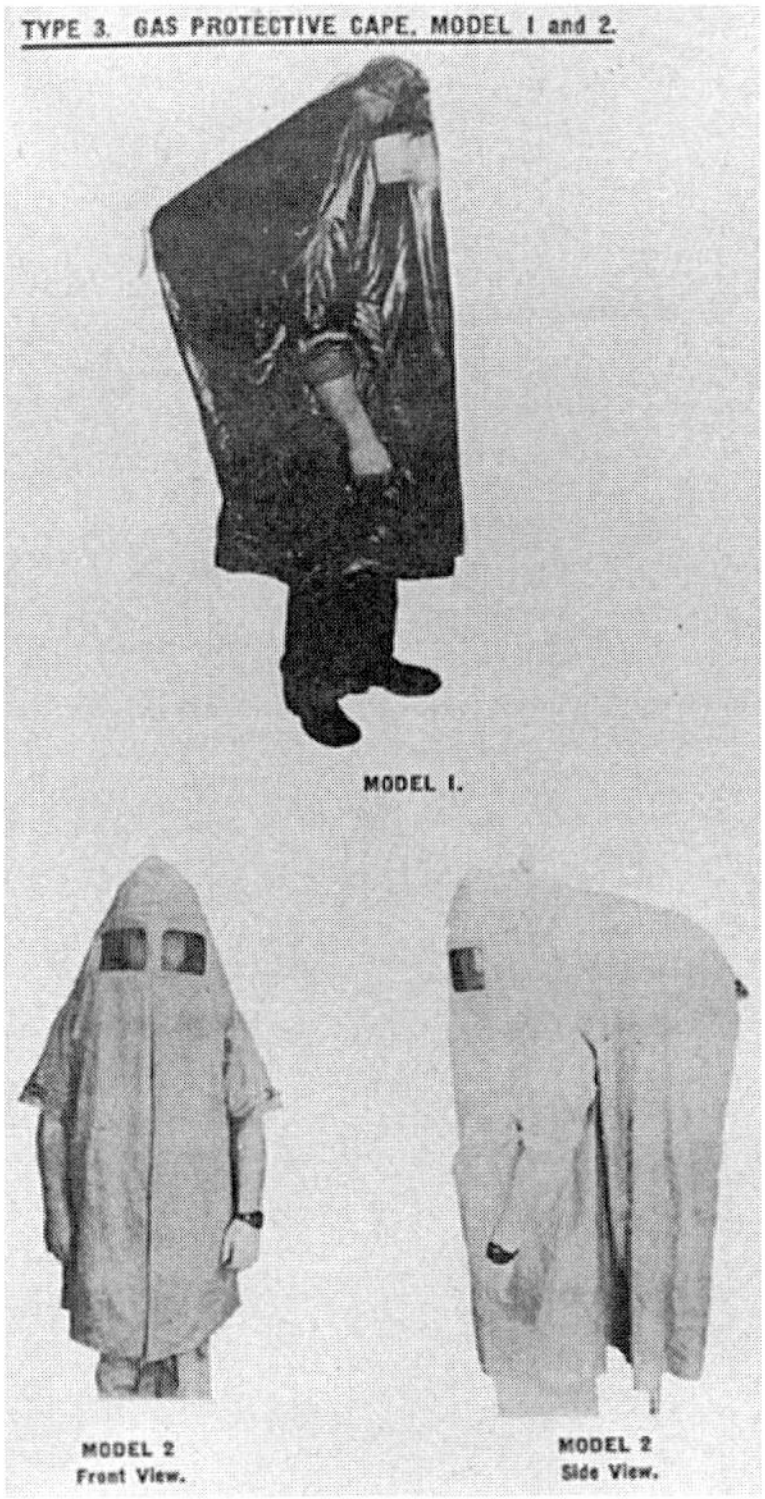

写真 12　日本軍の防毒被（防毒ケープ）

陸軍では 1937 年にゴム引絹布製の 97 式防毒被（200 g）を制式化し，1940 年に，軍靴のままはいてヒザ以下を覆う足被を追加した 100 式防毒被を制式化した．Model 1 は防水絹製，Model 2 はゴム引き絹布製なので，後者が 97 式防毒被に相当すると思われる．顔の前の部分にはセルロイド製の透明板が付けられている．
出典：Office of the Chief Chemical Officer, HQ, USASOS, SWPA, "Japanese Chemical Warfare," RG 319, Entry 82, Box T 115, NARA.

おそらく消毒（除染）部隊にしか支給されていないだろうし、液体の糜爛性ガスには有効だが、その気状ガスは防ぐことができない。紙製マント（九七式防毒被のことか）は雨下には有効だが、気状ガスには無力である。一般住民の防毒対策は劣弱で、毒ガスに対して無力である、と。[55] これも正確な分析であった。

一九三五年に制式化された陸軍の九五式防毒面は嘔吐性ガスの透過を防ぐことができる能力を持っていた。しかし、青酸に対しては「若干の呼吸器に障害を起さしめる」ことが想定された。このため、活性炭をホプカリット粉と一体化する方式の九九式防毒面が一九三九年に制式化された。[56] これは〇・五パーセント濃度の青酸に対し十数分間有効であった。野外では青酸はすぐに気化して拡散するので、通常はこれで対応できるが、防空壕・洞窟・トーチカ・トンネルなどの密閉された空間では対応できなかった。

一九三六年に制式化されたセロファン入ゴム布製の九六式全（軽）防毒具（ズボン・手袋・マント・ワックス）と、防毒上着・頭巾・靴カバー・ケープでは、イペリット気状ガスに対する皮膚の防護が不十分だった。[57] ガス雨下防護用として全身を覆うように被る九七式防毒被が一九三七年に制式化されたが、イペリットには三分間しかもたなかったので、「雨下終了後成るべく早く脱するのがよい」とされていた。[58]

しかし、これらの不完全な防毒装備でさえ、本土決戦のために動員された部隊にはとうていいきわたらなかった。そこで、一九四五年四月、教育総監部は、青酸とイペリット・ルイサイトが使用された場合の防護として、ガスマスクのほか簡易被・天幕・油紙・アンペラ・ムシロ・蓑を用意するよう指示している。[59] しかし、実態はもっと深刻だった。一九四五年一月、畑俊六教育総監から化学戦対策の策定を指示されたある化学将校は、化学戦資材の数量を調査したが、「問題にならない貧弱な状態」で、「報復どころか、ジットがまんして、耐へ忍ばねばならぬ実情」だった。本土決戦に任ずる部隊にさえガスマスクがなかったため、「防毒面が無ければ、ぬれ手拭で鼻口を覆ひ呼吸せよ」と指示するしかなかった、という。(60) これは防護の体をなしていなかった。

民間人の防護はさらに劣悪だった。内務省計画局防空課（のち防空局）の指導で「国民防毒面」が生産されたが、日本護謨《ごむ》と共和化工が生産した総量（推計）は、五八〇万一五七一個に過ぎなかった。(61) これでは、住民に到底いきわたらないので、「応急防毒具」が製作された。しかし、これはガラスビンの底を切ったものや竹筒に炭粒や小さく切った毛布をつめて口にあて、鼻は洗濯バサミのようなもので塞ぎ、目は水中メガネをつけるというもので「無手よりはよい」というおそまつな代物だった。(62)

内務省の防毒指導は、毒ガス弾が落ちたらガスマスクを着けよ、ガスマスクがない者は「簡易吸収缶」を着けるか、濡れ手拭を口と鼻に当て風向きと直角の方向か、風上に逃げよ、というもので、(63) イペリット・ホスゲンなどの大規模攻撃には裸同然だった。陸軍省軍務局の国武輝人中佐の言をかりれば「〔毒ガス防護について〕無防備で訓練されていない大量の国民が国中のいたるところにいた」のである。(64)

こうして、アメリカ軍の戦略的毒ガス戦が開始されたら、とくに人口密集地では悲惨な事態が生まれていただろう。一九四〇年二月、学術振興会は、陸軍・内務省・警視庁・東京市などと共同で市街地に毒ガス弾が投下された場合の毒ガスの流れを調査する実験を、本郷区天神町・神田区旅籠町間で行っている。その結果は、建物が錯綜する市街地では毒ガスの滞留時間は開けた場所より二倍以上長く、露地ではさらに長くなる、街路は毒ガスを流動させる川のような役目を果たす、建物を伝って上昇したガスは再び建物を伝って下降し地面をガス化することがある、建物間の空地は特殊な流れを生みガスが滞留する、というものであった[65]。これは、偶然にも化学戦統轄部隊が標的に選んだ区域内でのことだが、深刻な評価であった。

また、日本兵や住民が隠れている洞窟陣地・塹壕・蛸壺・防空壕に対する攻撃が行われた場合の結果は、スフィンクス・プロジェクトの結果と同様であっただろう。ポーター化学戦統轄部隊長官は、この実験の結果について、ホスゲンや塩化シアンは「急速な気化により冷えた濃い雲状となり、水と同じような状態で洞窟内に流れ込むが、一旦中に入ると中の気温で暖められ、外に漏れなくなる」「ガス濃度は野外より二倍から五倍、場合によっては十倍にもなる」「イペリットはゆっくりと気化し、気状ガスとなって洞窟に流れ込み」、「洞窟内を二週間以上居住不能」にする、とのべているのである[66]。これは、洞窟・防空壕などにいる住民だけでなく、都市被災地の壕舎で生活していた多数の被災者にも同様の結果をもたらすことになったであろう。

5　対日毒ガス戦計画の位置

対日毒ガス戦の準備は急速に進んでいた。しかし、その途上の八月六日に広島に原爆が投下され、九日には長崎に投下される。八日にはソ連が対日参戦を通告し、九日未明には国境を越えて中国東北に進入する。日本の最高戦争指導者たちは「国体の護持」(天皇制の存続)を最後の目標として抗戦を継続していたが、ソ連の参戦によりそれが危うくなった。また、本土決戦の必要条件であった後方の安定、つまりソ連の不参戦という条件がなくなった。このため本土決戦は不可能となり、一四日、ポツダム宣言の受諾を決定し、降伏する。こうして、対日毒ガス戦は発動の直前で中止される。

対日戦の終結方法をめぐっては、ローズベルト大統領が早くから要求していたソ連参戦論、焼夷弾・通常爆弾による戦略爆撃や海上封鎖で十分だとする意見、原爆使用論、本土上陸作戦必要論などがあったが、実際に日本の戦争指導者に降伏を決意させた効果の点では、ソ連参戦が決定的であり、原爆と戦略爆撃は一般の日本人の戦意を崩壊させる上で大きな意味を持ち、上陸作戦は不要となった。

これに対し、毒ガス使用は中国戦域で日本の報復使用を招く危険があり、イギリス・ソ連・中国の同意を取り付ける必要があり、アメリカにとってその限りでは使いにくい武器であった。ローズベルト大統領の声明を取消す必要もあった。また、一九四五年六月の沖縄戦の終結から一一月のオリンピック作戦までは、海上封鎖と戦略爆撃を除いて本土に対するアメリカ軍の大作戦はなかった。毒ガスの使用がオリンピック作戦からとされたのはこのためであった。

一方、七月一六日に地上での最初の爆発実験が成功したばかりの原爆が急いで投下されたのは、ソ連の参戦を直接のきっかけとする対日戦終結を避け、また戦争終結前に原爆の効果を実戦で試しておきたいとするアメリカの強い意図があったからであった。アメリカの指導者にとっては、ジェノサイド(皆殺し)兵器という残虐な本質を無視すれば、使用についての制約がある毒ガスと比較すると、原爆は使いやすい新兵器であった。しかし、原爆は必ずしも日本の降伏をもたらす決定的な兵器とはみなされていなかった。

このような中で、もしソ連の参戦と原爆の開発が遅れたらどうなっていただろうか。その場合はオリンピック作戦が実行されたであろうから、アメリカは自軍兵士の人命節約を理由として全面的な毒ガス戦に訴えた可能性が高い。また、ソ連参戦が遅れ、原爆投下にもかかわらず日本が抗戦を継続した場合には、すでにアメリカは原爆という究極兵器を使用したのだから、毒ガス使用を躊躇する理由はなくなることになる。これに対し、原爆の開発が遅れ、ソ連の参戦のみが進んだ場合を想定すると、日本は直ちに降伏する可能性が高く、毒ガス使用の機会はないことになる。しかし、ソ連参戦による日本の降伏という事態はアジアにおけるソ連のプレゼンスを非常に大きくするので、ソ連参戦前に毒ガスの使用を急ぐことになったかもしれない。

アメリカの対日生物戦計画を研究したバートン・バーンスタイン教授は、もし戦争が八月中旬を過ぎても長引いていたら日本に対する生物戦(細菌使用と枯葉剤使用)を採用しただろう、なぜなら原爆の方がより悪質な武器なのだから、とトルーマン大統領が後に回顧したことを紹介している(67)。この枯葉剤作戦は、一九四五年中に東京・横浜・名古屋・大阪・京都・神戸近郊の稲をチオシアン酸アンモニウムで枯らす、あるいはコロネット作戦(関東平野上陸作戦)中の一九四六年六―七月に、日本の稲の三〇パーセントを2・4-Dで枯らすという計画であったことはすでに知られているが、そうであるとすれば、この計画よりもはるかに直接的なダメージを与える攻撃方法で、また現実的な準備が進んでいた毒ガス戦の方が実施される可能性が大きかったといえるだろう。

アメリカの対日毒ガス戦は未遂で終ったが、それが語りかけているものは何であろうか。第一は、日本は特に中国に対して頻繁に毒ガスを使用し続けたが、そのことによってアメリカの報復的ないし先制的毒ガス攻撃を自ら招き寄せつつあったということであろう。一九四二年六月の大統領の警告声明以降も日本軍は中国で毒ガスを使用し続けた。ローズベルト大統領のもとには、一九四四年六月二三日、衡陽郊外で日本軍がイペリット・ルイサイトを限定使用したと思われるとのアメリカ軍の情報が届いている。日本軍は一九四四年七月前半まで中国で嘔吐性ガスを使用し続けていた。アメリカは、報復的使用を正当化するのに十分な一九四二年六月以降の日本軍の毒ガス使用は確証できなかったが、それでも中国でのそれまでの使用の事実やそれ以後の使用例を挙げて、自らの使用を正当化したら、日本人の反論は、日米両方の毒ガス使用を批判するという立場に立たない限り、非常に困難になっていただろう。ある国家が国際法を無視すれば、それがその国民にいかなる災厄をもたらすことになるか、という一つの例証である。

つぎに、アメリカ軍の計画をみると、当初の報復的使用論が、準備が整い条件が熟すと共に、先制使用論に転化していったことがわかる。そして、それを正当化する論拠として挙げられているのが、早期終戦、アメリカ軍兵士の人命救助という議論、および出番のなかった化学戦統轄部隊に活躍の場をあたえるという議論である。後者には、膨大な人員・資材・予算を使いながら何の役にも立たなかったという納税者の批判をかわし、戦後も毒ガス開発を続けるという意図もあったであろう。

そして、これらの議論は原爆投下を正当化する際に挙げられた論拠と全く同じであることが注目される。毒ガスの使用を禁止した国際法に拘束されていないとするアメリカの立場、日本が毒ガスを使用してきたという事実、ドイツの降伏によるヨーロッパでの毒ガス戦の可能性の消失、アメリカ本国が攻撃されるおそれのないことなどは、先制使用の誘惑をいちじるしく大きくした。また、日本軍は中国人に対する蔑視感から毒ガス使用に罪悪感を持たなかったが、アメリカ軍は毒ガス使用で生じるであろう日本人の被害や人命喪失の問題に罪悪感を抱かなかった。これは、毒ガス戦を可能にする背景にある人種偏見の問題と、その克服の努力の重要性を改めて感じさせる事態であろう。

X　敗戦・免責・遺棄・投棄——残された負の遺産

1　極東国際軍事裁判と免責

追及の開始

一九四六(昭和二一)年五月三日、極東国際軍事裁判が開廷された(いわゆる東京裁判)。よく知られているように、日本軍の生物戦犯罪をアメリカ陸軍太平洋軍が免責した理由は、関東軍防疫給水部(七三一部隊)などが開発した生物戦のノウハウを秘密裏に独占しようとしたからだった。この密約は極東国際軍事裁判の開廷前の一九四五年末に行われたため、生物戦の訴追は起訴状に入らなかった。(1) 一九四七年に人体実験・実戦使用の事実をアメリカが知ってから、もう一度免責と情報提供の取引きがアメリカ陸軍太平洋軍により行なわれた。

毒ガス戦の場合は状況が異なっていた。日本軍が生産ないし配備した毒ガスは、催涙ガス・嘔吐性ガス・ホスゲン・イペリット・ルイサイト・青酸ぐらいしかなかった。これらはすでに第一次世界大戦段階までに開発済みで、欧米の強国はよく知っていた。日本軍は、ドイツが第二次世界大戦前に開発した神経ガス、タブンとサリンを開発できなかったし、ドイツから教えてもらえなかった。だからアメリカ軍にとって魅力的なノウハウは日本軍の毒ガス兵器に関してはほとんどなかった。

事実、アメリカ陸軍太平洋軍総司令部は日本陸海軍の化学戦装備について戦後に大規模な調査を行なっているが、その結論は「日本軍の化学戦〔能力〕は標準以下であり、現代の第一級の軍事力が必要とするものには不適合であった。第一級の軍事力との大規模な化学戦に参加しうる日本軍の能力は戦争中ついに生まれなかった」というものだった。(2)

一九四六年一月一九日、極東国際軍事裁判所憲章が公表された。憲章では「平和に対する罪」「通例の戦争犯罪」「人道に対する罪」について訴追された団体・個人を審理し、処罰することを宣言した(この部分は四月二六日に「平和に対する罪」「殺人」「通例の戦争犯罪及び人道に対する罪」に改定された。また団体の訴追、「殺人」「人道に対する罪」の適用はなされなかった)。

二月一四日、提出された国民政府の第二次主要戦犯容疑者リストの中には、毒ガスの使用を含む中国での残虐行為をそそのかしたとして、梅津美治郎元参謀総長が挙げられていた。(3) 三月三〇日には、国民政府軍政部が、「在中国日本帝国陸軍による毒ガスの使用」と題する詳細な証拠書類(英訳文で一二八ページ)を提出した。(4)

立証に当った法務官、トーマス・H・モロー大佐は化学戦だけでなく生物戦も追及しようとしていた。彼は、三月二日、ジョセフ・B・キーナン主席検察官にあてて、毒ガス問題と同様に生物戦問題は重要性を増している、なぜなら、このような「禁止されている戦争手段」を用いることは、戦場の司令官の指示ではなく、東京の政府の指示で行われたからだ、という覚書を提出している。(5) 粟屋教授によれば、

モロー大佐は顧維鈞国民政府代表が一九三八年五月一〇日に国際連盟で行った告発などに注目して調査を開始したという。(6)

ついで、モローは、デビッド・N・サットン法務官や中国の向哲濬検事らと三月一二日に東京を発って上海に到着した。数日後にキーナン一行も到着して協議が行われ、モローたちは北京・南京などで調査を重ねて四月一二日に東京に帰った。(7)

モロー法務官は、四月一六日に「中国旅行の報告」という覚書をキーナンに提出した。彼は、この中で、中国での毒ガス戦と生物戦について調査する価値があると主張した。そして、毒ガス戦については、日本人捕虜の証言、戦場で毒ガスの被害者となった中国兵を診断・治療した中国人軍医の証言、毒ガスによる負傷者が三万六九六八名(うち死者二〇八六名)に達したことを示す統計などで立証される、使用されたのはイペリット・ルイサイト・アダムサイトなどで、クシャミと嘔吐を催すガスや催涙ガスも使用された、とのべている。(8) モローは真相に急速に迫りつつあった。

二九日、国際検察局は極東国際軍事裁判所に起訴状を正式に回付した。その付属書D、「通例の戦争犯罪及び人道に対する罪」の中の「違反行為の細目」第九節には、「日本の中華民国に対する戦争に於て毒瓦斯が使用せられたり。本主張は該国に限らる」と明記されていた。(9) 日本軍の毒ガス使用は、一八九九年のハーグ宣言、一九〇七年の陸戦条約の付属書、陸戦の法規慣例に関する規則、一九一九年のヴェルサイユ条約の三つに違反するとされた。

化学戦統轄部隊の反撃

しかし、モロー大佐の覚書と起訴状の関係部分はアメリカ陸軍の化学戦統轄部隊関係者を強く刺激することになる。三月五日、化学戦統轄部隊の関係者と思われるある人物がアメリカ陸軍省法務部長にあてて、国際検察局が日本の毒ガス使用を戦争犯罪として訴追しようとしていることに注意を喚起するための覚書を送った。この人物は、国際検察局が訴追の根拠とする三つの国際法のうち二つにはアメリカは加入していないし、ドイツとの単独条約で追認したヴェルサイユ条約の一七一条については「この義務は双務的なものではなく、アメリカはこれに拘束されない」と反論している[10]。しかし、毒ガスの使用禁止に関する国際慣習法については「現在、本質的に、有毒ガスまたはこれに類似する物質を戦争の適法な手段として使用することを禁止する国際慣習法が漠然としてはいるが存在する」とのべていた[11]。これは注目すべき見解であった。

このような見解に対して、太平洋軍総司令部化学戦部長、ジョフリー・マーシャル大佐は、四月一九日、ウェイト化学戦統轄部隊長官に中国に対する日本軍のガス使用が違法といえるかどうかを問う書簡を送った。ウェイト少将の回答は次のようなものだった。

わが部隊は「今次の戦争を通じて、先制使用であれ報復使用であれ、兵器としてのガスの使用を事実上禁止するいかなる条約にも日本は加入していないし、拘束されてもいないという解釈を持ちつづけてきた」。しかし、貴官の書簡を受けて化学戦に関する日本の条約的地位の再検討を開始した。しかしながら「私は、私見によれば、日本人をガス使用の廉で訴追し、裁くいかなる正当な根拠もありえないと明確に言明したい[12]」。

このように、ウェイト少将は毒ガス使用の廉で日本を裁くことには絶対に反対だった。そして、彼は国際法上の理由以外のアメリカ陸軍の利害やアメリカの国益にかかわる問題として、①アメリカ軍は最良の結果をえるためにガスは急襲使用すべきであると長い間教え、かつ強調してきた、②ガス兵器は他の武器より「人道的」である、③ある種の有効な化学剤は「非有毒」である(ウェイト少将は、アメリカ軍の中にも何が「非有毒ガス」であるかということに関して「混乱」があったとのべているので、彼の理解は全軍的なものではなかっただろう)、④アメリカ陸軍省編『野戦基礎教範　陸戦の諸規則 FM27―10』の第二九項にはガスを使えとも使うなとも書かれていない、とのべている。彼が極東国際軍事裁判で日本の毒ガス使用を裁くことに反対する立場をかためたことは明らかであろう[13]。

アイゼンハワー参謀総長の極秘電

この回答に接する前にマーシャル大佐はより積極的な行動を起こす。五月八日には、彼はモロー大佐の覚書を含む日本軍の生物化学戦に関する報告書を国際検察局から入手して、ウェイト長官に送っている[14]。また、訴追に反対する書簡を作成し、化学戦統轄部隊の作戦部長、ジョン・C・マッカーサー大佐に送ったようだ。

そして、マーシャルの書簡を検討したマッカーサー大佐は、二九日にウェイト少将あてに勧告書を提出した。それは「もし日本の当局者に対して戦争犯罪の訴追がなされ、それが立証されたなら、このことは、ガスの使用を戦争の手段として違法化する政策へとアメリカを導くことに絶対になるであろう」、また、マーシャル大佐が指摘しているように、訴追の当然の結果として「わが国益」が傷つけられるという国際政策上の大きな問題が生じる、それは「日本に対するこのような訴追が追及されるなら将来における我々の行動の自由が拘束されるというゆゆしい危険が存在することになる」ということである、とのべている(15)。

つまり、日本軍の毒ガス使用を追及すれば、毒ガスの使用は国際法上疑問の余地がないほど完全に違法化されることになるが、それはアメリカ自身の手を縛ることとなり、米ソ対立が激化しつつある現在、毒ガス戦というアメリカがソ連に対して持っている優位を自ら失うことになるというのである。

そこで、マッカーサー大佐は、ウェイト少将がより上位の高官であるパターソン陸軍長官・アイゼンハワー参謀総長・グリーン陸軍省法務部長のいずれかに会って訴追中止を進言すべきだと勧告した。グリーン法務部長が一番会いやすいだろうとまでいっている。

さらに、彼はウェイト少将が陸軍のトップリーダーに提起すべき問題を列挙している。まず、ガスの使用は戦争の法規・慣例に違反するかという点だが、「ローズベルト大統領の声明を除いても、アメリカはその歴史と国際協定によってガスの使用は戦争の法規・慣例に違反すると認識してきていると主張することはできると、私は信じる」という。これはなかなか苦しい論点であり、マッカーサー大佐といえども認めざるをえなかったのである。しかし、彼は「アメリカはそのような立場に常に立っていたわけではない」として、ハーグ宣言・ジュネーブ議定書への加入拒否をあげ、ヴェルサイユ条約一七一条については「各国に条約の形式で強制したものとみなすには不充分である」としたのである。

また、『野戦基礎教範 FM27—10』を引いて、毒ガスの使用は違法であるという見解とこれとの矛盾を指摘し、ここから飛躍して「もし、アメリカが、ガスの使用を戦争の法規・慣例への違反と認識していないというのが事実であるとすれば、先制にせよ報復にせよ、適当な時にガスを使用することを妨げる手が縛られていないことを考えれば……戦争の法規・慣例違反として日本人を訴追することは首尾一貫しないことになる」と主張した。さらに、ハーグ宣言については、総加入条項があるので一九四一年一二月のアメリカの参戦以降無効であるとした。また、アメリカの参戦以前のガス使用には適用されるという問題は「小さな論点であり、たぶん強調する価値はない」と無視した。

こうして、日本の訴追中止を求めるマッカーサー大佐の勧告はウェイト少将に明確に伝達された。ウェイト少将の考えも同様であったので、彼は直ちに上記の高官のうちのだれかに進言したと思われる。

このような動きを受けて、五月三一日、後に大統領になるドワイト・D・アイゼンハワー陸軍参謀総長は、マッカーサー太平洋軍総司令官を経由してキーナン主席検察官に対して、婉曲的な、しかし誤解しようのない機密電を発した(東京での受信は六月一日)。その全文はつぎのようであった。

起訴状付属書Dの第九節は、中国における日本のガス使用に関する論及である。この起訴状の起草に際して、陸戦の諸規則に関する『野戦基礎教範 FM27—10』の第二九項は考慮されたであろうか。この項に関係する訴追への参加と遂行がアメリカ軍の『野戦基礎教範 FM27—10』で表明されているアメリカの立場を逆転させるであろうかどうかについての貴官の見解が求められている。以上。(16)

この機密電報を受け取ってからまもなく、キーナン主席検察官が訴追を中止する決定を行ったことは間違いないだろう。なぜなら、この第二九項には、「アメリカ合州国は、毒性・非毒性のガス、発煙剤、焼夷剤などを戦争で使うことを禁止ないし制限する、現在有効ないかなる条約にも加入していない」

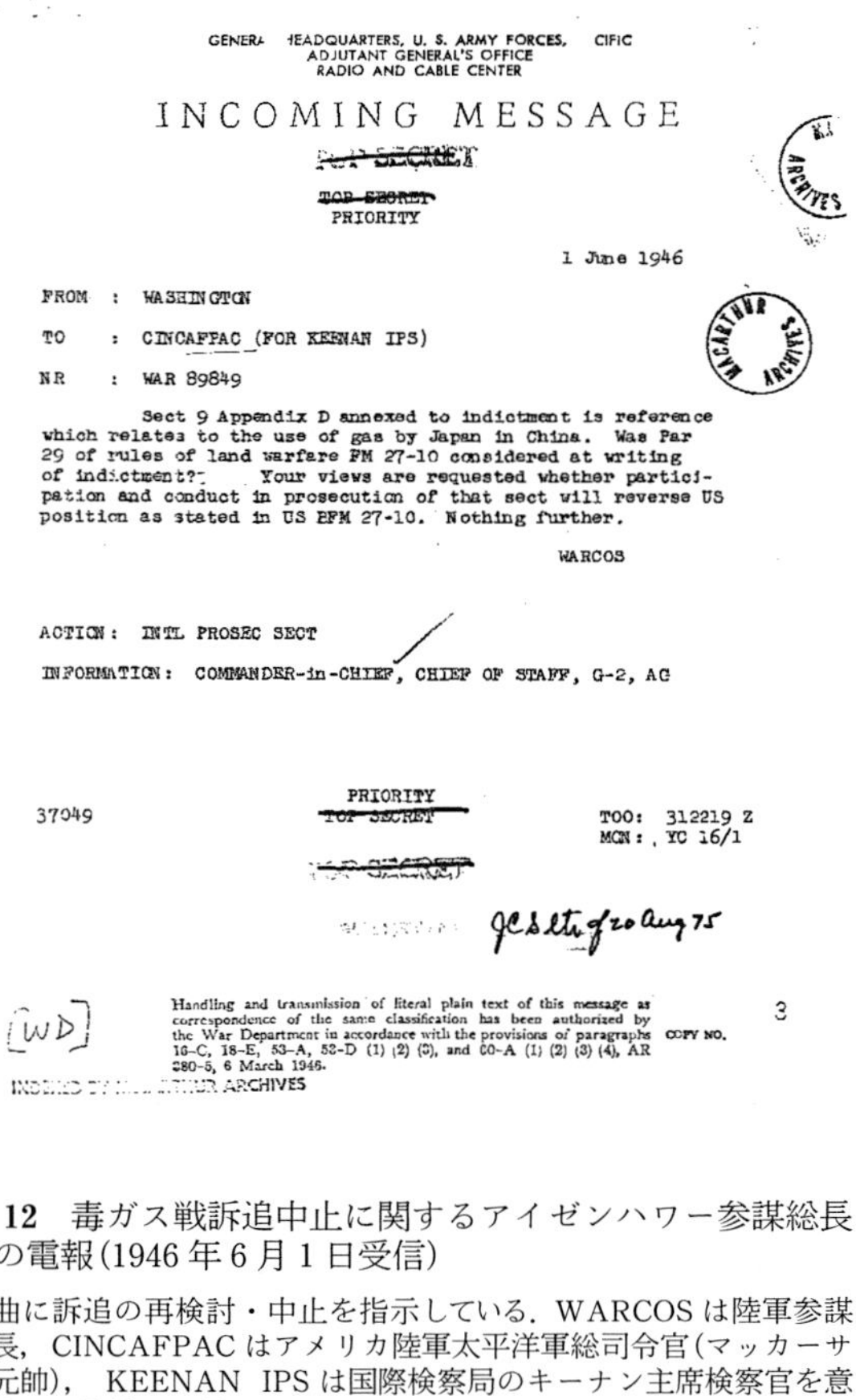
GENERAL HEADQUARTERS, U. S. ARMY FORCES, PACIFIC
ADJUTANT GENERAL'S OFFICE
RADIO AND CABLE CENTER

INCOMING MESSAGE

~~TOP SECRET~~

~~TOP SECRET~~
PRIORITY

1 June 1946

FROM : WASHINGTON

TO : CINCAFPAC (FOR KEENAN IPS)

NR : WAR 89849

Sect 9 Appendix D annexed to indictment is reference which relates to the use of gas by Japan in China. Was Par 29 of rules of land warfare FM 27-10 considered at writing of indictment? Your views are requested whether participation and conduct in prosecution of that sect will reverse US position as stated in US BFM 27-10. Nothing further.

WARCOS

ACTION: INTL PROSEC SECT

INFORMATION: COMMANDER-in-CHIEF, CHIEF OF STAFF, G-2, AG

37049

PRIORITY
~~TOP SECRET~~

TOO: 312219 Z
MCN: YC 16/1

~~TOP SECRET~~

JCS ltr of 20 Aug 75

Handling and transmission of literal plain text of this message as correspondence of the same classification has been authorized by the War Department in accordance with the provisions of paragraphs 16-C, 18-E, 53-A, 53-D (1) (2) (3), and 60-A (1) (2) (3) (4), AR 380-5, 6 March 1946.

COPY NO. 3

[WD]

図 12　毒ガス戦訴追中止に関するアイゼンハワー参謀総長の電報(1946 年 6 月 1 日受信)

婉曲に訴追の再検討・中止を指示している．WARCOS は陸軍参謀総長，CINCAFPAC はアメリカ陸軍太平洋軍総司令官(マッカーサー元帥)，KEENAN IPS は国際検察局のキーナン主席検察官を意味する．発信は 5 月 31 日．
出典：R6–9, Incoming Messages, Box 99, Douglas MacArthur Archives.

から。[17]「〔ジュネーブ議定書は〕相当数の加盟国により批准ないし支持され相当数の加盟国の間では現在有効だが、合州国、日本その他いくつかの国が批准せずこれらの国に関しては有効ではない」と書かれていたのだから。[17]

こうして、国民政府の告発と提出された証拠書類は採用されなかった。モロー大佐は、六月一七日以前に陸軍相模造兵廠にあった陸軍習志野学校案『支那事変に於ける化学戦例証集』という決定的な証拠書類を手にいれながら訴追を諦めざるをえなかった。八月六日には、モローは極東国際軍事裁判法廷で日中戦争関係の冒頭陳述に立ったが、毒ガス使用問題については触れないままで終った。[18] そして、一二日、失意のうちにアメリカに帰国する。こうして、毒ガス戦の追及は途中で、アメリカ陸軍省により阻止されて終った。

以上のように、アメリカ陸軍省が日本軍の毒ガス使用の訴追を中止させた理由は、将来の対ソ戦を考慮して、アメリカが優位にたっている毒ガス戦に関して自らの手を縛らないようにすることにあった。追及すれば毒ガス戦を疑問の余地なく完全に違法化することになるからである。そして、このようなアメリカの国益を押し立てて、化学戦統轄部隊関係者は必死で訴追の中止のために動いたのである。化学戦統轄部隊は、第二次世界大戦では火焔放射器・焼夷剤・煙の使用以外には出番がなく、フラストレーションと危機意識が蓄積していた部隊であった。このような部隊の主張をアメリカ政府は受け入れることになったのである。

ウェイト少将の書簡や、マッカーサー大佐の覚書には日本軍の毒ガス使用は違法ではないとする論点のすべてが出揃っている。これらは、訴追中止のための主要な論点となった。しかしながら、これらの論点には決定的な欠陥・弱点があった。

まず、毒ガスの使用禁止に関する制定法だが、一九三七年から一九四一年までの日中戦争での毒ガス使用は投射物を用いた場合は当然にハーグ宣言に違反している。毒ガス放射・雨下の場合も陸戦の法規慣例に関する条約に違反している可能性が高い。また、毒ガスの使用禁止に関する国際慣習法についてみると、ヴェルサイユ条約・ジュネーブ議定書は当時存在した国際慣習法を確認したものとみなすことができる。アメリカ・日本はジュネーブ議定書を批准していなかったとしても、日本はヴェルサイユ条約一七一条を批准していたし、アメリカはそれと同様の規定を含む対独条約を批准していた(I章参照)。さらにローズベルト大統領は一九四二年と一九四三年の声明で毒ガス使用の違法性を指摘していた(IX章参照)。

しかしながら、一九四六年にアメリカ政府は、これらを無視して日本軍関係者の免責を実行したことになる。その背景には激化する米ソ対立があった。冷戦にむかう米ソ対立によって、最大の受益者となったグループのひとつは、毒ガス戦遂行に関わった日本軍関係者たちであった。そして、私たちはこの時、日本軍の毒ガス使用問題を明確に認識する機会と、化学兵器の全世界への拡散を阻止する絶好の機会を失うことになったのである。

BC級戦犯裁判での追及の実態

オーストラリアが行った香港戦犯裁判では、一九四八年七月一五日、青酸手投弾の人体実験を伴う連合国軍捕虜二名の「処刑」について、第五師団の作戦主任参謀A中佐と瓦斯掛将校B中尉が絞首刑の判決を受けた。減刑嘆願は却下され、九月二四日と一〇月一日に刑が執行された。C憲兵少佐は無罪となり釈放された(Ⅶ章参照)[19]。

国民政府による武漢戦犯裁判では、第三九師団歩兵第二三一聯隊の聯隊長が、一九四二年五月に湖北省郝穴《かくけつ》で嘔吐性ガスと催涙ガスを使用したことが追及された。裁判の結果、これらの毒ガスの毒は重くないので情状酌量するとされ、一九四七年一一月三〇日に無期懲役の判決が下された[20]。台湾省警備総司令部戦犯法廷では、台北明北警察署の日本人警察官三名が一九四四年に住民に拷問を行い三名を死亡させ、六名を負傷させたとして、一九四七年四月二八日に懲役一五年(二名)・一〇年(一名)の判決を受けた。その罪状の中には、拷問として殴打・足蹴・水かけや、灸の焼きつけとともに「刺戟性ガス」の使用が挙げられていた[21]。

しかし、これらが毒ガス使用の中心的な事件ではないことは明らかであり、たまたま運が悪く訴追されたに過ぎなかった。国民政府によるBC級戦犯裁判は一四九名に死刑判決を下すという過酷な面を持っていた。だが、支那派遣軍総司令官、岡村寧次大将は起訴されたが、一九四九年一月には無罪判決が下り釈放されるなど、国民政府の戦後処理と内戦に役立つ者には極めて寛大であった[22]。戦後に中国共産党や八路軍の勢力を押さえるために、日本軍の武力はなお意味を持っていたし、国共内戦では国民党軍は旧日本軍将校団の軍事指導を受けることもあった。こうして、国民政府によるBC級戦犯裁判では毒ガス使用問題はほとんど追及されなかった。

一九四九年には、内戦が共産党側の勝利で終り、一〇月には中華人民共和国が成立する。一九五〇年、ソ連に抑留された日本人の中から、九六九名の戦犯容疑者が中国に送られ、山西事件関係一四〇名とともに拘留された。一九五六年に四五名の容疑者が起訴され、それ以外は釈放された(この間の死亡者は四〇名)。訴追理由に嘔吐性ガスの使用があった者は、鈴木啓久第一一七師団長・上坂勝第五三旅団長・船木健次郎第三七五聯隊長の三名で、いずれも河北省での使用だった。鈴木中将は一九四二年の魯家峪での使用と、一〇月の遵化県東新庄での使用(三光政策実施中住民を毒ガスで殺害したという)が追及された。また、上坂少将は北坦村での使用が、船木大佐は宛平県杜家庄での使用(住民を運動会に強制参加させ、終了間際に毒ガスで約四〇〇名を中毒させたという)が追及された[23]。判決は同年中に下り、三光政策など侵略戦争の遂行の罪で(毒ガスの使用はその一部)、一四年から二〇年の刑が宣告された。しかし、全員が一九六三年までに釈放された[24]。死刑判決はなかった。中国としては、重大な責任のある戦犯容疑者を喚問することができない中で、拘束された容疑者たちが罪を認めるに至ったため、また、たまたまソ連から送還された容疑者だけを厳罰に処しても意味がないため、日中の友好関係の創出を企図してこのような処置を取ったのであろうといわれている。こうして、毒ガス戦の真の責任者は、ここでも追及をまぬかれることになった。

2　国内での毒ガスの廃棄・投棄と被毒事件

秘密裏の廃棄・投棄

日本は一九四五年八月一四日にポツダム宣言を受諾し、無条件降伏した。ついで一五日には天皇の「玉音放送」が行われ、国民に降伏の事実が告げられた。しかし、連合国軍の先遣部隊が厚木に進駐するのは二八日で、マッカーサー連合国軍最高司令官が到着するのは三〇日であった。日本各地に部隊が進駐するのはもっと後で、二週間以上最長六週間が経過する間に日本軍の文書・記録は戦争犯罪の追及をおそれて焼却され、また、多くの毒ガス兵器も密かに廃棄・投棄された。この廃棄・投棄は、文書・記録の焼却と同様、陸海軍中央の指示にもとづいて行なわれたと思われる。代表的なものをみてみよう。

青森県の海軍大湊警備府には、六〇キログラムイペリット投下弾が二〇〇〇発または三〇〇〇発あったという。[25] これは八月二〇日から二三日にかけて陸奥湾に投棄されたが、宇垣完爾元警備府長官は、これは一七、八日頃海軍省軍需局から送られてきたもので、「わからないように投棄処分せよ」と指示されたと語っている。[26] 陸軍習志野学校にあったイペリットとルイサイトの缶約六トンは、八月一七日から二〇日にかけて、晒粉で消毒し埋設された。青酸ボンベ二、三本は夜間に放散された。[27] 横須賀海軍軍需部にあった嘔吐性・催涙性砲弾用型薬缶三万個は海中に投棄されたと推定されている。[28] 相模海軍工廠平塚分所には青酸入サイダービンが約一万本あったが、コンクリート塔に投げつけたところ発火したのでこの方法で速やかに処分された[29]。静岡県の陸軍三方原教導飛行団（航空化学戦学校）にはイペリット・ルイサイト缶四、五個、またはイペリット缶約八〇個（一六トン）・ルイサイト缶約二〇個（三トン）があったが、これらは八月一六、七日頃、浜名湖北部に投棄された[30]。大阪では、八月二〇日頃、堺市の輜重隊がイペリットとルイサイトの入ったドラム缶十数個を大阪府長野村（現河内長野市）の池に運んできて投棄し、一部を岸辺と松林に埋めた[31]。福岡県の曾根航空補給廠には敗戦時、投下ガス弾四四〇三発が残っていた（Ⅸ章参照）。曾根製造所には各種ガス弾一万五五六一発があったという説もある。また、小沢敏雄曾根製造所元所員らの証言によれば、敗戦時、投下ガス弾約一〇〇〇発、万単位の砲弾、毒ガス液入一〇〇リットルドラム缶三、四〇本があったが、九州総監部の指示により、二〇日前後の三日間に苅田港沖・門司区東部沖に投棄した。ホスゲンと青酸が入った投下弾は藍島沖に投棄したという[32]。

連合国軍による廃棄・投棄

しかし、すべての毒ガス弾薬が秘密裏に廃棄・投棄されたわけではない。とくに相当大量に備蓄されていた所では、廃棄・投棄ができず連合国軍に押収された。

一九四五年一〇月、アメリカ陸軍第八軍化学戦部は第一海軍航空廠（瀬谷）で六〇キログラムイペリット爆弾八〇〇〇発を見つけた[33]。また、敗戦時の相模海軍工廠などにあった残存毒ガス量は二六八・四トン（または三三三トン）であった[34]。これらは、一九四六年四月、第一騎兵師団の化学将校、W・E・ウィリアムソン少佐の指揮で日本の漁船七〇隻に積みこまれ、銚子沖に投棄された[35]。投棄された場所は水深二

写真13　海洋投棄のために大久野島の海岸に集められたイペリット缶(1946年8月30日)

手前の台車で缶を運び，船積みを待っていた．遠景には海軍の60 kgイペリット投下弾が写っている．
出典：Australian War Memorial Negative No. 131766. 撮影，アラン・クエール軍曹.

五〇から三〇〇メートルの浅海で、ボタンエビ・ミズダコ・アンコウなどの豊かな漁場だった。山口県大嶺炭鉱の廃坑には、毒ガス砲弾(糜爛性ガス・嘔吐性ガス)八万三九七四発があった。これはアメリカ軍の指導で一二月前後に宇部沖に投棄された。(36) 海軍第一二航空廠(大分)関係では、イペリット爆弾二三五一発または三八一一発が米軍に引き渡され、別府湾に投棄された。(37) 大分県の国鉄久大線旧宮原トンネルにはイペリット鉄甕一八〇〇個(九〇トン)が保管されていたが、米軍の指導で豊後水道に投棄されたという情報もある。(38)

最大の備蓄基地は大久野島周辺でその量は陸軍のものだけで三二五三トンあった。この廃棄・投棄作業はウィリアムソン少佐の指揮でイギリス連邦軍が行った。(39) 実際の作業は帝人の請負となり、作業員が募集された。全従

写真 14　イペリット・ルイサイトを積み込まれる LST 128 号（1946 年，大久野島）

貯蔵タンクからパイプラインがひかれ，毒ガスが流し込まれた．毒ガスは LST128 号と共に，種子島東方の深海に沈められた．
出典：BCOF, Occupation Zone Japan, "Disposal Report, Chemical Munitions: Operation Lewisite," 1946.

事者は八月一七日には八四六人に達した。彼らは多くの作業をガスマスクも防毒衣も着けずに行なった。こうして、多くが被毒し、後に激しい喘息を伴なう慢性気管支炎に苦しむことになった。その数は三〇七名に達した。また、一名が糜爛性ガスを吸い込んで死亡した。

イペリット・ルイサイトを戦車揚陸艇LST八一四号へ船積みする作業は七月一四日から開始されたが、「船内は忽ちにして毒臭に満ち」、困難を極めた(40)。大型タンクに入っているイペリット・ルイサイトは真空輸送管で送りこまれたが、二九日には台風が大久野島を襲い、八一四号が座礁しパイプが破壊されたため船首と岸壁が糜爛性ガスによって汚染され、九〇名の作業員が被毒した。ウィリアムソン少佐も被毒した。

八一四号は八月一二日、北緯三二度三七分・東経一三四度一三分の地点（土佐沖、室戸岬の南約

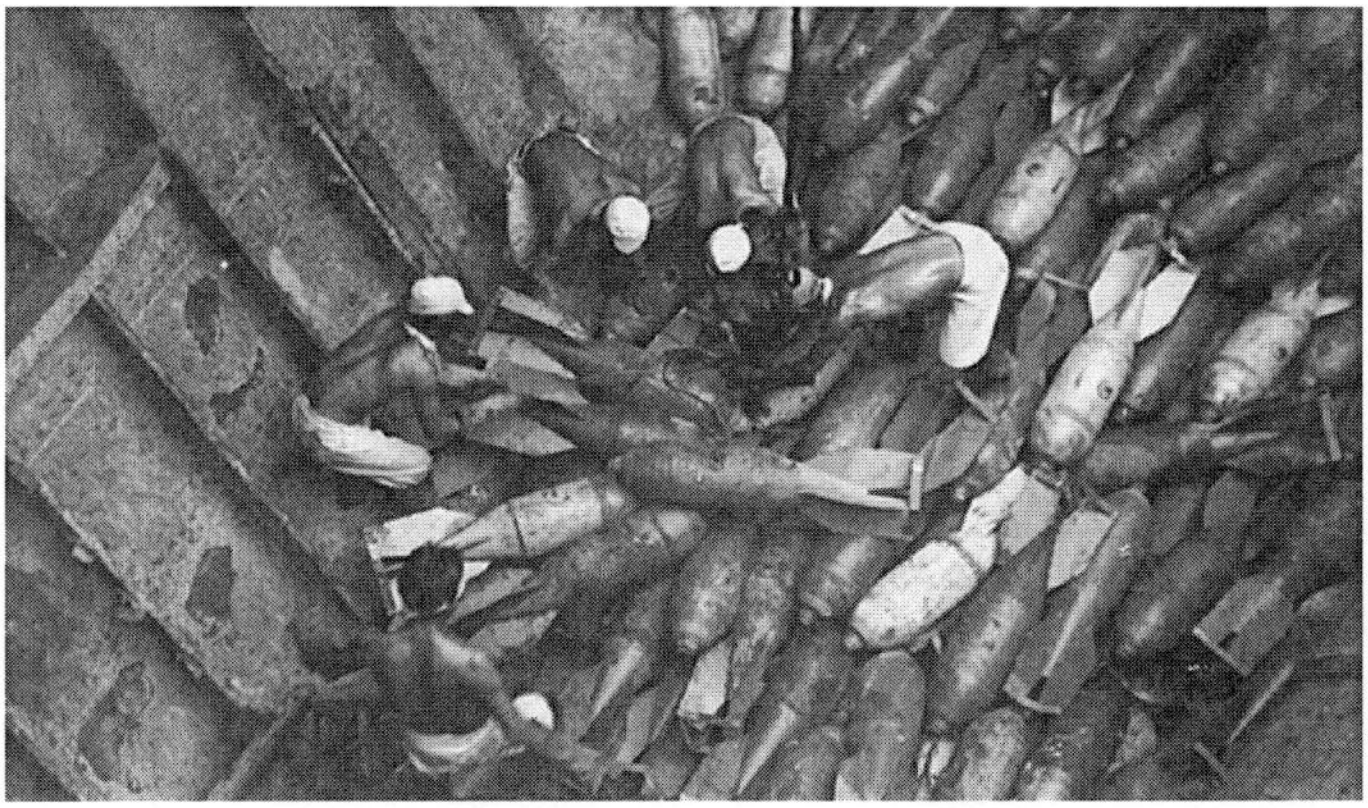

写真 15　海洋投棄のために，裸でイペリット投下弾を新屯丸に船積みする作業員(1946 年 10 月 3 日，大久野島)

ガスマスクすら着けていない危険な作業だった．投下弾は海軍の 60 kg イペリット弾．
出典：Australian War Memorial Negative No. 132152. 撮影，アラン・クエール軍曹．

一〇〇キロ)で、爆破され沈没した。

　LST一一二八号への船積みでは、八月二三日に左舷のタンクから毒ガスが漏れ出し、〇・五平方マイルが戦場汚染と同程度に汚染された。そこで、タグボート興津丸が曳航のために派遣されたが、乗組員はガスマスクも防毒衣もないまま作業を進めたので、約半数が水面から立ち上る気状ガスで被毒した。曳航されたLST一一二八号は、八月二六日、北緯三〇度三八分・東経一三三度二二分の海域(種子島の東方約一二〇キロ)で爆破され、沈められた。

　溶接工として移送作業に従事した遠藤力男さん(当時二三歳)は、被毒の模様を「長靴はいてジャブジャブするような(漏れ出した)原液の中へ入ってね、それがたまたま散らんでよかったようなものの、柄杓《ひしゃく》ですくって容器

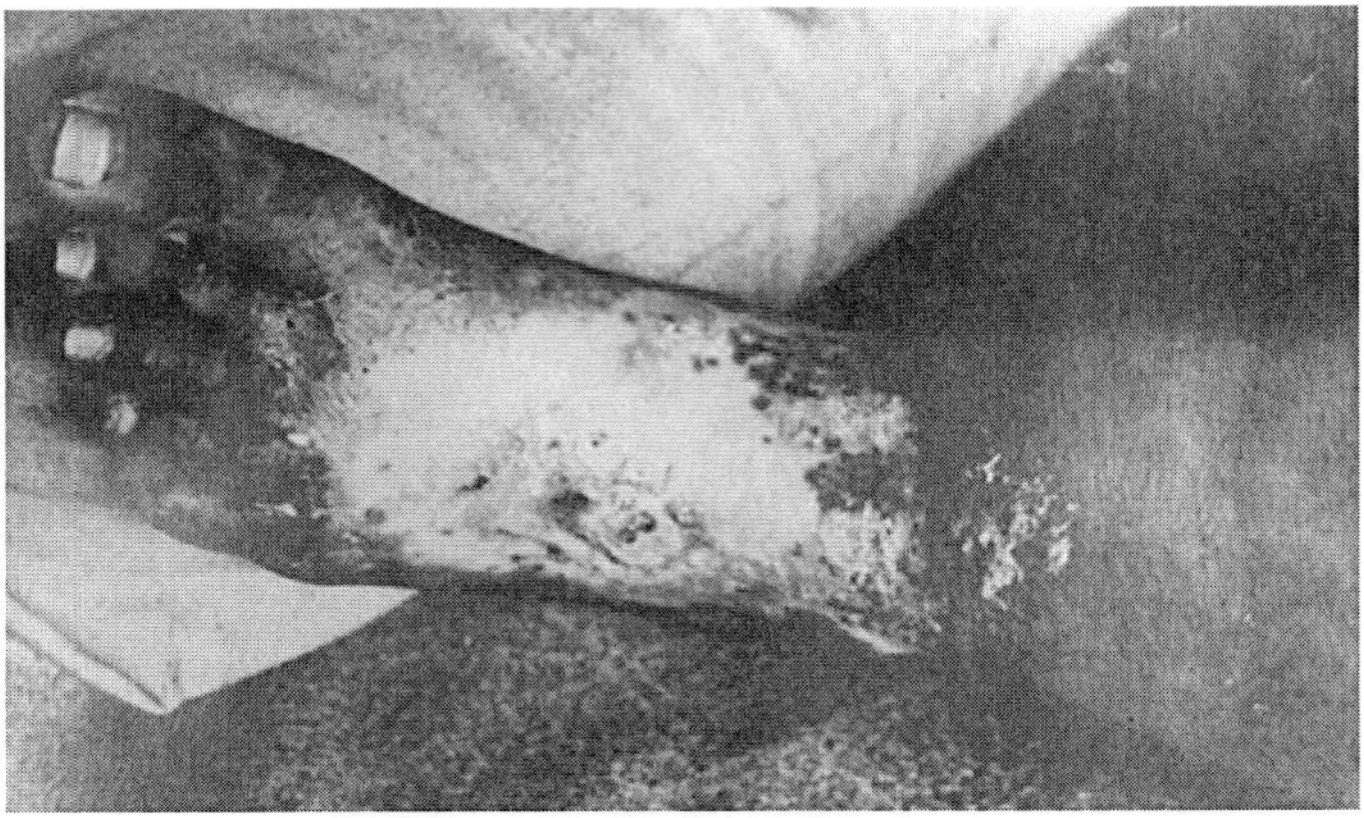

写真 16　イペリットで足が糜爛した作業員(1946 年，大久野島)

1946 年 6 月に最初の深刻な被毒事故が起きた．これは 55 日後の足の状態である．廃棄作業では被毒で 20 名が入院し，4 名が不治の傷害を負ったという．
出典：BCOF, Occupation Zone Japan, "Disposal Report, Chemical Munitions: Operation Lewisite," 1946.

の中に入れたりしよったんじゃが、あれがのう、分からんけえやったけど、それは言うてみても恐ろしいようなものがある」と語っている。[41]彼は、この時の被毒が原因で三六歳のときに倒れ、その後、激しいセキが続く慢性気管支炎に苦しみ続け、回復しないまま一九九九年に亡くなった。

残りの六〇キログラムイペリット投下弾(海軍)八〇〇〇発以上、一五〇キログラム缶入糜爛性ガス四〇〇トンなど総重量一八〇〇トンの毒ガスは、貨物船、新屯丸に船積みされ、一〇月に北緯三二度三〇分・東経一三四度一〇分の地点(土佐沖、LST八一四号海没の近く)で、手作業により海中に投棄された。海が荒れたため、すべてのものを投棄するのに、二二日もかかった。

嘔吐性ガスと催涙ガスは、大久野島にある

トンネル(地下壕)へ埋設された。これら毒ガス剤と漏れ始めている催涙ガス手投弾は九月二日までに地下壕に埋められた。ついで、地下壕正面にコンクリート製の大きな囲い堰を作り、八〇トンずつの塩水と漂白剤をまぜた液(スラリー)を作って地下壕に流し込んだ。その後地下壕入口を封鎖した。埋没された量は嘔吐性ガス筒(あか筒)六五万六五五三本に達した。[42]こうして、廃棄はされたが、嘔吐性ガスに含まれる有毒な砒素はそのまま大量に地下壕内に残留することとなった。

その後、糜爛性ガス貯蔵タンクの底に残った沈殿物約五〇トンと催涙棒二八二〇箱・催涙筒一九八〇箱の焼却、工場地帯一帯の焼却とサラシ粉による除染などが行なわれ、一九四七年五月二七日、ようやく全作業が終了した。

毒ガス事故の発生

こうして、国内の毒ガスは廃棄・投棄されたが、そのことが原因で多くの事故が敗戦直後から現在まで発生することとなった。表14は主な毒ガス事故である。これらの事故によって毒ガスの再投棄が必要となった。たとえば、事故がきっかけとなり、一九五〇年に浜名湖の掃海が実施され、ドラム缶一〇〇本分が引き上げられ、遠州灘に再投棄された。一九五四年には、横須賀港の事故後の港内掃海でイペリット弾三〇六発が引揚げられた。別府湾では、一九五五年から五六年にかけての掃海でイペリット投下弾約二五〇〇発が引揚げられ、深海に投棄された。銚子沖では一九七〇年に掃海が行なわれ、イペリット缶など三三個を深海に再投棄した。

表 14　国内廃棄・投棄毒ガスによる主な事故(最近のものを除く)

発生日	地　域	被毒者数		事故の概要(投棄者)
		死者	負傷者	
1945/9	大阪府長野村	1	2-3	缶からイペリット流出．魚を獲っていて被毒．(堺市の陸軍輜重隊)
1947/7/16	静岡県浜名湖	2	2	シジミを獲っていて，浮いたイペリット缶に触れ被毒．(三方原教導飛行団など)
1950/7/10, 7/31ほか	徳島県小松島沖	0	11	漁船がイペリット缶を引揚げて被毒．
1951/4/2	千葉県銚子	3	6	海岸に打上げられたイペリット壷を解体中被毒．
1951/6/28	千葉県習志野演習場	0	14	ルイサイト缶3個が発見され，演習中の自衛隊員が被毒．(陸軍習志野学校)
1952/8/26	山口県宇部沖	0	13	砲弾サルベージで糜爛性ガス弾30発を引揚げ，被毒．(米軍．砲弾は日本陸軍製)
1954/2/21	神奈川県横須賀港	0	5	業者が引揚げたイペリット投下弾126発を解体中，被毒．(海軍か)
1954/3/16	大分県別府湾	0	3	引揚げ業者がイペリット投下弾1発を引揚げ，被毒．なお1954年までの被毒者37名．
1954/4	福岡県苅田港	0	3	港で糜爛性ガス弾を引揚げ，被毒．(陸軍)
1955/7	広島県大久野島	1	1	池に沈められた防毒衣などを引揚げ中，被毒．
1957/9/13	千葉県銚子沖	0	10	第二大喜丸が底曳網漁中イペリット缶を引揚げ，被毒．(米軍．缶は日本海軍製)
1958/5/24	広島県大久野島近海	1	27	漁民が引揚げた青酸ボンベ2個を廃品回収業者が解体中，被毒．
1962/10/2	青森県陸奥湾	0	11-12	漁船がイペリット弾3発などを引揚げ被毒．処理中自衛隊員なども被毒．(海軍)
1968/8/26	青森県陸奥湾	1	1	若者2名が海水浴中イペリット弾を引揚げ，解体中被毒．(海軍)
1970/1/17-25	千葉県銚子沖	0	20	底曳網漁船4隻が相継いでイペリット缶などを引揚げて，被毒．
1970/12/22	広島県大久野島近海	0	2-5	漁船が引揚げた青酸ボンベ1個で漁民が被毒．
1972/4/18	広島県大久野島	0	6-7	海水浴場護岸工事でドラム缶を掘り出し，作業員が被毒

出典：環境省『昭和48年の「旧軍毒ガス弾等の全国調査」フォローアップ調査報告書』2003年.

一九七〇年の銚子沖事故と一九七二年の大久野島の事故がきっかけとなり、調査を要求する住民や野党の声に押されて、一九七二年に佐藤栄作首相は全国一斉調査を指示し、田中内閣時代に一斉調査が行われた。(43) その結果、海洋には八ヵ所で投棄された、被毒者は負傷者一二九名・死亡者四名だったなどの調査概要が、一九七三年に発表された。(44) しかし、その詳細は公表されなかった。

その後、広島市南区・屈斜路湖・大久野島・苅田港などで毒ガスやその原材料の存在が問題となった。たとえば、苅田港では、二〇〇〇年一一月、港を拡張する工事のための調査で陸軍のきい投下弾一二発・あか投下弾六発が海底で見つかった。その後、磁気探査で五九四発の化学弾が確認された。(45) この問題が判明して苅田港の浚渫工事は中断した。

さらに、二〇〇二年から二〇〇三年にかけて、茨城県神栖《かみす》町・神奈川県寒川《さむかわ》町・同平塚市で被毒事故が起きた。寒川町と平塚市の事故の原因は、相模海軍工廠本廠や同化学実験部に保管されていたイペリット・ルイサイト・青酸・催涙ガスをつめたビンの一部が地中に埋められたためと思われる。

二〇〇二年頃に茨城県神栖町木崎地区の住民三名から神経症状などの訴えがあり、その後、地域住民二〇名に手足の震え、ふらつき、めまい、呼吸障害などが現れていることが判明した。(46) 二〇〇三年三月二〇日、共用の井戸水を検査した結果、水質基準を大幅に上回る四五〇倍の砒素化合物が検出された。四月にはジフェニールアルシン酸が検出されたが、これは自然界には存在しないもので、嘔吐性ガス(ジフェニールシアンアルシンまたはジフェニールクロロアルシン)が加水分解したものとされた。嘔吐性ガスは、敗戦時に現地にいた独立混成第一一五旅団・神之池《ごうのいけ》海軍航空隊などが投棄した可能性があるといわれている。その後、地下水から水質基準の三三〇〇倍の砒素化合物が検出されたが、汚染源はまだ発見されていない。被害者に対する医療手帳の交付は九九名に達した(二〇〇三年二月現在)。一家四人が被害をうけ、特に常時痰が詰り、呼吸困難になり、「脳性マヒの疑い」があると医師に診断されるなど幼児が重い被害を受けた青塚美幸さんは、戦争を知らない子どもたちが今になってなぜ「戦争の被害」に会うのか、「国がちゃんと戦後処理をしていればこんな被害に会わなかったはずです」「国は責任を認め被害者に対して謝罪して戴きたく思います」とのべている。(47) しかし、日本政府による謝罪も賠償もまだなされていない。このように、国内の廃棄・投棄毒ガス問題は現在においても完全には解決しておらず、今なお各地で問題を起している。(48)

3　中国での毒ガスの遺棄

海外での毒ガスの遺棄

一九四四年に、対米英戦用の毒ガス弾薬の基地として指定されたマニラ・シンガポール・トラック島・上海・青島・大連には相当数の毒ガスが集積されていた。海外の日本軍は毒ガスを連合国軍に引き渡すことなく事前に投棄しようとした。これら集積基地はすべて海に接しているので、敗戦前後に近くの海に投棄されたと推測される。また、投棄は現地軍の独断でできることではないので、陸軍中央からの指示が出されたと思われる。

マニラでは、毒ガス弾薬はアメリカ軍の進攻が予想される一九四四年一〇月にコレヒドールに移されたが、それを海没したいという要望が第四航空軍(またはマニラ航空補給廠)から出されていたことはすでにみたとおりである(第Ⅶ章)。戦後、マニラやコレヒドールで日本軍の毒ガスが発見されたという情報はないので、アメリカ軍進攻前にマニラ湾に投棄されたのであろう。一九四五年八月二四日、スラウェシ(セレベス)島マカッサルにいた海軍第二三特別根拠地隊は、ガスマスクを含む「あらゆる化学戦資材の痕跡を廃絶すべし」という指示を出している(49)。

中国ではどうだっただろうか。毒ガスの配備は関東軍と支那派遣軍がもっとも充実していた。とくに、関東軍は、実験・演習、一部の討伐戦などを除いてほとんど毒ガスを使用しなかったので、大量に残っていた。これらはソ連参戦・日本降伏の直後に、海・河・地中・古井戸などに投棄されるか、その余裕がない場合弾薬庫に遺棄された。たとえば、吉林省敦化にいた第一六野戦兵器廠は、黒龍江省石頭に集積した弾薬爆破のため八月一一日に兵士三名を派遣している。この兵士たちは一五日から「化学戦弾薬だけ埋没を開始したが、武装解除迄完了しなかった」という(50)。また、敦化の大橋、沙河沿、秋梨溝、大山、馬鹿溝、林勝などではソ連軍の進撃が急なため毒ガス弾薬を処分する余裕がなく、大量の毒ガス弾薬を弾薬庫に遺棄していったという(51)。

支那派遣軍は、国民政府軍により武装解除されるまでの期間に海・河・地中・古井戸などに投棄した。たとえば、第一一軍直轄自動車第三四聯隊のある将校は、八月二〇日、湖南省湘潭《しょうたん》県滴水埠《てきすいふ》で停戦命令を聞いたが、このとき地区司令部から一切の書類焼却とともに、毒ガスの隠密裡の処理を命じられ、

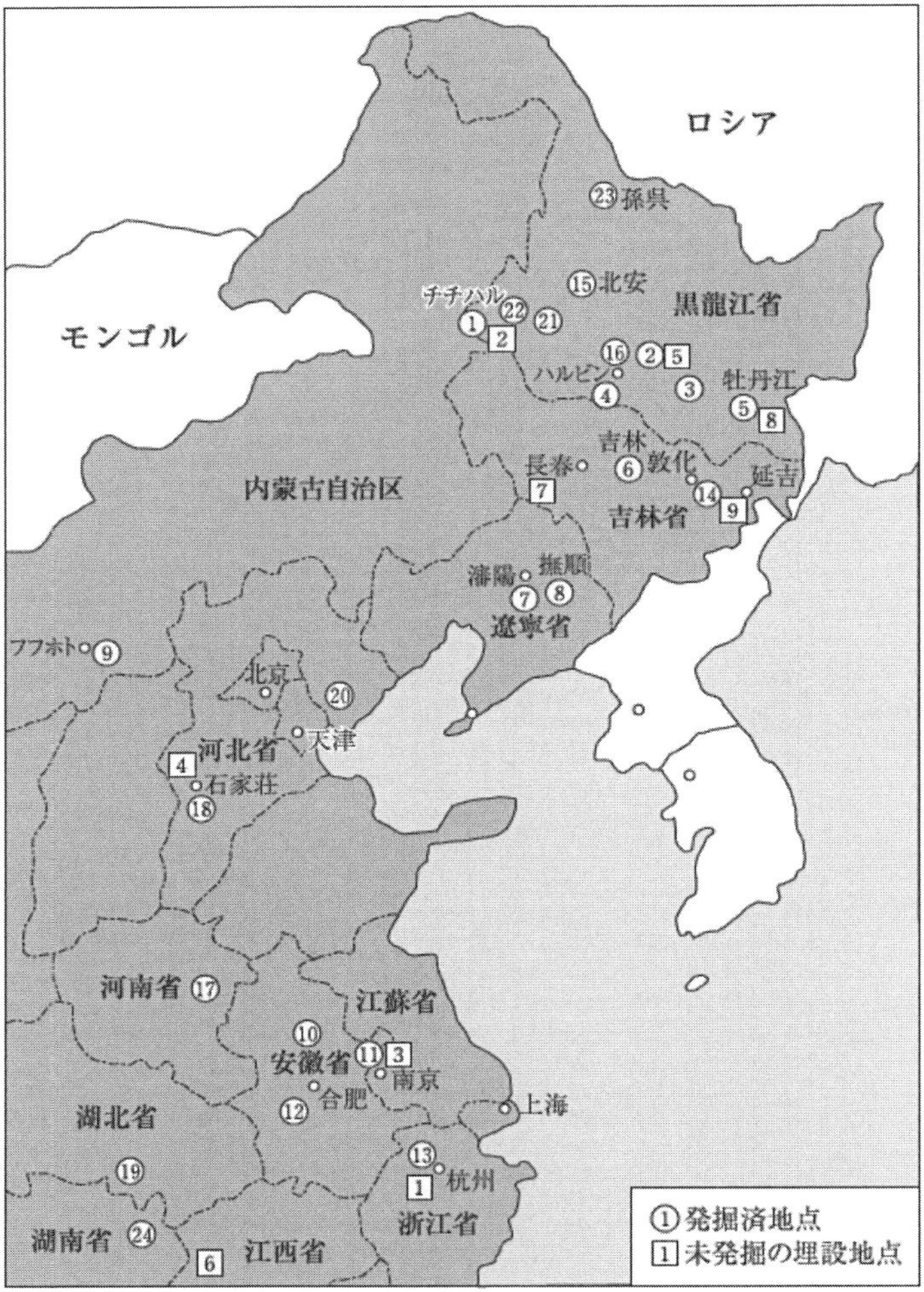

図 13　遺棄化学兵器の分布状況

出典：内閣府遺棄化学兵器処理担当室ホームページ，http://www8.cao.go.jp/ikikagaku/.

表 15　発掘済及び未発掘の遺棄化学兵器の分布状況

No.	発掘済地点	種類及び発（本）数
①	黒龍江省チチハル市フラルキ区	きい弾 171・あか弾 55・不明弾 14
②	黒龍江省巴彦県	きい弾 1・あか弾 2・不明弾 51
③	黒龍江省尚志市慶北村	きい弾 44・あか弾 1
④	黒龍江省双城市	きい弾 5・あか弾 7
⑤	黒龍江省牡丹江市	きい弾 122・あか弾 88・あおしろ弾 1
⑥	吉林省吉林市郊外	きい弾 1・あか弾 37・不明弾 10
⑦	遼寧省瀋陽市	きい剤缶 6・不明弾 4
⑧	遼寧省撫順市	きい弾 7・あか弾 108
⑨	内蒙古自治区フフホト市	きい剤缶 4
⑩	安徽省滁州市郊外	きい剤缶 3
⑪	南京市中央門外黄胡子山	きい弾 1・あか弾 1・有毒発煙筒 33,098 など
⑫	安徽省六安市	あか弾 31
⑬	浙江省杭州市	化学弾 10
⑭	吉林省敦化市ハルバ嶺	きい弾 8・不明弾 16
⑮	黒龍江省北安市	きい弾 733・あか弾 154・不明弾 10
⑯	黒龍江省ハルビン市	きい弾 44・あか弾 1
⑰	河南省淮陽県	有毒発煙筒 53
⑱	河北省石家荘市	有毒発煙筒 506・不明弾 16
⑲	湖北省武漢市	きい弾 5・あか弾 12・不明物 2
⑳	河北省唐山市豊潤県	きい弾 5・あか弾 6
㉑	黒龍江省大慶市林甸県	きい弾 4・あか弾 9・不明弾等 5
㉒	黒龍江省チチハル市	きい弾 72・あか弾 48・不明弾 23
㉓	黒龍江省孫呉県	きい弾 94・あか弾 99・不明弾等 30・ 有毒発煙筒154・化学剤入缶 4
㉔	湖南省長沙市	きい弾 3・あか弾 17・不明弾 3
No.	未発掘埋設地点	種類
1	浙江省杭州市	不明
2	黒龍江省チチハル市フラルキ区	缶 200
3	南京市中央門外黄胡子山	有毒発煙筒約 3000
4	河北省鹿泉市白鹿泉郷	化学弾 52
5	黒龍江省巴彦県	化学弾約 100
6	江西省上高県	有毒発煙筒約 200
7	吉林省遼源市梅河口	きい混合剤 37t
8	黒龍江省牡丹江市	化学弾 5・砲弾等 821
9	吉林省敦化市ハルバ嶺	化学砲弾等 67 万

出典：内閣府遺棄化学兵器処理担当室ホームページ，http://www8.cao.go.jp/ikikagaku/．未発掘埋設地点の内，1から8は中国側推定，9は日本側推定，缶はすべてドラム缶．

湘江に毒ガス弾入りの箱、二〇個余りをすてた、とのべている。[52] その後、日本は海外に遺棄した毒ガスのことを忘れていった。

遺棄毒ガス問題の浮上

日本降伏から四五年たった一九九〇年に、中国政府は遺棄化学兵器の処理を日本政府に要求した。そして、一九九二年二月一八日のジュネーブ軍縮会議で、中国に化学兵器が大量に遺棄されており、これまでに発見された未処理の化学弾は約二〇〇万発、化学剤は約一〇〇トンに達している、遺棄化学兵器によって戦後に被害を受けた者は二〇〇〇人以上となるという文書を提出した。[53]

このため、日本政府は、一九九一年六月から現地調査を開始し、調査した遺棄兵器のほとんどが旧日本軍の毒ガス弾・毒ガス筒であることを確認した。また、一九九七年四月には化学兵器禁止条約が発効したが、その中には、一九二五年以降他国に遺棄した化学兵器は遺棄した国が廃棄するという規定があった。こうして、日本は条約上の義務も負うこととなった。一九九九年七月には「中国における日本の遺棄化学兵器の廃棄に関する覚書」が結ばれ、日本政府の責任で廃棄することが確認された。

日本政府の調査によれば、遺棄毒ガスの発掘済みは二四ヵ所、未発掘は九ヵ所となっている(図13及び表15参照)。これらは現在確認されているものだが、今後も日本軍が駐屯していた各地で発見される可能性がある。

毒ガスがもっとも多く埋設されているのは、吉林省敦化市郊外のハルバ嶺で、ここに約一八〇万発の

表 16　黒龍江省での日本軍遺棄毒ガス被毒事件

年	地　域	事　件	被毒者数
1945	チチハル市フラルキ区	毒ガス缶漏洩	負傷 5
1945	黒河地区上馬廠村	毒ガス缶漏洩	負傷 3
1946/7-8	黒河地区法別拉村	毒ガス缶漏洩	負傷 3・死 1
1950	黒龍江省第一師範学校	毒ガス缶漏洩	負傷 8・死 1
1967/8	東寧県城	毒ガス缶漏洩	負傷 2
1970/1	依安県双陽鎮	毒ガス弾漏洩	負傷 4・死 1
1970/5	拝泉県龍泉鎮衛星村	毒ガス弾漏洩	負傷 8
1974/10/20	佳木斯港	毒ガス弾漏洩	負傷 35
1982/7/16	牡丹江市光華街	毒ガス缶漏洩	負傷 5
1987/10/17	チチハル市フラルキ区	毒ガス缶漏洩	負傷 8

出典：歩平「陳述書」，東京地方裁判所民事部・平成 8 年（ワ）第 24230 号「日本軍遺棄毒ガス・砲弾損害賠償請求事件」甲第 119 号証.

毒ガス弾があると中国政府はいっている。その多くは日本の敗戦前後に関東軍が中国東北の各地に遺棄したものを、一九五三年から一九五八年にかけてと、一九六五年から六六年にかけて人民解放軍や敦化県処理委員会などがハルバ嶺に運んで穴に埋設したもので、焼夷弾や標識のない遺棄弾もまじっていた。[54]なお、一九九六年の日本側の調査はハルバ嶺にある砲弾の量を六七万四〇〇〇発前後と推計している。[55]日本陸軍が生産した毒ガス弾の総量は一六一万発から二〇七万発程度なので、日本側の推計の方が妥当であろう。

遺棄毒ガスによる被害は、中国側の主張によれば、表16のように、一九四五年から継続して起っている。ここでは、一九七四年の事故と二〇〇三年の事故をみてみよう。いずれも黒龍江省での糜爛性ガス被毒事件である。

一九七四年一〇月二〇日午前一時頃、松花江の航

写真 17　チチハル市フラルキ区で発見された日本軍の毒ガス弾

著者撮影(1995 年 11 月 29 日). ここには 246 発の砲弾があり, きい弾・あか弾の標識が目視されるものが各 1 発あった. また, 振るとピチャピチャと液体の音がする迫撃砲弾があった. これはきい弾であることを示す. その後の調査で, きい弾 171 発, あか弾 55 発, 不明弾 14 発, 化学弾ではないもの 6 発と判明した.

路の浚渫を行っていた黒龍江省航道局の浚渫船、紅旗〇九号が、佳木斯《ジャムス》市西港通江街のドック入口附近で砲弾を吸い上げ、ポンプがつまった。これを取り除くため、肖慶武・李臣・劉振起・呉健寧さんらが、ポンプを開けると、芥子の臭いと魚の生臭い臭いがした。しかし、そのまま作業を続け、砲弾を取り出して河に捨てた。肖さんはポンプから溢れた黒い水に足をつけて作業をした。李さんは水の中に手をつけて作業をした。翌朝までに肖さんは意識朦朧となった。他の者も、翌朝までに手の甲が赤くなり、小さな水疱ができ、やがて腕・頭などに広がっていった[56]。二二日に同じ形の砲弾(長さ五〇センチ、直径一〇・六センチ、重さ一五キロ)が引き揚げられ、検査したところ、イペリットとルイサイトが検出されたという。[57]現場附近では以前にも日本軍の砲弾が引き揚げられたことがあること、紅旗〇九号が後に引き揚げた毒ガス弾は日本陸軍の一〇糎《せんち》きい弾とよく一致する（九二式一〇糎カノン弾薬九二式きい弾の場合、信管をのぞくと長さ五〇〇・五ミリ、直径一〇四―一〇七ミリ、重さ一五・六七キログラム）ことから、事故の原因となった毒ガス弾は日本軍のものと断定された。

症状がもっとも重い肖さんは、やがて両足が壊死して寝たきりとなり、一九九一年に死亡した。李臣さんの手と頭には水疱ができ、糜爛したため長期の入院を余儀なくされた。彼は「子どもは、毒に汚染されているとして、近所でばかにされ遊んでもらえ」なかったと一九九五年に語っている。[58]イペリットが伝染することはありえないが、この証言は被毒事故がその人の人生や家族・地域に与えるショックの大きさをよく物語っている。また、彼は「中国に遺棄された毒ガスを速やかに処理して、私の後の人には、私のような苦痛を与えないでほしい」とのべていた。

しかし、その後も事故は起きてしまった。二〇〇三年八月四日、チチハル市の建設現場で金属製の缶五個が掘り出された。うち一個はその場で漏れ出した。液体が染み込んだ土砂が市内一〇ヵ所に運ばれたため汚染が広がった。[59]汚染が広がった後、液体はイペリットと判明する。また、廃品回収業の李貴珍さんが、残りの缶四個を二〇〇元で買い、廃品買付所に持ち込んで切断したところ、二個から油状の液体が漏れ出して身体にかかり、身体中に水疱ができた。[60]彼は二一日に多臓器不全で死亡した。被害者総数は四三人に達したが、その中には九歳、一〇歳、一四歳の少年も含まれているという。

この事故は大きく報道され中国社会に衝撃を与えた。それは、都市開発が急速に進む中で、再び同様の事件が発生しないとは限らないからであるが、かつての戦争に対する日本の反省と責任意識が定着していないことに対する中国社会の苛立ちがあるからでもあろう。毒ガス戦問題の根本的な解決はなおできていないのである。

おわりに

日本軍は、第一次世界大戦中から毒ガス兵器の開発を進め、シベリア戦争では使用計画をたて、霧社事件では催涙ガス・青酸を使用した。二・二六事件では反乱軍鎮圧のため嘔吐性ガスの使用を計画し、その後、中国東北で催涙ガスの使用に踏み切った。この間、海軍陸戦隊も催涙ガスを使用した可能性がある。日中全面戦争がはじまると陸軍は直ちに戦場で催涙ガスを使用した。一九三八年からは嘔吐性ガスの使用を開始し、一九三九年からはその使用が日常化した。また、この年から糜爛性ガスの使用をはじめた。陸軍の場合、いずれも当初は将来戦、とくに対ソ戦のための実戦での実験・訓練という意味を持っていたが、やがて毒ガスの効果が著しいことが判明する中で、中国との戦闘に必要不可欠なものになっていった。

その背景には陸戦装備の現代化の遅れがあった。第一次世界大戦の経験から、飛行機・戦車・機関銃・自動小銃などの兵器の充実と兵站支援を含めた軍の機動化が必要なことは分かっていたが、財政の逼迫、基礎的生産力の不足、化学技術の低位などが重なり十分には実現できなかった。そこで、それを補うために日露戦争に起源をもつ、歩兵の銃剣による突撃を優先する用兵思想である「白兵第一主義」が強調されるようになった(1)。これは、日露戦後に定着していったので、日本陸軍における新たな伝統の創生・維持とみることもできる。しかし、ソ連、後にはアメリカの援助を受けて、国民党軍の装備の現代化も進んで行き、国民党軍・八路軍の抗戦意欲も旺盛だったので、歩兵の突撃優先では日本軍の犠牲も多くなり、膠着する戦況を打開できなくなった。そこで、通常兵器では容易に突破できない局面で毒ガスに頼ることが多くなった。[2] 嘔吐性ガスは常用され、糜爛性ガスは危急の時、後退の時や、八路軍根拠地の覆滅の際にしばしば使用された。中国との戦争では国際法を無視ないし軽視するという姿勢がそれに拍車をかけた。このような傾向は、アジア太平洋戦争初期におけるイギリス連邦軍との戦闘でも部分的に出現し、苦戦の時に毒ガスが限定的に使用された。しかし、アメリカ軍に対してはガダルカナル戦やビアク戦での例外的な使用を除いては使用されなかった。

一九三〇年代から第二次世界大戦にかけて、戦場で継続して毒ガスを使用したのは日本だけだった。イタリアは、一九二八年にリビアのシルテ地域でホスゲンを使用し、一九三〇年にもリビアに対してイペリットを使用した。また、一九三五年からのエチオピアに対する戦争で、イペリット爆弾・ホスゲン爆弾・アルシン砲弾を大規模に使用した。[3] しかし、それも一九三八年までだった。ドイツは、絶滅収容所でユダヤ人絶滅を目的として青酸ガス(チクロンB)を使用したが、戦場では使わなかった。当時、ドイツだけが神経ガス、タブン・サリンを製造・保有していたが、いくつかの要因が重なって使用に至らなかった。その最大の理由は、連合国側の化学戦準備の方が優勢であるとナチ・ドイツの指導者たちが考えていたことと、連合国側の航空戦力の優越にあった。[4]

こうして、第二次世界大戦にまたがる毒ガスの使用という不名誉は日本だけが負わねばならなくなった。また、毒ガスの先制使用により、敗戦直前にはアメリカ軍による全面的な毒ガス戦発動という災厄をみずから招き寄せつつあった。

毒ガスの製造と戦後の廃棄・投棄により多くの被毒者が出た。広島大学医学部が一九六六年から一九七二年にかけて行なった臨床的観察によると、診断しえた忠海製造所の旧従業員二三八一名(学徒動員を含む。男一四四七名・女九三四名)のうち、慢性気管支炎の有病率は男四五・一パーセント、女一三・八パーセントでかなりの高率であった。また、イペリット・ルイサイトの製造に従事した者の有病率は五五・五パーセントに達していた。(5) 肺癌の標準化死亡比は、普通の広島県男性と比較した場合、一九八一年には六ヵ月以上勤務で三倍、五年以上勤務で三・五倍になり、旧従業員の年齢が若かった一九五五年前後(昭和三〇年代)には四〇倍に達していた時期があった。(6) 旧従業員や廃棄に従事した人々に与えた影響は深刻であったのである。

戦場での毒ガスの使用による被害者はどれぐらいだっただろうか。国民政府は、極東国際軍事裁判に提出した証拠書類で、一九三七年から一九四四年までの毒ガス戦による中国軍の死傷者は三万六九六八人(うち死者二〇八六人)で、死亡率は五・六四パーセントだったとしている。(7) 中国人民解放軍化学防禦指揮工程学院の紀学仁教授は、大まかな推計として中国軍民の「中毒」者は九万四〇〇〇人以上、うち「中毒」で死亡した者は一万人以上としている。(8) この「中毒」による死亡者の中には、嘔吐性ガスを吸い込んで倒れ日本軍により刺殺・射殺された者もふくまれている(これを毒ガス被害者としてカウントするのは当然であろう)。どの程度からを「中毒」とするかによって数字は変わるであろうし、根拠とすべき正確で網羅的な統計がないので、信頼すべき数値を示すことは今のところ不可能だが、これらの数値は中国側推計の下限と上限を示すものとして注目すべきであろう。

つぎに、日本軍の毒ガス使用は、イギリス連邦軍に対しては抑制的であり、アメリカ軍に対しては使用を禁止した。このように欧米との毒ガス戦を日本が抑制したことや、連合国・枢軸国間の全面的な毒ガス戦が抑止されたことをもって、「毒ガスの先制使用は危険な行為だと政治・軍事の政策決定者たちが確信させられたゆえに、抑止力が保持された」（ムーン教授）ということはある程度まではできるであろう。[9] しかし、ムーン教授は十分には気づいていないが、中国は毒ガス攻撃を受けつづけていた。このことについて、長年人民解放軍で化学戦防禦の任務を担当した経歴をもつ紀教授は、中国が世界に何度も訴えたのに、国際条約と国際世論は日本の毒ガス戦発動と拡大を阻止できなかったとし、「自身の力量の基礎のうえに強大な化学防御能力を発展させてこそ、相手側の化学戦発動を抑制できる」とのべている。[10] これはやっかいな論点である。

たしかに、中国が高い化学戦防御能力を持っていれば、日本軍は毒ガスの使用を思いとどまっていたであろう。しかし、中国がそのような能力を持つためには高い工業生産能力が必要であり、それが達成できていれば、当然、化学戦攻撃能力を身につけているし、通常兵器ではなおさら高い攻撃能力をもっていたであろう。それを可能にする条件は中国の半植民地状態からの脱却であった。そして、それが実現していれば、そもそも日本の中国侵略は不可能となる。だとすれば「強大な化学防御能力」の追及は第一義的ではないはずである。

また、枢軸国側の毒ガス戦の発動を阻止するために開始された、アメリカの大規模な報復的毒ガス戦計画はそれが実現していくにつれて先制的毒ガス戦計画に転化しつつあったことは重要である。圧倒的に優勢な毒ガス報復能力の実現は、条件が整えば、毒ガスの先制的な使用を促すことになりかねないのである。

このように考えると、国際条約と国際世論が日本の毒ガス使用を阻止できなかったことは事実だが、その全面的な発動を抑止していたことも事実であろう。世界政府がない状況では、国際法はなお完成途上にあり、不完全・不十分なものであるが、だからといって、それをすべて水に流すべきではあるまい。結論のところで紀教授ものべているように、化学兵器禁止条約をよりどころとして化学兵器を地球上から完全に廃棄することを目標とすべきであろう。

一九四二年と一九四三年に出されたローズベルト大統領の声明は、既存の国際法や米英の毒ガス戦能力とともに、第二次世界大戦での毒ガス戦の全面的な発動を阻止する力を持ったし、日本による中国での毒ガス戦の全面的発動を抑制する上でも大きな意味を持った。しかし、戦後、アメリカは毒ガスの先制使用を許容する立場へと次第に移っていった(一九五六年までに転換)。このような中でアメリカは日本の毒ガス使用を免責することになるのだが、そのことが、戦後日本では日本軍の毒ガス使用問題の忘却と無自覚へとつながり、世界的には化学兵器の拡散へとつながっていった。

日本の忘却・無自覚と事実の隠蔽は、すでにのべたように、一九八四年に毒ガス戦の基本資料があいついで発見、公表されるまで継続する。一九六七年から一九八〇年にかけて出された防衛庁の公刊戦史、防衛研修所戦史室(のち防衛研究所戦史部)編『大東亜戦史叢書』全一〇二巻では毒ガス使用の事実は周到に秘匿され、一行も書かれていない。一九八三年一二月に防衛研修所が、戦史資料を公開するために制定した「戦史資料の一般公開に関する内規」では、「国益を損なうもの(N)」「好ましくない社会的反響を惹起するおそれのあるもの(S)」などは非公開とする、という規定が作られた。[11] そして、その「公文書の公開審査実施計画」では「有毒ガスの使用」は「戦争関係法規違反及び国際問題へ発展する恐れのあるもの」としてNに該当するおそれがあるとされ、「摘出」(審査会議にかけること)されることになった。[12] また、摘出された資料の多くは非公開となった。この規定はその後廃止され、かなりの資料は公開されるようになったが、いわゆる致死性ガスの使用に関する資料については、元将校の日誌や回想などでなお非公開となっているものがある。

事実関係に関する政府の認識は、すでにみたように一九九五年から、嘔吐性ガスの使用については認めるが、いわゆる致死性ガスの使用については確認できないというものに後退した。しかし、糜爛性ガスや青酸ガスの使用に関しても、本書で示したように、すでに相当量の資料が出てきているので、このような見解は事実に基づかないものといわざるをえないのではないだろうか。[13]

このことは、政府所管資料の全面公開と政府による事実の認定が必要であることを示しているであろう。事実関係の無視と資料の隠蔽は、日本政府や自衛隊が旧軍の戦争犯罪を隠蔽し抱え込むという、新たな不名誉を生むことにつながるのではないかと危惧する。

なお、イタリアでも政府は長い間イタリア・エチオピア戦争での毒ガス使用を認めなかったが、研究者・ジャーナリストたちの長い間の努力により、ついに一九九六年二月七日、ドメニコ・コルチョーネ国防大臣が「イペリットやアルシンの装塡された航空爆弾や砲弾が使用され、バドリオ元帥もこれらの毒ガスの使用を承知していたことが明らかとなった」という書面回答を発して、しぶしぶながら事実関係を認めるに至った。[14] どこの政府も似たようなものだという印象があるが、イタリア政府の態度を他山の石として、日本はもっと明解で、徹底した態度をとるべきであろう。

つぎに、国内の毒ガス被害者のうち、東京第二陸軍造兵廠忠海製造所(広島県)・同曾根製造所(福岡県)・相模海軍工廠(神奈川県)の関係者については、十分とはいえないとしても、一定の医療援助(医療手当・特別手当・健康管理手当)が実現している。しかし、廃棄・投棄作業に従事した民間人に対する医療援助は不十分だった。また、廃棄・投棄毒ガスの被害者、とくに茨城県神栖町の被害者に対する補償をどのように実現するかはこれからの課題である。また、中国での遺棄毒ガス・砲弾による被害者たちは賠償を求めて東京地方裁判所に提訴した。二〇〇三年五月一五日に出された第二次訴訟判決では、原告の請求が棄却されたが、九月二九日に出された第一次訴訟では、原告に最高二〇〇〇万円の賠償金を支払うよう命ずる画期的な判決が出された。前者は原告側の控訴により、後者は国側の控訴により、東京高等裁判所で裁判が継続中である。二〇〇三年のチチハルでのイペリット被毒事件では、日本政府は三億円を支払うこととしたが、「遺棄化学兵器処理事業にかかる費用」という婉曲な形式をとり、補償・賠償という形式を回避している。[15]

地球上から化学兵器を完全に廃絶するという目標は、一九九七年に化学兵器禁止条約が発効してから、具体的な展望を持てるようになった。これまでの国際法が単に戦場での使用を禁止していただけなのに対して、この条約は、化学兵器の開発・生産・取得・貯蔵・保有・移譲をも禁止し、加盟各国に条約加入から原則一〇年以内に自国の化学兵器を全廃するよう義務づけている。そして、ヨーロッパのすべての国やアメリカ・ロシア・中国・インド・日本など主要国のほとんどが加入した(二〇〇四年六月現在一六三ヵ国が加入)。しかし、この画期的な条約もバラ色一色ではない。一つは、第二次世界大戦後、化学兵器が世界中に拡散したため、今なおそれを持ちつづけようとする国や、条約に加入しない国が、紛争地域や途上国の中で少なくないからである。未加入国はイスラエル・イラク・シリア・レバノン・エジプト・ミャンマー・カンボジア・北朝鮮など計三〇ヵ国である。もうひとつは、この条約の締結・批准に同意した核保有国の思惑である。これらの国は、自国が核兵器という最終兵器を保有する限り、化学兵器(生物兵器も)は不要であり、非核保有国に化学兵器を持たせないことが自国の利益につながると考えているからである。核保有国のほとんどが加入した背景にはこのような国家エゴもあった。しかし、それでも化学戦の再発防止のためには、化学兵器禁止条約を徹底することが望ましいことはいうまでもない。

日本政府は今、中国における遺棄化学兵器の廃棄に取組んでいる。そのために、二〇〇四年度予算では回収・処理施設の造成費などで一七一億円を支出しており、今後廃棄の作業が開始されれば莫大な費用がかかる大事業となる。しかし、毒ガス問題での日本の国際的な責任は、関係資料の全面公開、使用の事実の承認、遺棄毒ガス被害者への賠償がなされなければ完結しないだろう。もし、これらの措置が取られれば、日本は毒ガス戦という過去の負の遺産を一掃し、この問題に関して世界の信頼を勝ち得、また特に日中間に深い信頼関係を築くことができるであろう。遺棄毒ガス廃棄事業に取組んでいる今、日本はそれを行なうことができる絶好の機会をつかんでいるのではなかろうか。

注

I　第一次世界大戦の衝撃　一九一五―一九三〇

(1)　Donald Richter, *Chemical Soldiers: British Gas Warfare in World War I*, Lawrence, Kansas, 1992, p. 8.

(2)　西沢勇志智『新稿・毒ガスと煙』増補第二版、内田老鶴圃、一九四一年、三ページ。以下これによる。

(3)　ルッツ・F・ハーバー『魔性の煙霧』原書房、二〇〇一年、三七一ページ。

(4)　同上、四七一ページ。これによれば、推定死傷者数は、八八万(ハンスリアン)、一〇〇万九〇三八(ギルクリスト)、二二九万七〇〇〇(プレンティス)という三つの説があるが、実態が不確かなロシア軍死傷者を除外すると、それぞれ、約五〇万、約五三万、約八二万という数字になるという。

(5)　小柳津政雄「化学戦研究史」厚生省引揚援護局史料室複写、一九五六年一〇月、前書き。

(6)　陸軍科学研究所「本邦化学兵器沿革誌」一九二五年一一月、防衛庁防衛研究所図書館所蔵。以下これによる。

(7)　磯村音介「液体塩素製造指導の件」「大日記乙輯」一九一八年、防衛研究所図書館所蔵。

(8)　「本邦化学兵器沿革誌」。

(9)　陸密第一二九号「臨時毒瓦斯調査委員設置の件」一九一八年五月九日、吉見義明・松野誠也編『毒ガス戦関係資料』II、不二出版、一九九七年、一ページ。

(10)　陸軍訓令第一四号、一九一八年五月九日、『毒ガス戦関係資料』II、二―五ページ。

(11)　臨時毒瓦斯調査委員「液体塩素製造指導の件」一九一八年六月六日、「欧受大日記」一九一八年六月、防衛研究所図書館所蔵。防衛庁技術研究所『本邦化学兵器技術史』(技研資第三一号)、同研究所、一九五八年、二ページ。

(12) 曹達晒粉同業会編『改定増補日本曹達工業史』同会、一九三八年、四五一ページ、および「本邦化学兵器沿革誌」。
(13) 「本邦化学兵器沿革誌」。
(14) 同上。
(15) 同上。
(16) 同上。
(17) 西密受第三七号「瓦斯弾並器材追送に関する件」一九二一年二月二五日、『毒ガス戦関係資料』Ⅱ、二四〇—二四二ページ。
(18) 『毒ガス戦関係資料』Ⅱ、二四〇ページ。
(19) R・W・デイヴィス『現代ロシアの歴史論争』岩波書店、一九九八年、二三八—二四一ページ。
(20) 陸軍省副官通牒「毒瓦斯器材譲渡の件」一九二〇年八月五日、「欧受大日記」一九二〇年一二月、防衛研究所図書館所蔵。
(21) 浦潮派遣軍参謀長から陸軍次官への電報、一九二〇年一月一九日、「西密受大日記」一九二一年一—四月、防衛研究所図書館所蔵。
(22) 『毒ガス戦関係資料』Ⅱ、二四〇ページ。
(23) 浅田正彦「化学兵器の禁止」、黒沢満編『軍縮問題入門』東信堂、一九九六年、一〇九ページ。
(24) 国際法の立作太郎博士は、(イ)号の「毒」の定義について、「人の身体の生活機能に対し急激に著しき有害なる作用を為す物質」はすべて毒に当てはまるとし、その形状がガス体たると液体たると固体たるを問わない、と広く解釈している。他方、(ホ)号については、毒ガスが不必要の苦痛を与えるものかどうか疑問だとして、毒ガスを禁止したものとする根拠はないとしている(外務省記録「欧州戦争の際国際法違反行為関係雑件　毒瓦斯使用禁止方赤十字常設委員会へ提議の件」一九一八年、521235-1、外務省外交史料館所蔵)。なお、立作太郎『戦時国際法論』(日本評論社、一九三一年)一五九ページ参照。
(25) 中国は、サンジェルマン条約を一九二〇年六月一八日に批准し、トリアノン条約を一九二六年一月二三日に批准している(薛典曾・郭子雄編『中国参加之国際公約彙編』台湾商務印書館、一九七一年版、六九、九六三ページ)。ヌイイー条約(対ブルガリア)は調印したが批准せず、セーヴル条約(対オスマン・トルコ)

は調印しなかった。
(26) 「華府会議報告 軍備制限問題調書」下巻、一九二二年五月、外務省『日本外交文書 ワシントン会議軍備制限問題』(外務省、一九七四年)三九七ページ。審議の詳しい分析としては杉島正秋「日本の化学軍縮政策 1918–1925」http://www.tcp-ip.or.jp 参照。
(27) Frederic J. Brown, *Chemical Warfare: A Study in Restraints*, Westport, 1968, pp. 62–63. これに対し、日本は、一二月九日、アメリカ案が戦争での使用禁止のみでなく「人道上の見地より廃棄法の研究を奨励する案を立てざりしは頗る意外とする処」だと批判する陳述書を提出している(「華盛頓会議一件 潜水艦及毒瓦斯に関する五国条約」一九二二年一一月、24312、外交史料館所蔵)。
(28) Brown, p. 68.
(29) 杉島「日本の化学軍縮政策」一〇ページ。
(30) 鈴木官補「毒瓦斯類及「バクテリヤ」類の戦争使用禁止に関する議定書採択経過報告」、外務省記録「国際連盟武器取引取締会議及関係書類」第一巻、24256、外交史料館。杉島、一〇ページ。
(31) 井出謙治海軍次官から植原正直外務次官あて電報、一九二〇年八月二一日、外務省記録「国際連盟常設軍事諮問委員会」第一巻、24225、外交史料館所蔵。杉島、七ページ。
(32) ジュネーブ議定書と同時に調印された「兵器、弾薬及軍用器材の国際取引禁止取締に関する条約」の批准問題についての吉田茂外務次官の問合せに対して、山梨勝之進海軍次官は、一九二九年一〇月二一日「条約に調印せる主要生産国が全部批准確定せるときは批准せられて差支なく……」と回答し、阿部信行陸軍次官も、一九三〇年三月一八日に「主要生産国の全部が同一日附を以て批准するを条件」とすると回答しているが(外務省記録「国際連盟武器取引取締問題一件 寿府武器取引取締会議関係 条約批准及加入関係」、B 940711、外交史料館所蔵)、このような態度は毒ガス使用禁止議定書の批准についても同様であったと思われる。
(33) 外務省編『日本外交文書 国際連盟一般軍縮会議報告書』一巻、同省、一九八八年、「軍縮条約案」四四ページ。

(34) 陸軍の回答は一九三〇年一一月二三日、海軍の回答は同二七日、『毒ガス戦関係資料』三―五ページ。
(35) 同上、五ページ。
(36) 同上、六ページ。
(37) 「大正十四年度軍備改編実施状況一覧」一九二九年二月、宇垣一成文書一一三、国立国会図書館憲政資料室所蔵。
(38) 軍備縮小に関する宇垣メモ、宇垣一成文書三〇五、同上所蔵。
(39) 陸軍科学研究所「本邦化学兵器沿革誌」。
(40) 『毒ガス戦関係資料』Ⅱ、一六―二二ページ。以下これによる。
(41) 陸密第三七四号「陸軍制式化学兵器表制定の件関係部隊に通牒」(陸軍省副官通牒)、一九三八年四月五日、陸軍省「陸軍制式化学兵器表」一九三八年(追加の加筆を含む)、防衛研究所図書館所蔵。以下これによる。
(42) 市野信治「化学戦兵器(攻撃)の研究」、防衛庁技術研究所『本邦化学兵器技術史』八五ページ。
(43) 「増田繁雄大佐業務日誌」第七巻、一九四四年一二月七日、防衛研究所図書館所蔵。増田大佐は陸軍省整備局員。
(44) 『本邦化学兵器技術史』四―六ページ。
(45) 陸軍造兵廠総務部「昭和二年度陸軍造兵廠歴史」、同「昭和三年度陸軍造兵廠歴史」防衛研究所図書館所蔵。
(46) 村上初一編『毒ガス島の歴史(大久野島)』私家版、一九九二年、一四、二〇ページ。
(47) 武田英子『地図から消された島』ドメス出版、一九八七年参照。
(48) 『本邦化学兵器技術史』七―一六ページ。
(49) 「昭和八年度陸軍造兵廠歴史」。
(50) 服部忠『秘録大久野島の記』私家版、一九六三年、二七ページ。
(51) 「相模海軍工廠」刊行会編『相模海軍工廠』同会、一九八四年、三一四ページ。
(52) 同上、二一九、二三二ページ。
(53) 同上、一―四ページ、および鶴尾定雄「化学兵器に関する回想」一九六七年、同「相模海軍工廠設立経緯および始末」一九七〇年、防衛研究所図書館所蔵。

以下これらによる。

(54)『相模海軍工廠』一四ページ。

(55) Pacific Office of the Chief Chemical Officer, GHQ, AFPAC, "Interrogation of Captain Sadao Tsuruo," May 7 1946, RG 493, Entry 53, Box 343, NARA.

(56) 春山明哲編『台湾霧社事件軍事関係資料』不二出版、一九九二年。

(57) 台湾軍参謀部「霧社事件陣中日誌」一九三〇年一〇月二七日―一二月二日、『台湾霧社事件軍事関係資料』九〇ページ。

(58) 同上、八九ページ。

(59) 石塚英蔵資料「霧社事件情報」、山辺健太郎編『現代史資料22 台湾2』みすず書房、一九七一年、六三一ページ。

(60)「霧社事件関係陸軍大臣官房書類綴」『台湾霧社事件軍事関係資料』二三六ページ。以下これによる。

(61) 陸普第四六九〇号「投下爆弾特別支給の件」一九三〇年一〇月二九日、「大日記乙輯」一九三〇年所収。陸密第二九二号「催涙弾薬特別支給の件」一九三〇年一〇月三〇日、「密大日記」一九三〇年第三冊、防衛研究所図書館所蔵。

(62)『台湾霧社事件軍事関係資料』一四五、一五一ページ。

(63) 同上、一六五ページ。未使用の山砲みどり弾は一五発であったから(陸軍科学研究所起案「弾丸下付の件」(陸普第三九六〇号、一九三一年九月二一日、「大日記乙輯」一九三一年所収))、一八五発が使用されたことになる。

(64) 山辺編前掲書、六三一ページ。

(65) 陸軍大臣官房「霧社事件関係書類綴」一九三〇年一〇月、『台湾霧社事件軍事関係資料』二四七ページ。

(66) 同上、一一二ページ、および「解説」一四ページ。

(67) 春山氏の研究は大変貴重なものだが、一点だけ問題がある。氏は、山砲用催涙弾(甲一号弾、みどり弾)が毒ガスであったのか、そうであるにしても糜爛性ガスであったのか「確実なことは言えない」とのべている(「解説」『台湾霧社事件軍事関係資料』一六ページ)。しかし、催涙弾が糜爛性ガス弾でないことははっきりしている。また、催涙ガスがジュネーブ議定書で禁止されている有毒ガスの中にはいることも事実であろう。
(68)『衆議院議事速記録』五号、一九三一年一月二五日、七七、七九―八〇ページ。
(69)服部兵次郎台湾軍参謀「霧社事件に就て」『偕行社記事』六七九号(一九三一年四月)、戴国煇編『台湾霧社蜂起事件』社会思想社、一九八一年、五五三ページ。

Ⅱ 満州事変と毒ガス問題 一九三一―一九三六

(1)関東軍起案「催涙弾及嚔弾支給に関する件」一九三二年一月二三日、「陸満密大日記」一九三二年第一四冊の一、防衛研究所図書館所蔵。以下これによる。
(2)「臨命第三十三号」別紙(一九三二年二月五日)、「臨命第三十六号」別紙(二月五日)、森松俊夫編『「参謀本部」臨参命・臨命総集成』一巻、エムティ出版、一九九四年、八八、九一ページ。
(3)鶴尾「化学兵器に関する回想」。
(4)安井保門「海軍勤務回想」一九六六年三月、防衛研究所図書館所蔵。
(5)関東軍「満鉄に於て催涙ガス使用に関する件」一九三三年五月一九日、『毒ガス戦関係資料』一〇ページ。
(6)同上、一一ページ。
(7)同上、九ページ。
(8)同上、七―八ページ。
(9)関東軍起案「八九式みどり筒甲携行使用の件」一九三六年八月二六日、『毒ガス戦関係資料』Ⅱ、二四三ページ。
(10)井上部隊本部「満州国討匪に関する一参考」『偕行社特報』三八号、一九三八年九月、一一―一五ページ。以下これによる。
(11)榎本海軍書記官「化学、焼夷、細菌兵器問題」一九三三年七月二七日、『毒ガス戦関係資料』四四ページ。
(12)同上、四二―四三ページ。
(13)条約局第三課「軍縮条約案の逐条説明書」一九三一年一一月、五二―五三ページ、『日本外交文書 国際連盟一般軍縮会議報告書』第一巻所収。
(14)「国際連盟軍縮会議関係一件 会議報告書(一九三二年寿府会議)」第一巻・七〇ページ、第四巻・一〇

七三―一〇七四ページ、B94010-16、外交史料館所蔵。

(15) 条約局第三課「第六十八回帝国議会参考資料 条約局第三課調書」一九三五年一二月、四六三ページ、外務省記録、議JY43、外交史料館所蔵。

(16)「昭和八年度陸軍造兵廠歴史」、防衛研究所図書館所蔵。

(17) 陸軍習志野学校史編纂委員会編『陸軍習志野学校』同委員会、一九八七年、五八、六五、一八四ページ。以下これによる。

(18) 陸軍習志野学校長鈴木重康「陸軍習志野学校状況報告」一九三八年三月、防衛研究所図書館所蔵。

(19) 陸軍習志野学校「軍隊及学校に於ける化学戦教育状況並に之が現状に即する応急改善意見」一九三八年三月、同上附録。

(20)「遠藤三郎日記」一九三三年一一月一六日、狭山市立博物館所蔵。宮武剛『将軍の遺言』(毎日新聞社、一九七六年、七七―七八ページ)にこの部分が紹介されているが、若干の誤記がある。

(21)『本邦科学兵器技術史』二二九ページ。

(22)『陸軍習志野学校』一一四ページ。以下、同書一一四―一一六ページ、小柳津『化学戦研究史』三九―四三ページによる。

(23) 陸軍科学研究所ほか「昭和九年九月瓦斯雨下連合研究演習概況報告」『毒ガス戦関係資料』Ⅱ、五三ページ。

(24) 教育総監部起案「満州国内に於て陸軍習志野学校冬季演習実施の件」一九三四年一一月、「密大日記」一九三四年第三冊、防衛研究所図書館所蔵。

(25) 明石泰二郎元少将「化学戦研究史に関する意見」起草年不明、防衛研究所図書館所蔵。なお、常石敬一氏は、呉孫・ブラゴヴェシチェンスク間は約一〇〇キロもあり、冬でもあるので、これは疑わしいとのべている(『化学兵器犯罪』講談社現代新書、二〇〇三年、二三二ページ参照)。しかし、市野信治氏によれば、一九三七年一月、同じ孫呉で中あか筒一〇〇本を放射したところ、気温が零下二五度であったため、毒ガスがよく低流し、風下数十キロでも相当の刺激効果があったという(『本邦化学兵器技術史』九五ページ)。ありうることではないだろうか。

(26) A元少将「化学戦研究の思出」厚生省引揚援護局

史料室、一九五六年一〇月複写、防衛研究所図書館所蔵、二二一—二二三ページ。元少将はこの実験の細部の計画を担当したという。
(27) 松本清張編『二・二六事件＝研究資料』Ｉ、文藝春秋、一九七六年、一七八ページ。
(28) 陸軍習志野学校本部「二・二六事件 戦時警備日誌」一九三六年七月二五日陸軍大臣に進達、「密大日記」一九三六年第四冊、防衛研究所図書館所蔵。以下、とくに断らない限りこれによる。
(29) 戒厳司令部参謀部「二・二六事件機密作戦日誌」、『陸軍習志野学校』一五一ページ。
(30) 「二・二六事件戦時警備日誌」。なお、『二・二六事件＝研究資料』Ｉに同文の命令がある(一八四ページ)が、その発令時間は二九日午前八時となっている。
(31) 『二・二六事件＝研究資料』Ｉ、一八五ページ。
(32) なお、反乱軍も催涙筒を携行していたことは注目される。陸軍省副官通牒(陸普第二五〇七号)によれば、第一師団の反乱軍は「八九式みどり筒甲」を持ち出しており、二本が行方不明になっていた(「事件消費弾薬補塡の件」一九三六年五月一日、「大日記乙輯」一九三六年、防衛研究所図書館所蔵)。

Ⅲ 日中戦争の全面化と本格的使用の開始 一九三七—一九三八

(1) 『「参謀本部」臨参命・臨命、「大本営陸軍部」大陸命・大陸指総集成』二巻および「戦闘序列」による。
(2) 『毒ガス戦関係資料』Ⅱ、二四四ページ。
(3) 陸軍大学校調製「北支那方面軍 支那事変初期に於ける北支那作戦史要」三巻付表、一九四一年、防衛研究所図書館所蔵。
(4) 高松宮宣仁『高松宮日記』一九三七年八月三一日、二巻、中央公論社、一九九五年、五七二ページ。
(5) 白銀義方「化学戦研究史に関する意見」、防衛研究所図書館所蔵。
(6) 歩兵第六聯隊第二大隊「戦闘詳報」第六号、一九三七年一〇月一六日—二七日、防衛研究所図書館所蔵。松野誠也「帝国陸軍化学戦略の研究」立正大学卒業論文、一九九六年。
(7) なお、陸軍は、このとき上海方面の人員三一、三万に対してガスマスク二五万個を配備し、馬八万頭に対しては馬用ガスマスク七、八〇〇〇〇個を配備しただけであり、ガスマスクは明らかに不足していた(田中新一「支那事変記録」其四、一九三七年一一月一二日、防衛研究所図書館所蔵)。一一月一七日には、田中新一陸軍省軍務局軍事課長は、上海方面での毒ガスの使用は「已むをえぬものと認めらる」と記している。

(8) 第一〇軍参謀長「軍参謀長注意事項」一九三七年一〇月二五日、『毒ガス戦関係資料』Ⅱ、二七四ページ。

(9) 『毒ガス戦関係資料』Ⅱ、二七八ページ。

(10) 同上、二四九ページ。

(11) 「野戦化学実験部勤務令」『毒ガス戦関係資料』Ⅱ、一六六ページ。

(12) 第一野戦化学実験部「鹵獲防毒面検定成績の概要(其二)」一九三七年九月二一日、『毒ガス戦関係資料』Ⅱ、一八九ページ。

(13) 同「支那軍化学戦備の概況並に対応策」一九三七年一一月八日、『毒ガス戦関係資料』Ⅱ、一九二―一九三ページ。

(14) 同「支那軍化学戦に関する観察」一九三七年一一月一六日、『毒ガス戦関係資料』Ⅱ、一九四ページ。

(15) 第三野戦化学実験部「化学戦に関する調査報告」一九三八年二月二五日、『毒ガス戦関係資料』Ⅱ、二二二ページ。以下これによる。

(16) 第三野戦化学実験部「冬季支那軍の被服に対する糜爛瓦斯の滲透効力実験報告」一九三八年二月二五日、『毒ガス戦関係資料』Ⅱ、二〇二ページ。

(17) 『毒ガス戦関係資料』Ⅱ、二五三ページ。

(18) 「徐州会戦及安慶作戦に於ける特種煙使用の戦例及成果」一九三八年七月、『毒ガス戦関係資料』Ⅱ、三〇九ページ。

(19) 第九師団「機密作戦日誌」(徐州会戦)五月三日、防衛研究所図書館所蔵。

(20) 川久保鎮馬「機密作戦日誌」(徐州会戦)一九三八年五月三日付箋、防衛研究所図書館所蔵。

(21) 『毒ガス戦関係資料』Ⅱ、三三二ページ。

(22) 同上、三三二ページ。

(23) 山本武『一兵士の従軍記録』私家版、一九八五年、一四一ページ。

(24) 『毒ガス戦関係資料』Ⅱ、三三二ページ。

(25) 同上、三三五ページ。
(26) 石田義一『戦線実録』私家版、一九七七年、七四ページ。
(27) 『毒ガス戦関係資料』Ⅱ、三一五—三一七ページ。
(28) 同上、三二八—三二九ページ。以下これによる。
(29) 同上、三〇九—三一〇ページ。以下これによる。
(30) 駐蒙兵団参謀長「発煙筒使用に関する報告提出の件」一九三八年七月一四日、「陸支密大日記」一九三八年三九号、防衛研究所図書館所蔵。
(31) 「方軍作命甲第二九三号」、第一軍参謀部「機密作戦日誌」巻一三、『毒ガス戦関係資料』Ⅱ、二八三ページ)。
(32) 同上、二八七—二八八ページ。
(33) 同上、二九七—二九八ページ。
(34) 『毒ガス戦関係資料』四四四ページ。
(35) 『毒ガス戦関係資料』Ⅱ、二九八ページ。
(36) 同上、三〇〇ページ。
(37) 中支那派遣軍司令部「徐州会戦及安慶作戦に於ける特種煙使用の戦例及成果」付録、同上、三三二ページ。
(38) 「機密作戦日誌」六月一二日、『毒ガス戦関係資料』Ⅱ、二九一—二九二ページ。
(39) 同上、七月五日、二九六ページ。
(40) 同上、二九七ページ。
(41) 『毒ガス戦関係資料』Ⅱ、二五四ページ。
(42) 「方軍作命甲第四四一号」、同上、三〇一ページ。
(43) 第二軍司令官稔彦王「二軍作命第四四六号」一九三八年八月一六日、『毒ガス戦関係資料』三三八ページ。
(44) 「呂集作命甲第三十三号」、「呂集団第十一軍作命綴」一巻、防衛研究所図書館所蔵。
(45) 「実施報告」『毒ガス戦関係資料』三〇六ページ。相当規模の使用とは大隊長指揮による「某正面」(大隊正面以内)制圧のための小規模使用と、極めて稀な聯隊以上における大規模使用を指す(同三〇九—三一〇ページ)。
(46) 同上、三〇七ページ。
(47) 同上、三一九ページ。
(48) 第一一軍司令官「軍状報告(口頭)」一九三九年八月三〇日、臼井勝美・稲葉正夫編『現代史資料』九巻、みすず書房、一九六四年、四一一ページ。
(49) 第二軍司令部「第二軍作戦経過概要(補遺)」一九三八年一一月、同上二九三ページ。
(50) 「実施報告」附表第三、『毒ガス戦関係資料』Ⅱ。以下、第一〇師団の使用例はこれによる。
(51) 「第二軍作戦経過概要(補遺)」『現代史資料』九巻、二八九ページ。
(52) 同上、二八七ページ。
(53) 「実施報告」附表第四、『毒ガス戦関係資料』Ⅱ。
(54) 「実施報告」附表第七、同上。
(55) 「実施報告」附表第八、同上。
(56) 蔣介石から程潜などへの書簡、一九三八年九月一四日、丁秋潔・宋平編『蔣介石書簡集』下巻、みすず書房、二〇〇一年、八八七ページ。
(57) 「実施報告」附表第五、『毒ガス戦関係資料』Ⅱ。
(58) 「実施報告」附表第七、同上。
(59) 「実施報告」附表第六、同上。
(60) 『毒ガス戦関係資料』四九〇ページ。
(61) 前掲「実施報告」附表第六。
(62) 大岡昇平『ながい旅』新潮社、一九八二年。この点、粟屋憲太郎氏のご教示を受けた。
(63) 『毒ガス戦関係資料』三七〇ページ。
(64) 同上、三八一ページ。
(65) 同上、三六四ページ。
(66) 同上、三六四、三六八ページ。
(67) 「呂集作命甲第三十三号」別紙、「呂集団第十一軍作命綴」一巻。
(68) 『毒ガス戦関係資料』三七〇ページ。
(69) 同上、三七一ページ。
(70) 第二軍司令部「化学戦教育計画」(一九三八年八月)の別紙「秘密保持に関する事項」、同上、三三五ページ。
(71) 同上、三〇八ページ。
(72) 同上、三〇九、三一八ページ。
(73) 『毒ガス戦関係資料』Ⅱ、二五五ページ。

Ⅳ 恒常化する毒ガス戦 一九三八―一九四一

(1) 『毒ガス戦関係資料』Ⅱ、二五六ページ。
(2) 石田義一『戦線実録』一九三八年一二月一一日、一二〇ページ。

(3) 同上、一九三九年七月六日、一七一ページ。

(4) 同上、一九三八年八月三一日、九九ページ。

(5) 清水中佐「化学戦戦例集」一九四一年一二月二日、内藤裕史編『化学戦教育関係資料』不二出版、一九九六年、二五九―三〇二ページ。以下これによる。

(6) 尾崎信明「敵の冬季攻勢を迎え撃つ」、嵐兵団歩兵第百二十聯隊史編纂委員会編『嵐兵団歩兵第百二十聯隊史 血涙の記録』上巻、嵐一二〇友の会、一九七七年、七〇〇ページ。

(7) 内藤裕史編『毒ガス戦教育関係資料』Ⅱ、不二出版、二〇〇二年、一三―七四ページ。

(8) 歩兵第二二聯隊第二大隊「単県王塞附近戦闘特種発煙筒使用詳報」第一号、一九四〇年一月九日、『毒ガス戦教育関係資料』Ⅱ、二〇六ページ。

(9) 山砲兵第三六聯隊「高平作戦に於て得たる教訓」一九四〇年、『毒ガス戦関係資料』Ⅱ、三五二ページ。

(10) 舞部隊(第三六師団)本部「高平作戦の教訓」一九四〇年三月、防衛研究所図書館所蔵。

(11) 第三六師団「小戦例集」第一輯、一九四二年一二月、防衛研究所図書館所蔵。

(12) 稲葉正夫編『岡村寧次大将資料』上巻、原書房、一九七〇年、三二六、三二九ページ。

(13) 「呂集作命第二百四十一号其二」付属「修水南岸敵陣地攻撃計画」一九三九年二月二三日、『毒ガス戦関係資料』Ⅱ、三四四ページ。

(14) 「呂集作命第二百六十五号」同上、三四六ページ。

(15) 第一一軍司令部「呂集団軍状一般」一九四〇年三月、防衛研究所図書館所蔵。

(16) 呂集団(第一一軍)司令部「修水河渡河作戦に於ける特種煙使用概況」一九三九年七月、同上所蔵。この記録を最初に紹介したのは明石岩雄「日本軍の中国中南部侵略」『奈良史学』一二号(一九九四年一二月)である。なお、明石氏は使われた「特種煙」「特種筒」とは催涙性兵器だろうと推定しているが(一一ページ)、これは誤りで、あか剤・あか筒(嘔吐性ガス)のことである。また、水上発煙筒を催涙ガス筒としているのも誤りで、これは煙である。

(17) 『毒ガス戦関係資料』四八八ページ。

(18) 「遠藤三郎日記」一九三九年三月二〇日、狭山市立博物館所蔵。

(19) 陸軍歩兵中佐白木真澄「仁号作戦(修水河畔の戦闘)視察報告抜粋 化学戦」、中央大学図書館所蔵。以下これによる。
(20) 同上、および呂集団司令部「修水河渡河作戦に於ける特種煙使用概況」。
(21) 山口猛「小津が見た戦争の地獄」『キネマ旬報』(一三一四号、二〇〇〇年八月下旬)、田中真澄『小津安二郎周游』第九章(文藝春秋、二〇〇三年)参照。
(22) 田中真澄編『全日記 小津安二郎』フィルムアート社、一九九三年、二四八―二四九ページ。
(23) 『岡村寧次大将資料』上巻、三二八ページ。
(24) 鵜飼敏定「朝日新聞「毒ガス写真」誤用事件」『文藝春秋』一九八五年二月号、一八五、一八七ページ。
(25) この写真は斎藤(弥)部隊『支那事変記念写真帳』第二輯(同部隊、一九四〇年)に載っている。修水渡河作戦に参加した元将校が、これを修水における毒ガス使用の写真と思いこんで、朝日新聞社に持ちこんだのである。河の手前からのガス放射の光景は、修水でも新墻河でもよく似ていたのであろう。しかし、『サンケイ新聞』がいうように、この写真は「南昌攻略戦」の章ではなく、「贛湘会戦」の章に載っているので、写真帳をよくみれば修水渡河作戦の時の写真ではないことはすぐに分かったはずである。
(26) たとえば、小林よしのり氏はこの写真をとりあげ「毒ガスがモクモクと立ち昇るものか馬鹿!」と決めつけるジャーナリストの言葉を引用し、毒ガス戦の写真ではないと断じている(『新ゴーマニズム宣言スペシャル 戦争論』幻冬舎、一九九八年、一六〇―一六一ページ)。一知半解・受売りの議論の典型である。
(27) 拙稿「化学戦覚書」『中央大学論集』第九号(一九八八年三月)ではこの点を一部検証している。
(28) 独立山砲兵第二聯隊「新墻河南方地区戦闘詳報」一九三九年九月二三日―一〇月六日、防衛研究所図書館所蔵。
(29) 前掲、第一一軍司令部「呂集団軍状一般」。なお、呂集団参謀部「呂集団贛湘会戦作戦経過の概要」(「呂集団戦時月報」甲第一号別冊、一九三九年一〇月、防衛研究所図書館所蔵)にも、「二十三日払暁砲撃並特種煙放射に引続き新墻西方に於て新墻河を渡渉し、同河南岸及其南方高地線に数線の障害物を有する堅固なる既設陣地に拠る敵を攻撃し、一部を以て新墻附近より我側方に対し猛射する敵を席捲して夜間攻撃を続行し、二四日払暁以降進撃に移り……」という毒ガス使用の記述がある。

(30) 平山宮栄「初めての瓦斯に大慌て」、町尻部隊編『第六師団転戦実話』贛湘編、一九四〇年、謄写版刷、一七九―一八〇ページ。この本は「紀元二千六百年奉祝」のため華中の駐屯地で刊行されたが、部外には出されなかった。なお、これら手記の紹介は拙稿「化学戦覚書」が最初で、紀学仁主編『日本侵華戦争的化学戦』(軍事誼文出版社、一九九五年)は拙稿からの丸写しである。村田忠禧教授による邦訳、『日本軍の化学戦』(大月書店、一九九六年)には訳者補註によりそのことが明示してある。

(31) 府本良一「朝霧の消ゆると共に轟く砲声交響曲」同上、一二七―一二八ページ。

(32) 桑原信二「待ちに待つた痛快な新墻河渡河戦闘」同上、一二二―一二三ページ。

(33) 田里有徳「煙の急襲に俄按摩の行列」同上、一八八―一八九ページ。

(34) 毎日新聞社編『一億人の昭和史』別巻、「日本の戦史」五巻、同社、一九七九年、一九六―一九七ページ。なお、同社編『決定版昭和史』(九巻、一九八四年)には、焚き始めた初期の写真がある(一一六ページ)。この事実は『サンケイ新聞』(一九八四年一一月一三日)が紹介している。

(35) 『アサヒグラフ』三三巻一六号、一九三九年一〇月一八日、一八―一九ページ。

(36) 『一億人の昭和史』別巻、「日本の戦史」五巻、一九六ページ。

(37) 毎日新聞社出版局西井一夫氏の吉見宛書簡、一九八九年二月一七日。

(38) 嘔吐性ガスの方がよく低迷するので、立ち昇る煙が煙幕、その下方にあるのが嘔吐性ガスということができるかも知れない。

(39) 歩兵第一三〇旅団「浙贛作戦戦闘詳報」その四、一九四二年四月三〇日―九月三〇日、防衛研究所図書館所蔵。この中に「長沙作戦新墻河河畔の戦闘」(一九四一年九月)として引用されている。

V　エスカレートする作戦　一九三九―一九四一

(1)『毒ガス戦関係資料』Ⅱ、二五八ページ。「大陸命」「大陸指」の原本綴は、戦後、陸軍将校たちが自宅などに隠して連合国軍には提出しなかった。かわりに、不都合なものを抜き、一部を書き換えた写しが提出された。占領終了後、原本綴を服部卓四郎元大佐が保管していたが、一九五九年九月、防衛庁戦史室がこれを借り出してマイクロフィルムに撮った。この時には大陸指第四五二号は存在していた。しかし、その後、服部元大佐がなくなり、同大佐宅から防衛研究所に原本綴が「寄贈」された時にはこの資料はなくなっていた(『朝日新聞』一九九四年八月一三日)。こうして、マイクロフィルムにはあるが、原本は存在しないという奇妙な事態が生じた。

(2)近藤治三郎軍医中佐(陸軍科学研究所)の陸軍省での報告、金原節三(陸軍省医務局医事課員)「陸軍省業務日誌摘録」前編、その一のイ、一九三九年四月二一日、防衛研究所図書館所蔵。

(3)第三飛行集団司令部「北支に於ける航空弾薬消費調査表」一九三九年一一月末日調、『毒ガス戦関係資料』Ⅱ、四〇一ページ、松野誠也氏発見資料。

(4)Office of the Chief of Chemical Warfare Service, "Chemical Warfare Intelligence Summary," No. 3-Japan, December 12, 1941, RG165, Box 2142, NARA.

(5)なお、陸軍航空本廠「陸軍航空本廠軍需動員実施状況書」(一九三九年一一月一〇日、防衛研究所図書館所蔵)によれば、一九三九年四月から九月にかけて陸軍は投下あをしろ弾(ホスゲン+三塩化砒素)を華北と中国東北に配備している(五〇キロ投下弾を華北に六〇〇発、同一五キロ投下弾を華北に一八〇〇発、「満州」に一〇〇〇発)。これも実験目的の配備と思われる。

(6)舞部隊本部(第三六師団司令部)「春季晋南作戦の教訓」一九四〇年六月、『毒ガス戦関係資料』Ⅱ、三五四ページ。松野氏発見資料。

(7)歩兵第二二四聯隊第九中隊「第九中隊好地宼北側高地附近戦闘詳報」一九四〇年六月三日、『毒ガス戦関係資料』Ⅱ、三五五―三五六ページ。松野氏発見資料。

(8) 防衛庁防衛研修所戦史部『戦史叢書 支那事変陸軍作戦 3』朝雲新聞社、一九七五年、八〇―八二ページ。

(9) 独立山砲兵第二聯隊「翁英作戦戦闘詳報」第二一号、一九三九年一二月一八日―一九四〇年一月五日、『毒ガス戦関係資料』Ⅱ、三四九ページ。「B弾」は山砲弾のことか。

(10) 原田鶴吉「原田部隊戦記」原田部隊戦記刊行準備会、一九五九年三月、二九ページ。

(11) 独立山砲兵第二聯隊「翁英作戦戦闘詳報」第二一号、防衛研究所図書館所蔵。

(12) 陸満密第二四七号「関東軍化学戦兵器特別支給の件」「陸満密大日記」一九三九年第一一号、防衛研究所図書館所蔵。

(13) 陸密第七七二号「関東軍に於ける研究に陸軍科学研究所及陸軍軍医学校の一部参加に関する件」「陸満密大日記」一九三九年第一一号、防衛研究所図書館所蔵。

(14) 陸満密第三三二号「化学兵器下付の件」五月二四日、「大日記乙輯」一九三九年兵器其一、防衛研究所図書館所蔵。この他、放射試験用の青酸一二トンがあったが、これは六月六日に下付が中止される。

(15) A元少将「化学戦研究の思出」一九五六年九月稿、一九五六年一〇月厚生省引揚援護局史料室複写、防衛研究所図書館所蔵。以下これによる。

(16) 金原節三「陸軍省業務日誌摘録」前編、その一の八、一九三九年一〇月一六日。以下これによる。

(17) 「関作命丙第一九七号 関東軍命令」一九三九年八月九日、「陸満密大日記」一九三九年第一五号、防衛研究所図書館所蔵。

(18) 『毒ガス戦関係資料』Ⅱ、二六〇ページ。

(19) このことを最初に指摘したのは松野氏である(「解説」『毒ガス戦関係資料』Ⅱ、二九ページ、「日本軍の資料からみた山西省における化学戦」、粟屋憲太郎編『中国山西省における日本軍の毒ガス戦』大月書店、二〇〇二年、三九ページ参照)。なお、松野氏は、きい剤のことしかいっていないが、青酸、ホスゲンの使用も許可されたとみるべきであろう。

(20) 防衛庁防衛研修所戦史室『戦史叢書 北支の治安戦 1』朝雲新聞社、一九六八年、三三八ページ。

(21) 独立混成第四旅団「第一期晋中作戦戦闘詳報」一九四〇年九月一日—一八日、『毒ガス戦関係資料』Ⅱ、三六五ページ。
(22) 同上、三六七ページ。なお、この資料を最初に紹介したのは、拙稿「日本軍の毒ガス作戦——中国・マレー・シンガポール・ビルマにおける使用の一端」『中央評論』(中央大学)一七四号、一九八五年一二月である(洞富雄ほか編『南京事件を考える』大月書店、一九八七年に再録)。
(23) 独立混成第四旅団「第二期晋中作戦戦闘詳報」一九四〇年一〇月一九日—一一月一四日、防衛研究所図書館所蔵。
(24) 歩兵第二三四聯隊第二大隊「晋中第一期作戦戦闘詳報」一九四〇年八月二二日—九月一五日、『毒ガス戦関係資料』Ⅱ、三六四ページ。
(25) 歩兵第二三四聯隊第一大隊「晋中第一期作戦戦闘詳報」(この部分は『毒ガス戦関係資料』Ⅱに収録されていない)、防衛研究所図書館所蔵。以下これによる。
(26) 『毒ガス戦関係資料』Ⅱ、三六三ページ。
(27) 歩兵第二三四聯隊堀江集成大隊「白羊泉河及柳樹口附近の戦闘詳報」一九四〇年一一月一九日—二一日、同上、三六八ページ。
(28) 遠藤少将「武力戦的見地に基く中央部の統帥」一九四〇年四月二六日、狭山市立博物館所蔵。「竹田宮へ進講要旨」(同日)として竹田宮付武官に提出したものの控である。
(29) 前掲「化学戦研究史」七七ページ。
(30) 同上、七八ページ。
(31) 田中明・松村高夫『七三一部隊作成資料』不二出版、一九九一年、一—四二ページ。以下これによる。なお、松村高夫「『七三一部隊』の実験報告書」『歴史学研究』五三八号、一九八五年二月参照。
(32) Edwin V. Hill, Chief, Basic Sciences, Camp Detrick, MD, "Summary Report on B. W. Investigations," December 12, 1947, Fort Detrick.
(33) 陸満第一五九号「化学兵器下付の件」一九四〇年二月二八日、『毒ガス戦関係資料』Ⅱ、七一ページ。
(34) 『本邦化学兵器技術史』二四ページ。
(35) 「化学戦研究史」八〇ページ。
(36) 同上、八一ページ。

(37) 同上、七八ページ。
(38) 同上、七八—七九ページ。
(39) 同上、七七ページ。
(40) 『支那事変陸軍作戦 3』二〇九ページ。
(41) 同上、二一二ページ。
(42) 同上、四一〇ページ。
(43) 同上、四一一ページ。
(44) 同上、四一一—四一二ページ。
(45) 「遠藤三郎日記」一九四一年一〇月八日。同上、四一一ページ。
(46) 「例証集」戦例四〇、『毒ガス戦関係資料』四七六ページ。
(47) John C. MacArthur, Office of Chief Chemical Warfare Service, War Department, "Japanese Gas Attack against Chinese at Ichang," Nov. 7, 1941. RG 319, Box 836, NARA.
(48) Ibid.
(49) テンペスト社編『初動要員のための生物化学兵器ハンドブック 実践マニュアル』啓正社、二〇〇〇年、C—三—一〇一—一〇二ページ。
(50) 重慶駐在武官からイギリス陸軍省への電報、FO 371/27628, Public Record Office (PRO).
(51) Jack Belden, *China Shakes the World*, New York, 1949. 邦訳『中国は世界をゆるがす』全二巻、筑摩書房、一九五二—一九五三年。
(52) Jack Belden, "Alleged use of Gas by Japanese Troops near Ichang," Nov. 6, 1941, WO 208/3044, PRO. R. John Pritchard 氏提供。ベルデンはこの時の取材ノートを紛失してしまったが、既に送った通信と記憶によってこの文を書いている。以下これによる。
(53) Sherman Miles, Acting Assistant Chief of Staff, G-2, War Department, "Japanese Use of Poison Gas in China," Nov. 15, 1941, RG 175, Box 136, NARA.
(54) 「遠藤三郎日記」一九四一年一〇月一〇日。
(55) Chemical Staff Section, Air Service Command, 10th Air Force, "Notes on Japanese Use of Chemicals," July 31, 1942, RG 165, Entry 77, Box 2141, NARA. 以下これによる。
(56) たとえば顧維鈞駐英大使からイギリス政府へ、

"Japanese gas warfare in China," June 13, 1942, FO 371/32488, PRO. 国民党軍の防毒装備の劣悪さからみて、被毒者中の死者の比率は第一次世界大戦の時よりも高いと思われる。

(57) Henry Lewis Stimson, "Stimson Diaries," Nov. 21, 1941, The Henry Lewis Stimson Diaries in the Yale University Library, Reel 7, 1973.

(58) M. Y. Gerow, Acting Assistant Chief of Staff, "Chemical Warfare Supplies for the Philippines," November 24, 1941, Reel 51, #1815, George C. Marshall Library.

(59) 『毒ガス戦関係資料』四八一ページ。

VI　毒ガスの生産

(1) 岡田清『東京第二陸軍造兵廠曾根製造所——その歴史と背景』私家版、二〇〇一年参照。

(2) 桜火会『日本陸軍火薬史』同会、一九六九年、二〇三ページ。

(3) Pacific Office of the Chief Chemical Officer, GHQ, AFPAC, "Interrogation of Colonel Tadaharu Okano," May 3 1946, RG 493, Entry 53, Box 343, NARA.

(4) 「真田穣一郎少将日誌」三〇巻、一九四四年五月一五日、通巻二三三七ページ、防衛研究所図書館所蔵。

(5) 陸軍兵器本部「造兵廠現有設備能力表」一九四二年一月調、および同本部造兵課「昭和十九年三月設備能力表」、日本兵器工業会「兵器製造設備能力表」所収、防衛研究所図書館所蔵。

(6) "Target No. 85: Tadanoumi Factory of the Tokyo Second Arsenal," RG 319, Entry 85 A, Box 1704, NARA. なお、東京第二陸軍造兵廠作業課「化兵剤及同弾薬生産調査の件」(一九四五年一二月二六日)は毒ガス、毒ガス弾生産表を兵器行政本部造兵課に提出しているが、その数値は表3、表6と一致する(ただし、こちらは一九四二年以降しかない。造兵課「聯号軍要求に基く雑調査綴(大)」防衛研究所図書館所蔵)。

(7) "Target No. CW5031: The Sone Factory (Chemical Filling Plant) of the No.2 Tokyo Military Arsenal," RG 319, Entry 85A, Box 1572, NARA.

(8) 陸軍兵器行政本部「造兵廠現有設備能力概見表」一九四一年一一月、日本兵器工業会「兵器製造設備能力表」所収。東京陸軍第二造兵廠「製造設備能力一覧表」一九四二年四月調も同じ数字を示している。なお、陸軍兵器本部「造兵廠現有設備能力表」(一九四二年一月調)は、あか弾五万一五〇〇発、きい弾四万六〇〇〇発、五〇キログラムきい投下弾二三〇〇発、ちゃ弾一万七五〇〇発、五〇キログラムちゃ投下弾五〇〇〇発という数字を挙げている。

(9) なお、アメリカ海軍の調査によれば、あか弾二三万八三〇〇発、きい弾一九万〇七〇〇発、あを弾二〇〇〇発、ちゃ弾二〇〇発、あか投下弾三〇〇〇発、きい投下弾四二〇〇発、あを投下弾一〇六〇発、ちゃ投下弾一〇〇発、計四二万九五六〇発が生産されたという(US Naval Technical Mission to Japan, "Japanese Chemical Warfare," Dec. 1945, Reports of the US Naval Technical Mission to Japan: 1945–1946, Reel 10, Scholarly Resources Inc., 1983.)。

(10) 相模海軍工廠は横須賀鎮守府長官の指揮下にあった。第一火工部は攻撃用兵器を、第二火工部は防御用兵器を担当した。

(11) US Naval Technical Mission to Japan, "Japanese Chemical Warfare," Nov. 1945, Reports of the US Naval Technical Mission to Japan: 1945–1946, Reel 3.

(12) 鶴尾定雄「化学兵器に関する回想」一九六七年、防衛研究所図書館所蔵。

(13) 海軍省「毒瓦斯及其の充塡兵器処理に関する件」(一九四五年九月)附表(一九四五年九月九日現在、二〇〇四年環境省公表資料)。嘔吐性・催涙性中口径砲用型薬缶として、横須賀(池子・瀬谷)約三万個、相模工廠平塚分所一〇三五個という数字も示されている。

(14) 桑原尚雄元少佐「化学研究部及び化学実験部の私」『相模海軍工廠』一一五ページ。

(15) 鶴尾「相模海軍工廠設立経緯および始末」。桑原尚雄技術少佐の回想によれば、これは一九四二年夏頃だったという(『相模海軍工廠』一一五ページ)。

(16) "Target No. 649: Nippon Soda Co., Ltd.," "Target No. 635(9), Supplemental Report: Hodogaya Chemical Manufacturing Co., Ltd.," RG 319, Entry

85A, Box 1519, 1544.

(17) なお、Office of the Chief Chemical Officer, GHQ, AFPAC, "Intelligence Report on Japanese Chemical Warfare," (hereafter "Intelligence Report,") Vol. 3, March 1, 1946 (RG 319, Entry 82, Box 1789, NARA)によれば、一九三〇年から一九四五年までの日本軍の毒ガス生産量(ホスゲンを除く)は、イペリット・ルイサイト四九九一トン、青酸二五五トン、ジフェニールシアンアルシン一九五七トン、クロロアセトフェノン一七二トン、計七三七五トンとなる。ほぼ同じ数字である。

(18) SIPRI, *The Problem of Chemical and Biological Warfare*, Vol. 1, Stockholm and New York, 1971, p. 304.

(19) C. D. R. 5, "C. W. and Smoke Intelligence Summary," No. 115, RG 319, Entry 82, Box 1107, NARA. サリンは、月産五〇〇トンのプラントが完成間近であったという。

(20) Leo P. Brophy, et al., *The Chemical Warfare Service: From Laboratory to Field*, Washington D. C., 1959, p. 74. なお、SIPRI は約七万トンだったという(SIPRI, p. 304.)。

(21) Ibid. 一九四〇年から一九四五年末までの生産量。SIPRI によれば一三万五〇〇〇トンとなる(八月末まで。SIPRI, p. 304.)。

(22) 服部忠『秘録 大久野島の記』一九—二〇、二九ページ。

(23) 三井鉱山「三井鉱山五十年史稿」巻一二(「化学工業」一)二五八ページ、三井文庫所蔵。

(24) 同「三井鉱山五十年史稿」巻一三(「化学工業」二)、二八〇—二八二ページ、巻二〇(「輸送販売」二)三八六—三八七ページ、三井文庫所蔵。以下これによる。シモリン生産の事実は坂本雅子「財閥企業の戦争責任」(『戦争責任研究』八号、一九九五年六月)がこの資料を使って解明している(四三—四六ページ)。なお、シモリンとは類白色ないし帯褐色の結晶状粉末で化学式は$(C_6H_5)_2AsOH$である。

(25) 「三井鉱山五十年史稿」巻一二、二六二ページ。

(26) 同上、巻五の二(「総説(営業)」)、表21。

(27) 三井東圧化学株式会社社史編纂委員会編『三井東

圧化学社史』同社、一九九四年、一五二ページ。

(28) 同上、一六四ページ。

(29) "Target No. 635(8) : Mitsui Gomei KK," RG 391, Entry 85A, Box 1651, NARA.

(30) 東亜合成化学工業株式会社社史編集室編『社史 東亜合成化学工業株式会社』同社、一九六六年、三一四ページ。

(31) 『三井東圧化学会社史』一七八ページ。

(32) 住友化学工業株式会社『住友化学工業株式会社史』同社、一九八一年、一九一ページ。

(33) 陸軍省軍務課「有末機関報 第三〇二号 日本化学戦に関する件」一九四五年一一月一日、『毒ガス戦関係資料』Ⅱ、一六四ページ。

(34) 三菱鉱業セメント株式会社総務部社史編纂室編『三菱鉱業社史』同社、一九七六年、四三九ページ。

(35) 同上、四三九—四四〇ページ。

(36) 旭硝子株式会社臨時社史編纂室編『社史 旭硝子株式会社』同社、一九六七年、八五〇ページ。

(37) 旭電化工業株式会社編『社史 旭電化工業株式会社』同社、一九五八年、一四四ページ。

(38) 同上、二〇〇—二〇一、二〇二ページ。

(39) 『相模海軍工廠』一三ページ。

(40) "Target No. CW5025: Toyo Seiyaku Kasei Kabushiki Kaisha," "Target No. 635(10) : Asahi Denka Kogyo Kabushiki Kaisha," RG 319, Entry 85A, Box 1572, 1615, NARA.

(41) 日本曹達企画本部社史編纂室『日本曹達70年史』同社、一九九二年、七四ページ。『毒ガス戦関係資料』Ⅱ、一六〇、一六四ページ。

(42) "Target No. 649: Nippon Soda Co., Ltd.."

(43) 昭和電工株式会社社史編纂室編『昭和電工五十年史』同社、一九七七年、七九—八〇ページ。

(44) 曹達晒粉同業会編『改訂増補 日本曹達工業史』同会、一九三八年、四五二ページ。

(45) 同上、四六八ページ。

(46) 鉄興社社史編纂委員会編『鉄興社35年史』同社、一九六一年、九六ページ。

VII 抑制された毒ガス戦 東南アジア・太平洋戦線 一九四一―一九四五

(1) 陸支密第四〇九九号「あ号作戦資材交付の件」一九四一年一一月一六日、『毒ガス戦関係資料』II、三八四―三八八ページ。

(2) 「大陸指第一〇〇一号」附表、一九四一年一一月六日、『毒ガス戦関係資料』II、二六三ページ。

(3) もちろん、糜爛性ガスが配備されなかったわけではない。一九四三年一月、パプアニューギニアのゴナで日本軍の糜爛性ガス砲弾が英連邦軍によって発見されている(Most Secret Cipher Telegram from D.N.I. Melbourne to Admiralty, C. O. I. S., E. F., Jan. 13, 1943, WO 208/3044, PRO)。同年五月、第二五軍はスマトラ島ゲルンバンで熱地における毒ガス実験を行っているが、使用されたのは青酸弾八〇〇発、糜爛性ガス弾四二二発などであった(陸軍習志野学校「熱地に於ける化学戦研究成果表」一九四三年一〇月、防衛研究所図書館)。なお、青酸手投ビンも各地に携行された。たとえば、一九四二年一〇月、陸軍省は北海部隊(キスカ島)にちび五〇〇個を送っている(「軍需品輸送に関する件通牒」「陸亜密大日記」一九四二年第五一号、防衛研究所図書館所蔵)。米軍はアッツ島攻略後、ちび六〇個を捕獲している(Intelligence Branch, Office Chief, CWS, "Condensed Statement of Information Abailable Concerning Japanese Use of War Gas." 1944, Aberdeen Proving Ground Historical Office.)。

(4) 第五師団の「戦闘詳報」によれば、北部仏印進駐時には「彼我共に瓦斯を使用せず」と書かれている。しかし、その「兵器損耗表」によれば、四一式山砲あか弾二五発、八九式発射あか筒一二本を「消費」している(第五師団「仏印作戦戦闘詳報」一九四〇年九月二三日―二五日)。従って、フランス植民地軍に対しても嘔吐性ガスを小規模に使用した可能性はある。

(5) 第五師団「北部馬来攻略作戦戦闘詳報」一九四一年一二月九日―二五日、防衛研究所図書館所蔵。

(6) 歩兵第一一聯隊第一大隊「北部馬来攻略作戦戦闘行動詳報」一九四一年一一月九日―一二月二五日、防衛研究所図書館所蔵。

(7) 歩兵第一一聯隊歩兵砲中隊「北部馬来攻略作戦戦

闘行動詳報」、一九四一年一二月八日―二五日、防衛研究所図書館所蔵。

(8) 同上。

(9) 第五師団「馬来攻略作戦戦闘詳報附録　戦闘の教訓」一九四二年二月、防衛研究所図書館所蔵。

(10) 第五師団「中部馬来攻略作戦戦闘詳報」一九四一年一二月二六日―一九四二年一月一二日、防衛研究所図書館所蔵。

(11) 第五師団「南部馬来攻略作戦戦闘詳報」一九四二年一月一三日―二月一日、防衛研究所図書館所蔵。

(12) 歩兵第一一聯隊歩兵砲中隊「南部馬来攻略作戦戦闘詳報」一九四二年一月一六日―二月二日、防衛研究所図書館所蔵。

(13) 歩兵第一一聯隊第二大隊「南部馬来攻略作戦戦闘詳報」一九四二年一月一三日―二月一日、防衛研究所図書館所蔵。

(14) 近衛歩兵第四聯隊第一大隊「南部馬来攻略作戦『バッパハット』附近戦闘詳報」一九四二年一月一五日―二六日、『毒ガス戦関係資料』Ⅱ、三九〇ページ。

(15) なお、第五師団「馬来攻略作戦戦闘詳報別冊」(一九四一年一二月一五日―一九四二年二月一五日)の「射耗弾薬調査表」によれば、同師団は、一二月八日のソンクラ上陸から二月六日のジョホールバル攻略戦の終了までの期間に、ちび二〇個と、あか筒二六本を使用したことになっているが(『毒ガス戦関係資料』Ⅱ、三八九ページ)、これは過少に集計された数字であることがわかる。

(16) 林博史『華僑虐殺――日本軍支配下のマレー半島』(すずさわ書店、一九九二年)参照。

(17) 第五師団「新嘉坡攻略作戦戦闘詳報」一九四二年二月二日―一五日、防衛研究所図書館所蔵。

(18) 近衛歩兵第四聯隊「シンガポール攻撃戦闘詳報」一九四二年二月一日―一六日、防衛研究所図書館所蔵。以下これによる。

(19) 教育総監部「化学戦重要数量表」『毒ガス戦関係資料』Ⅱ、九一ページ。

(20) ちびの人体実験については松野「日本陸軍による化学兵器の人体実験」(『駿台史学』一一〇号、二〇〇〇年八月、八一―一〇ページ)を、青酸やちびの開発については松野「日本陸軍における化学兵器の研究・開発についての一考察」(『年報日本現代史』九号、二〇〇四年三月)参照。

(21) MO 10, "M. I. 10, S. D. 9C Separate Minutes," WO 280 / 2200, PRO. 以下の PRO 資料は R. John Pritchard 氏提供。

(22) M. I. 10 / B / 2838, Feb. 4, 1942, WO 280 / 2200, PRO.

(23) G. O. C. Malaya to War Office, Secret Cipher Telegram 29508, Feb. 7, 1942, WO 280/2200, PRO.

(24) Ibid.

(25) H. F. Thuillier to M. I. 10, Feb. 12, 1942, WO 280/2200, PRO.

(26) Captain, G. S., M. I. 10 to M. I. 10 Colonel, Feb. 15, 1942, WO 280/2200, PRO.

(27) M. I. 10, "Notes on the possible use of toxic smoke by the Japanese in Malaya," Feb. 18, 1942, WO 280/2200, PRO.

(28) Cipher Telegram MIL/2455, "Telegram to Moscow Military Mission", Jan. 30, 1942, WO 208/3044, PRO. 青酸手投弾の情報を聞いたアメリカ国務省はこの情報を直ちに公表するよう要求した。その理由は、もし公表されれば日本は面子を保つため非常事態が起る時までその使用を抑制すると思われるから、というものだった(B. A. D. to Admiralty, Jan. 16, 1942, WO 208/3044, PRO)。

(29) T. M. M., "Survey of Incidents and Indications Showing Japanese Intent to Resort to Chemical or Gas Warfare," March 6, 1943, RG 165, Entry 77, Box 2141, NARA.

(30) "Extract from General Shekerjian's Report," Feb. 10, 1943, RG 332, Box 488, NARA.

(31) 歩兵第二一三聯隊第三大隊長伊藤新作「感状並戦闘概況(「ドンベイク」附近の戦闘)」一九五八年一〇月記述、防衛研究所図書館所蔵。なお、インパール作戦中の一九四四年五月下旬、京都歩兵第六〇聯隊第二大隊第六中隊の上原正義兵長は、対戦車兵器がない中で、イギリス軍戦車にちび一個を投げつけた。すると、戦車兵が戦車の中から飛び出して逃げて行き、兵長は中に手榴弾を投げ込み炎上させた、という(京都新聞社編『防人の詩』インパール編、同社、一九七九年、二八三ページ)。

(32) Navy Department, "Use of Gas by Japanese," RG 165, OPD 385 CWP (3-31-43) TS, NARA. 以下(37)まで〔(34)を除く〕これによる。

(33) James L. Dalton, Jr., "Certificate," Feb. 1, 1943.

(34) W. C. Taylor, Major, US Marine Corps, Bn-Cml Officer, "Gas, Presence of," Jan. 29, 1943.

(35) 『初動要員のための生物化学兵器ハンドブック 実践マニュアル』C—五—一一六—一一七ページ。

(36) A. M. Patch, Major General, XI Chemical Corps, "Use of Gas by Japanese," Feb. 15, 1943.

(37) Orbie Bostick, Major, Office of the Chemical Officer, HQ Americal Division, "Captured Japanese Material," Jan. 30, 1943.

(38) Nimitz to King, Mar. 20, 1943. King to Marshall, Mar. 31, 1943. Marshall to King, Apr. 3, 1943.

(39) 「大陸指第千八百十号別冊 一号作戦要綱」『毒ガス戦関係資料』Ⅱ、二六九—二七〇ページ。

(40) 「大陸指第千八百二十二号」『毒ガス戦関係資料』Ⅱ、二七一ページ。

(41) 同上、二七一—二七二ページ。

(42) 「真田穣一郎日誌」第三二巻、一九四四年七月一二日前後、通巻二三七七—二三七九ページ、防衛研究所図書館所蔵。

(43) 同上、七月一四日前後、通巻二三九九ページ。

(44) 防衛研究所にある「大東亜戦争大陸指綴」一〇巻の目次には大陸指第二〇六一号「特殊煙、特殊弾の使用の件」(発令一九四四年七月一四日)があるが、本文は存在しない(『毒ガス戦関係資料』Ⅱ、二七三ページ)。これは旧軍関係者が自宅などに保管している間に破棄したのではないだろうか。

(45) Carter W. Clarke, General Staff, Special Security Officer, MIS, "Message for the President," and "1 Incl.: Jap Army Message," July 27, 1944, Map Room FDR-Churchill Message, Box 6, Franklin D. Roosevelt Library.

(46) 伊藤隆・照沼康孝編『続・現代史資料 4 陸軍 畑俊六日誌』みすず書房、一九八三年、四七八ページ。

(47) 「大冢文郎備忘録」(陸軍省医務局医事課長)八巻、一九四四年七月二八日、防衛研究所図書館所蔵。なお、

毒ガスの製造中止については、「増田繁雄大佐業務日誌」(陸軍省整備局燃料課長)に「瓦斯の整備を中止し度、従来戦場で使用せるも弾丸を海没し度」という兵器行政本部の意見が記録されている(七巻、七月二八日、防衛研究所図書館所蔵)。八月一日の参謀本部部長会報では、兵器行政本部から、陸軍の総備蓄量は六個師団一会戦分しかない、同量をつめるのに二年かかる、アメリカの生産と比較すると各段の差があり、使用してもらいたくない、毒ガス戦を止めれば銅その他の資材を別の方面に転用できるし、発煙筒をつくることができるので、はやく決心してほしいという意見が出された。これに対して、真田第一部長は、すでに陸軍省軍事課から新しい毒ガスはつくらず、他に転用するという案が廻っている、と答えている。兵器行政本部の要望を受けて、すでに転用プランができているが、そのことが兵器行政本部には伝えられていなかったのである。兵器行政本部は「連絡充分ならず」と不満をのべている(「大塚備忘録」八巻、八月一日)。

(48) Office of the Chief Chemical Officer, GHQ, AFPAC, "Interrogation of Lieutenant Colonel Shinroku Iwakoshi and Lieutenant Colonel Teruto Kunitake," March 13, 1946, RG 493, Entry 53, Box 343, NARA.

(49) 独立混成第一五聯隊速射砲中隊「陣中日誌」一九四四年八月一日—三一日、防衛研究所図書館所蔵。林博史『沖縄戦と民衆』大月書店、二〇〇一年、四四—四六ページ。

(50) 「真田穣一郎日記」三四巻、一九四四年一〇月一〇日前後、通巻二五三九ページ。

(51) John A. Riddick, Office of the Chief Chemical Officer, Headquarters of US Army Services of Supply, "Consolidated Report on Alleged Japanese Use of Vomiting Gas on Biak," April 25, 1945, RG 319, Entry 85A, Box 977, NARA.

(52) "War Crimes: Proceedings of Military Tribunal, Lt. Col. A and Others," 1947–1948, A 471/1, 81637, National Archives of Australia, ACT Regional Office, Canberra. 田中利幸氏提供。"In the Australian War Crimes Court at Hong Kong: Murder of F/Lt. A. D. Nelson, RAAF and Sgt. F. Engels-

man, Royal NEI Air Force on Kilwick Island," 1947, AWM 54, 1010/5/1, Australian War Memorial. 以下両者による。

(53) A元中佐「宣誓書」一九四七年三月二八日、同上所収。以下これによる。

(54) B元中尉「宣誓書」一九四七年四月一七日、同上所収。以下これによる。

(55) C元憲兵少佐「宣誓書」一九四七年一月二四日、同上所収。以下これによる。

(56) 野砲兵第五聯隊付D元軍医少尉「宣誓書」一九四七年二月七日、同上所収。

(57) 第五野戦憲兵隊第九分隊元E憲兵准尉「宣誓書」一九四七年一月一六日、同上所収。

(58) 第五師団司令部F元少尉「宣誓書」一九四七年三月三日、同上所収。

Ⅷ 燼滅戦・殲滅戦下の毒ガス戦　中国戦線　一九四二―一九四四

(1) 防衛研修所戦史室編『北支の治安戦 2』朝雲新聞社、一九七一年、二二一―二二三ページ。

(2) 同上、三九ページ。

(3) 『毒ガス戦関係資料』四五四ページ。

(4) 歩兵第二二四聯隊「冬季山西粛正作戦戦闘詳報」其一、一九四二年二月二日―三月四日、防衛研究所図書館所蔵。

(5) 『北支の治安戦 2』三九―四〇ページ。

(6) 歩兵第二二四聯隊「冬季山西粛正作戦戦闘詳報」其一。青木一夫編『歩兵第二百二十四聯隊史』雪聯隊史刊行会、一九七三年、一八七―一八八ページ。

(7) 歩兵第二二四聯隊「冬季山西粛正作戦戦闘詳報」其一。以下これによる。

(8) 『毒ガス戦関係資料』四五四ページ。

(9) 歩兵第二二四聯隊「冬季山西粛正作戦戦闘詳報」其一。

(10) 『毒ガス戦関係資料』四五六ページ。

(11) 国民政府軍事委員会快郵代電亨第四八八四号、一九四二年四月九日発、中国第二歴史档案館所蔵。斎藤道彦教授の訳による(斎藤「日本軍毒ガス作戦日誌初稿」、中央大学人文科学研究所編『日中戦争――日本・中国・アメリカ』中央大学出版部、一九九三年、

二六一ページ)。この報告はつぎのような経路で蔣介石に伝わった。三月二六日彭徳懐第一八集団軍副司令電報→朱徳総司令代電→何軍政部長密電(蔣介石宛)。
(12) 『毒ガス戦関係資料』四五四ページ。
(13) 『抗戦日報』四二年三月二八日、斎藤「日本軍毒ガス作戦日誌初稿」二六〇ページ。
(14) 支那派遣軍化学戦教育隊「応用材料に依る爆撒要領」一九四一年一一月、『毒ガス戦教育関係資料』二二五―二五七ページ。
(15) 善通寺山砲兵第四〇聯隊の元兵士、倉岡栄太郎氏の証言によれば、この部隊は一九四三年二月頃、湖北省馬橋(咸寧附近)で重慶作戦の準備のためとして、特務機関が逮捕してきた住民三名を山の木に括り付け、一、二キロ離れた所から山砲一門できい弾を発射し、その効力を試す試験を行ったが、住民は二日ぐらい生存していた、という(一九九九年七月二七日、倉岡栄太郎さんからの聞取り、松野誠也氏と共に。亀井鑛『親鸞と戦争を痛む』大法輪閣、一九九八年、八五ページ参照)。このような事例の検証は今後の課題である。
(16) 「井本熊男業務日誌」第二二巻、一九四二年一一月一九日防衛研究所図書館所蔵。
(17) Intelligence Branch, Office Chief, CWS, "Condensed Statement of Information Available Concerning Japanese Use of War Gas," 1944.
(18) 鈴木元中将「中北支における剿共戦の実態と教訓」一九六七年、防衛研究所図書館所蔵。
(19) 海光寺会編『支那駐屯歩兵第二聯隊誌』同会、一九五八年、八、二七―二八ページ。海光寺部隊誌』同会、一九五八年、八、二七―二八ページ。
(20) 鈴木啓久「筆供自述」、新井利男・藤原彰編『侵略の証言――中国における日本人戦犯自筆供述書』岩波書店、一九九九年、一九ページ。
(21) 鈴木「中北支における剿共戦の実態と教訓」。以下これによる。
(22) 『北支の治安戦 2』一五一ページ。
(23) 同上、一五七ページ。以下これによる。
(24) 石島紀之『中国抗日戦争史』青木書店、一九八四年、一一三ページ。
(25) 『北支の治安戦 2』一六四ページ。
(26) 同上、一六七ページ。

(27) 同上、一七一ページ。

(28) この作戦の詳細については石切山英彰氏の優れた研究、『日本軍毒ガス作戦の村』(高文研、二〇〇三年)、および石田勇治・井上久士他編『中国河北省における三光作戦』(大月書店、二〇〇三年)参照。

(29) 上坂勝少将「筆供自述」、『侵略の証言』四一ページ。

(30) 『日本軍毒ガス作戦の村』二八―二九ページ。

(31) 同上、二九―三〇ページ。

(32) 輜重兵第五一聯隊「警備隊参考綴」、一九四四年三月一〇日、アメリカ軍がロスネグロス島で捕獲した資料(ATIS, "Research Report: Japanese Violations of the Laws of War," No. 72,『毒ガス戦関係資料』II、三九二ページ)。輜重兵第五一聯隊は一九四一年関特演に動員され、ついで広東に移動し、一九四二年末聯隊本部と第一大隊がラバウルに上陸し、のちロスネグロス島に移り、全滅した。ラバウルやロスネグロス島は常夏なので、この文書は広東駐留時の記録ではないだろうか。

(33) 『北支の治安戦 2』一六八―一六九ページ。

(34) 歩兵第一六三聯隊史編集委員会『歩兵第百六十三聯隊史』同刊行委員会、一九八八年、三三二ページ。

(35) 柿谷勲夫元防衛大学校教授は、使用されたものは「発煙剤だったのであろう」とし、降伏勧告後「仮に赤筒、緑筒を使用したとしても当時違法ではなかった」という(「朝日新聞よ、新たな「中国人大虐殺」をでっちあげるな」『正論』一九九八年一二月号、一一九―一二〇ページ)。前者の誤りは以下でのべるとして、後者もすでにのべたように間違いである。また、別の論者は「緑筒(催涙性ガス)のみを使用したとみるのが妥当な推測であろう」とのべているが(『中国河北省における三光作戦』二三五ページ)、これもおかしい。なぜなら、その根拠とされているものは、地元住民の証言には赤色の筒が使われたという証言がなく、また、嘔吐したという証言がないからだというものだが、あか筒とは、全体が赤く塗られているのではなく、筒の上部の一部に赤色が帯状に塗られているのである。また、嘔吐性ガスを吸い込んだときの主な症状は、住民たちがいっているように「咳もひどく、呼吸するのが困難」「とにかく喉をやられて非常に苦しかった」

というものである(同、一三五ページ)。その症状は、濃度が極めて低い場合には「クシャミも出る」が、通常では「クシャミ等は出ないで鼻、喉、胸をかきむしられる様に刺戟され、居ても立っても居られない場合が多い」というものである(前掲市野「化学戦兵器(攻撃)の研究」『本邦化学兵器技術史』八五ページ)。

(36) 「大江芳若氏回想録」一九五八年、防衛研究所図書館所蔵、石切山氏発見資料。『日本軍毒ガス作戦の村』四四―四五ページと『中国河北省における三光作戦』七一ページに引用されているが、残念なことに未解読の部分や解読間違いがかなりある。ただ、論旨を損なうほどの間違いではない。

(37) 岡山歩兵第百十聯隊史編纂委員会編『岡山歩兵第百十聯隊史』同聯隊戦友会、一九九一年、三四五ページ。

(38) 歩兵第一一〇聯隊第一一中隊長小田貞良中尉「小あ筒を使用せる北成村附近の戦闘に就て」、上羽修「資料紹介「北疃村事件」をおこした日本軍部隊の毒ガス戦報告書」『戦争責任研究』四二号、二〇〇三年一二月、五七ページ。以下これによる。なお、「北成村」とは、北坦村(北疃村)のことである。

(39) 『北支の治安戦 2』一六八ページ、『日本軍毒ガス作戦の村』二二、三〇ページ。

(40) 姫路歩兵第百三十九聯隊史刊行委員会編『姫路歩兵第百三十九聯隊史』同刊行委員会、一九八五年、三四〇―三四一ページ。以下これによる。

(41) 井上久士「抗日根拠地にたいする「掃蕩」と「反掃蕩」」『中国河北省における三光作戦』三四ページ。

(42) 『北支の治安戦 2』三三六―三三八ページ。以下これによる。

(43) 『毒ガス戦関係資料』Ⅱ、三七八―三七九ページ。

(44) 吉見・伊香俊哉『七三一部隊と天皇・陸軍中央』岩波書店、一九九五年、三九―四二ページ。

(45) 「井本熊男業務日誌」一八巻、一九四二年七月二五日。井上中佐が参謀本部作戦課の井本中佐に報告した記事。これを聞いて、井本中佐は、派遣軍が細菌戦に対して「信頼を持たず厄介視しある現況」であり「将来を相当に考慮せざる可らず」と憂慮している。

(46) 「沢田茂陣中記録」三巻、一九四二年六月一六日、防衛研究所図書館所蔵。日記にある細菌戦関係の記事

を最初に紹介したのは藤本治「浙贛作戦と細菌戦」(日本軍による細菌戦の歴史事実を明らかにする会編『細菌戦が中国人民にもたらしたもの』明石書店、一九九八年)である。

(47) 同上、六月二五日。

(48) 同上、四巻、七月一一日。

(49) 第一三軍司令部「せ号(浙贛)第一期第二期作戦経過概要」一九四二年六月二〇日、『毒ガス戦関係資料』Ⅱ、三七〇ページ。

(50) 同上。

(51) 「例証集」戦例一〇、『毒ガス戦関係資料』四四三ページ。

(52) 以下、「沢田茂陣中記録」三巻、一九四二年六月三〇日。

(53) 『北支の治安戦 2』三六三ページ。

(54) 独立歩兵第九大隊長酒井大佐「酒井支隊東姚集附近の戦闘経過並研究教訓事項」一九四三年六月一日、防衛研究所図書館所蔵。以下これによる。

(55) 山砲兵第三六聯隊本部「十八春太行作戦第一期戦闘詳報」一九四三年四月二〇日―五月三日、『毒ガス戦関係資料』Ⅱ、三七二―三七三ページ。以下これによる。

(56) 同上、及び酒井大佐「酒井支隊東姚集附近の戦闘経過並研究教訓事項」。

(57) 『毒ガス戦関係資料』Ⅱ、三七四―三七五ページ。

(58) 宮崎舜市「一号作戦について」『一号作戦 1 河南の会戦』附録、朝雲新聞社、一九六七年、一ページ。以下これによる。

(59) 防衛庁戦史室『昭和十七、八年の支那派遣軍』朝雲新聞社、一九七二年、四五九ページ。

(60) W. P. Stockwell, "Investigation of Recent Japanese Chemical Warfare Activity, Sixth War Area, China," Feb. 22, 1944, RG 165, Entry 77, Box 2135, NARA. 以下これによる。この情報は、中国第六戦区軍「常徳会戦での日本軍の毒ガス使用概況」(その全文は『日本軍の化学戦』二〇二―二〇四ページに紹介されている。ただし使用一覧表はない。)とほぼ同様のものだが、一部異なるところがある。Chinese D. M. I.'s Office, "A study of use of poison gas by the enemy in the Changteh Battle," May 2, 1944, WO

208/3044, PRO にも類似の情報がある。

（61）中国国民政府軍政部防毒処「民国三十二年度敵軍用毒情況」に集録されている常徳会戦の八七回の使用一覧表は『日本軍の化学戦』二〇四―二〇九ページに紹介されている。

（62）『日本軍の化学戦』二〇七―二〇八ページ。

（63）M. B. DePass, Jr., Military Attaché China, "Study on Japanese Use of Poison Gas," May, 14, 1944, RG 38, Entry 98, Box 230, NARA.

（64）Joint Intelligence Collection Agency, China Burma India, "Intelligence Report No. 128: China (Occupied)-Poison Gas (Alleged Use of by Japanese)," January 28, 1944, RG 165, Entry 77, Box 2135, NARA の同封文書（日本文）。

（65）『日本軍の化学戦』二〇四ページ。

（66）Chinese D. M. I.'s Office, "A Study of use of poison gas by the enemy in the Changteh Battle."

（67）嵐兵団歩兵第百二十聯隊史編纂委員会『嵐兵団歩兵第百二十聯隊史 血涙の記録』下巻、嵐一二〇友の会、一九七七年、一六一ページ。

（68）同上、一六五ページ。

（69）小泉長三郎第一中隊員の回想、迫四会大隊史編纂委員会『迫撃第四大隊史』迫四会本部事務局、一九八五年、七六七ページ。

（70）山田忠夫第三中隊長の回想、同上、七七六ページ。

（71）同上、七七七―八〇九ページ。以下これによる。

（72）『昭和十七、八年の支那派遣軍』五三九ページ。

（73）第三七師団「京漢作戦戦闘詳報」一九四四年四月一日―六月三〇日、防衛研究所図書館所蔵。

（74）独立歩兵第一二大隊「京漢作戦戦闘詳報」一九四四年四月一日―六月三〇日、同上。

（75）第三七師団「京漢作戦戦闘詳報」。

（76）「真田穣一郎日誌」二八巻、一九四四年三月一四日、通巻三一一ページ。

（77）Most Secret Cipher Telegram from AMSSO to JSM Washington, June 28, 1944, WO 208/3044, PRO.

（78）Secret Cipher Telegram from B. A. S., Washington to War Office, June 29, 1944, WO 208/3044, PRO.

(79) Secret Cipher Telegram from Military Attaché, Chungking to War Office, July 5, 1944, WO 208/3044, PRO.

(80) OSS Memorandum for the President, July 9, 1944, Franklin D. Roosevelt Library.

(81) War Department Incoming Classified Message, from CG, US Army Forces, China Burma and India Theater Headquater, CRAX 7282, Franklin D. Roosevelt Library. スティルウェルから陸軍省へ出した電報中に引用されているものである。『ワシントン・ポスト』一九四四年七月七日号にトンプソン大尉の証言が載っている。

(82) "Indian Censorship Calcutta 01182/44: Intercepted Letter Place Calcutta, Date 12. 7, 44, Letter Date 9. 7, 44," WO 208/3044, PRO.

(83) 『続・現代史資料 4 陸軍 畑俊六日誌』四七八ページ。

(84) 『追撃第四大隊史』九七六ページ。

(85) 『血涙の記録』下巻、三七四ページ。

(86) 『追撃第四大隊史』、八八八、九六六、一〇六九ページ。

(87) 同上、九七五ページ。

IX アメリカの毒ガス戦計画と日本 一九四一―一九四五

(1) M. M. Hamilton to Cordell Hull and Sumner Welles, Dec. 2, 1941, Memorandum by S. K. Hornbeck, Dec. 4, 1941, Department of State Decimal File 740. 00116, Pacific War/3, 5, RG 59, Entry Decimal File 1940–44, Box 2927, NARA.

(2) Department of State Decimal File 740. 00116 Pacific War/35.

(3) Department of State Decimal File 740. 00116 Pacific War/32. 以下これによる。

(4) Intelligence Branch, Military Intelligence Division, War Department General Staff, "Military Intelligence, I. B. 152—A: Japanese Use of Poison Gas in China," RG 165, Entry 77, Box 2134, NARA.

(5) Jonathan Daniels ed., *Complete Presidential Press Conferences of Franklin D. Roosevelt*, Vol. 19

–1942, New York, 1972, p. 364.

(6) *Foreign Relations of the United States*, 1943 Vol. 1–General, Washington D. C., 1963, pp. 406–407.

(7) Frederic J. Brown, *Chemical Warfare: A Study in Restraints*. John Ellis van Courtland Moon, "Chemical Weapons and Deterrence: The World War II Experience," *International Security*, 8–4, Spring 1984.

(8) William N. Porter, Major General, Chief of the CWS, "Gas Warfare in the Pacific Theatres," Dec. 17, 1943, RG 165, OPD 385 TS(1943–44), Box 82, NARA. Moon(1984), p. 17. 以下ポーターの書簡による。

(9) Ibid. 同封文書による。この戦闘での死傷者は、日本軍が死者四六九〇名(他に捕虜一七名)、アメリカ軍が死者一〇九二名、負傷者二六八〇名だった(死者三〇〇〇名、負傷者一〇〇〇名という説もある)という(Bridget Goodwin, *Keen as Mustard: Britain's horrific chemical warfare experiments in Australia*, Queensland, 1998, p. 130.)。

(10) Thomas T. Handy, Assistant Chief of Staff, "Memorandum for the Deputy Chief of Staff," Dec. 27, 1943, RG 165, OPD 385 TS, Sec. 1. Moon(1984), p. 17.

(11) Moon(1984), p. 16.

(12) A. C. Wedemeyer, Commanding General, US Forces, China Theater, "Chemical Warfare Policy," May 21, 1945, RG 165, OPD 385 TS(1945), Sec. 1, NARA. Brown, p. 279.

(13) JCS 825, "Retaliatory Measures of Warfare against Japan," April 18, 1944, Allied Chemical Warfare Program, RG 218, JCS 1942–1945, CCS 441. 5(8–27–42), Sec. 3, NARA. 以下これによる。

(14) JCS 825/1, "Implications of Retaliatory Chemical Warfare against the Japan," RG 218, CCS 441. 5(8–27–42), Sec. 4, NARA.

(15) JCS 825/2, "Capabilities of Implementing a Decision to initiate Retaliatory Chemical Warfare against the Japanese," Aug. 18, 1944, CCS 441. 5(8–

27–42), Sec. 4.

(16) JCS 825/3, "Capabilities of Implementing a Decision to initiate Retaliatory Chemical Warfare against the Japanese," Aug. 29, 1944, CCS 441. 5 (8–27–42), Sec. 4.

(17) JCS 825/4, "Capabilities of Implementing a Decision to initiate Retaliatory Chemical Warfare against the Japanese," Oct. 7, 1944, CCS 441. 5 (8–27–42), Sec. 4.

(18) Joint Logistic Committee, "Discussion and Logistic Implications." JCS 825/4 付属文書。

(19) JCS 825/5, "Theater Plans for Chemical Warfare; Memorandum by the Chief of Staff, US Army," March 5, 1945, RG 218, CCS 441. 5 (8–27–42), Sec. 5.

(20) Headquarters Tenth Army, Office of the Commanding General, "Tentative Operation Plan No. 1–45: Iceberg, Chemical Warfare," January 1, 1945; Tenth Army, "Action Report: Ryukyus, 26 March to 30 June 1945," RG 407, Tenth Army 110–0. 3, Box 2942, 2940, NARA.

(21) Headquarters Tenth Army, Office of the Commanding General, "Tentative Operation Plan No. 1–45: Iceberg, Chemical Plan," January 1, 1945, RG 407, Tenth Army 110–0.13, Box. 2942.

(22) Buckner, Commanding, Headquarters, Tenth Army, "Tentative Operations Order No. 11–45, Iceberg Ⅲ d-Friction," May 17, 1945, RG 407, Tenth Army 110–3.17, Box 2983, NARA.

(23) Moon (1984), pp. 21–22.

(24) J. J. McCloy, "Memorandum of Conversation with General Marshall," May 29, 1945, RG 107, Stimson Safe File, Box 12, NARA. Moon (1984), p. 22.

(25) Moon, "Project SPHINX: The Question of the Use of Gas in the Planned Invasion of Japan," *Journal of Strategic Studies*, 12–3, Sept. 1989, pp. 308–313. 以下これによる。

(26) JCS 825/6, "Theater Plans for Chemical Warfare," June 13, 1945, June 19, 1945, CCS 441. 5 (8–27–42), Sec. 6. Brown, p. 273.

(27) Chief of Staff, "Memorandum for Admiral King," June 14, 1945, RG 165, OPD 385 TS(1945), Case 14, NARA. Moon(1984), p. 22.

(28) Colonel M. E. Baker, Captain Bruce A. Davis, Captain Orris R. Evers, CWS, "A Study of the Possible Use of Toxic Gas in Operation Olympic," June 9, 1945, Aberdeen Proving Ground Historical Office. 以下これによる。

(29) この文書は、最高機密(トップ・シークレット)だったが、戦後、極秘(シークレット)文書に格下げする際には「オリンピック作戦における実行可能な報復的毒ガス使用の研究」と書き直し、結論の部分も簡単に「報復的ガス使用は日本人の生命を国民的規模で崩壊させるかもしれない」と直してタイプ印刷するように指示する手書きの書き込みがある。このことは、化学戦統轄部隊自身がそれを認めていて文書を改竄しようとしていたことを示している。

(30) JAB, "2nd Draft," June 17, 1945, RG 165, P&O, ABC 475. 92(8-28-42), Box 576, NARA." 以下これによる。

(31) M. S. Johnson, "Memorandum for General Lincoln," June 20, 1945, ABC 475. 92(8-28-42).

(32) "Extract from C. O. S.(45)185th Meeting: Item 10 held on 27. 7. 45," WO 203/6255, PRO. マウントバッテンの政治顧問、デニングは、マウントバッテン提督が「マッカーサー将軍はガスの大規模な使用が許可されるよう望んでいる。これは君の電報に関係するかも知れないが、もちろんオフレコだ」と語ったと、七月一七日にメモしている(P. A./S. A. C., "C. O. S: SCM/625/45," July 17, 1945, WO 203/6255, PRO.)。

(33) Brown, p. 287.

(34) William D. Leahy, "Memorandum for General Marshall," June 20, 1945, RG 165, OPD 385 TS(1945), Sec. 1. Moon(1984), p. 23.

(35) Chief of Staff, "Memorandum for Admiral Leahy," June 21, 1945, OPD 385 TS(1945), Sec. 1. Moon(1984), p. 24.

(36) G. C. Marshall, "Memorandum for General Hull," July 3, 1945, RG 165, ABC 475. 92(8-28-42).

(37) JCS 825/8, "Availability and Production of

Chemical Munitions: Memorandum by the Chief of Staff," July 6, 1945, RG 218, CCS 441. 5(8–27–42), Sec. 6, NARA. これが過大な見積りであったことは間もなく判明する(Brown, p. 275.)。

(38) JCS 825 / 9, "Availability and Production of Chemical Munitions: Memorandum by the Chief of Staff," Aug. 13, 1945, CCS 441. 5(8–27–42), Sec. 6.

(39) "Chemical Warfare Policy: Memorandum by the Chief of Staff," July 21, 1945, WO 203 / 6255, PRO.

(40) J. E. Hull, Assistant Chief of Staff, OPD, "Availability and Production of Chemical Munitions," August 9, 1945, RG 165, ABC 475.92 (2–25–44), Sec 1.

(41) JCS 825 / 9, "Availability and Production of Chemical Munitions," Aug. 13, 1945, CCS 441. 5(8–27–42), Sec. 6.

(42) この中に、ドイツ軍が生産したタブン・サリンが含まれているかどうかは不明である。『デザレット・ニュース』(ソルトレークシティ)のリー・ディビットソン通信員は、統合参謀本部は神経ガスの使用を計画したとのべているが、根拠となる出典が書かれておらず、事実かどうか確認できない(*Deseret News*, August 4, 1994)。

(43) Joint Intelligence Staff, "Japanese Intentions and Capabilities for Waging and Resisting Gas Warfare," April, 19, 1945, CCS 441. 5(8–27–42), Sec. 6.

(44) 兵器行政本部「化学兵器の処理に関する意見案」一九四五年一一月六日、同「瓦斯に関する綴」所収、防衛研究所図書館所蔵。"Intelligence Report," Vol. 4 May 15, 1946, RG 319, Entry 82, Box 1798によれば三六四七トンである。

(45) "Intelligence Report," Vol. 4.

(46) 「瓦斯に関する綴」。

(47) "Intelligence Report," Vol. 4.

(48) 鶴尾「相模海軍工廠(化学兵器製造)に関する報告書」一九八七年。

(49) 海軍省「毒瓦斯及其の充塡兵器処理に関する件」附表、一九四五年九月。

(50) Pacific Office of the Chief Chemical Officer, GHQ, AFPAC, "Interrogation of Captain Sadao Tsuruo," May 7 1946.

(51) Yasuo Kitazato, "Policy and Intention of the Japanese Navy in the Use of Chemical Weapons," March 12 1946, RG 493, Entry 53, Box343, NARA.

(52) Ibid.『相模海軍工廠』三八ページ。

(53) Pacific Office of the Chief Chemical Officer, GHQ, AFPAC, "Interrogation of Commander Yasuo Kitazato," March 12, 1946, RG 493, Entry 53, Box343, NARA.

(54) 鳥潟博敏海軍技術少佐「野外実験の思い出」『相模海軍工廠』一四七ページ。

(55) Alden H. Waitt, Acting Chief of Chemical Warfare Service, "Use of Gas in the Pacific Theaters," Tab K, June 5, 1944, RG 165, ABC 475. 92 (25-2-44), Sec. 1-A, Box 577, NARA.

(56)『本邦化学兵器技術史』一三六―一三七、一三九ページ。

(57) 同上、一六四ページ。

(58) 同上、一六二―一六三ページ。

(59) 教育総監部「青酸に対する防護」『毒ガス戦関係資料』II、一一三ページ。

(60) 前掲、A元少将「化学戦研究の思出」一九五六年。

(61) "Target No. 5001: Nippon Gomu Company, Ltd.," RG 319, Entry 85 A, Box 1598. "Target No. CW 5032: Kyowa Kako KK," RG 319, Entry 85 A, Box 1572, NARA.

(62)『本邦化学兵器技術史』一五一ページ。

(63) 内務省「時局防空必携」一九四三年改訂版、「東京大空襲・戦災史」編集委員会編『東京大空襲・戦災史』三巻、東京空襲を記録する会、一九七五年、六〇二ページ。

(64) 国武中佐が一九四六年三月一三日にアメリカ陸軍太平洋軍に提出した文書、Lieutenant Colonel Teruto Kunitake, "Data for Questionnaires on Chemical Warfare," RG 493, Entry 53, Box343, NARA.

(65) 学術振興会第三一防空小委員会久徳知至委員『瓦斯の市街地に於ける流れに関する第一回実地試験報告』一九四〇年一一月二〇日、一―一四ページ。

(66) William N. Porter, Chief, Chemical Warfare Service, "Memorandum for the Director, New Development Division, WDSS: The Use of Gas against Caves," July 13, 1945, RG 165, ABC 475. 92 (8–28–42), NARA.

(67) Barton J. Bernstein, "America's Biological Warfare Program in the Second World War," *Journal of Strategic Studies*, 11–3, Sept., 1988, p. 311.

X 敗戦・免責・遺棄・投棄

(1) 常石敬一『医学者たちの組織犯罪』朝日新聞社、一九九四年、六三ページ。

(2) "Intelligence Report," May 15, 1945, Vol. 1, RG 319, Entry 82, Box T116, NARA.

(3) American Embassy, Chungking, "Transmitting Second List of Major Japanese War Criminals," April, 1946, RG153, Box. 110, NARA.

(4) Poison Defense Bureau, Army Office of the Chinese Government, translated by 5250th Technical Intelligence Company, "The Use of Poison Gas by Imperial Japanese Army in China 1937–1945," June 15, 1946, RG 319, Box 2205, NARA.

(5) モロー大佐覚書、一九四六年三月一日、Sheldon H. Harris, *Factory of Death*, London and New York, 1994, p. 180.

(6) 粟屋憲太郎「東京裁判への道」②『朝日ジャーナル』一九八四年一〇月一九日号、四一ページ。

(7) 同上、四三ページ。

(8) Thomas H. Morrow, "Report of Trip to China," Extracts, April 16, 1946, RG 493, Entry 53, Box 343, NARA.

(9) 「極東国際軍事裁判起訴状」。

(10) この書簡は、John C. MacArthur to Alden H. Waitt, "Indictment of Japan for Use of Gas," May 29, 1946, Aberdeen Proving Ground Historical Office に引用されている。

(11) Ibid.

(12) Waitt to Geoffrey Marshall, May 15, 1946, Aberdeen Proving Ground Historical Office. 以下これによる。

(13) ウェイト長官は以前から毒ガス使用は違法ではないとのべていた。たとえば、大佐時代の一九四二年には、一九二三年二月七日にグアテマラ、サルバドル、ホンジュラス、コスタリカとの間で結んだアメリカ大陸でのガス不使用協定以外には、使用を禁止するいかなる条約にもアメリカは加入していないので「法的にいかなる敵に対しても化学兵器を使用しても構わない」と主張していた(Waitt, "Gas Warfare: The Chemical Weapon, Its Use, and Protection Against It," 1942, RG 165, Entry 77, Box 2134, NARA)。

(14) Marshall to Waitt, May 8, 1946, RG 493, Entry 53, Box 343, NARA.

(15) John C. MacArthur, "Indictment of Japan for Use of Gas." 以下これによる。

(16) Chief of Staff, War Department to CINCAFPAC(For Keenan, IPS), WAR 89849, June 1, 1946, R 6-9, Incoming Messages, Box 99, Douglas MacArthur Archives. USAFPAC, AG, Radio and Cable Section Messages 1944-1946, RG 496, Entry 245, Box 1884, NARA.

(17) War Department, *FM 27-10 Basic Field Manual: Rules of Land Warfare*, Washington D. C., 1940, pp. 8-9, RG 153, Entry 135, Box 106, NARA.

(18) 粟屋「東京裁判への道」④『朝日ジャーナル』一九八四年一一月二日、三五ページ。

(19) A471/1, 81637, National Archives of Australia, ACT Regional Office, Canberra.

(20) 「国民政府主席武漢駐劄戦犯審判軍事法庭判決 中華民国第三十五年度審字第〇一三号」、「外地における本邦人の軍事裁判関係 中国の部「判決文」綴(日本文)」、D'1302511'、外交史料館所蔵。中央档案館・中国第二歴史档案館・吉林省社会科学院編『細菌戦与毒気戦』中華書局、一九八九年、六二二一六二三ページ。

(21) 「台湾省警備総司令部戦犯裁判軍事法庭判決 一九四六年度審写第一号」、D'1302511'。

(22) 姫田光義「中国共産党の捕虜政策と日本人戦犯」、新井利男・藤原彰編『侵略の証言』二九九一三〇〇ページ。

(23) 豊田雅幸「中国側資料からみた山西省における毒ガス戦」、粟屋編『中国山西省における日本軍の毒ガス戦』六九ページ。

(24)『侵略の証言』二七八ページ。東京裁判ハンドブック編集委員会編『東京裁判ハンドブック』青木書店、一九八九年、一二九―一三〇ページ。

(25)大湊警備府「局地的終戦処理概報」第二号(一九四五年九月一七日―一〇月六日)は二〇〇〇発、海軍省「毒瓦斯及其の充塡兵器処理に関する件」は三〇〇〇発だとしている(環境省公表資料)。

(26)『読売新聞』一九七二年七月一〇日。宇垣長官も投棄した数は二〇〇〇発だとしている。

(27)習志野学校関係者の証言、厚生省援護局調査課「化学兵器処理等調査票」(一九七二年八月)所収、環境省公表資料。

(28)第二復員省大臣官房連絡部長「化学戦資材の件回答」一九四六年三月九日、環境省公表資料。"Intelligence Report," Vol. 4.

(29)鶴尾「相模海軍工廠設立経緯および始末」。

(30)復員局連絡課長「浜名湖に投棄した軍需品について」一九五〇年一月一九日、および元三方原教導飛行団教導防護隊長「化学兵器処理等調査表」一九七三年、環境省公表資料。環境省『昭和48年の「旧軍毒ガス弾等の全国調査」フォローアップ調査報告書』同省、二〇〇三年(以下『フォローアップ調査報告書』と略す)、一五八ページ。

(31)『フォローアップ調査報告書』一七四ページ。

(32)『朝日新聞』一九七二年五月二七日。

(33)"CWS Historical Report for Military Occupation of Japan through Oct. 1945," RG 407, Box 2872, NARA.

(34)"Intelligence Report," Vol. 4.「化学戦資材の件回答」では三三三トン。

(35)"CWS Historical Report for Military Occupation of Japan through April 1946", RG 407, Box 2872, NARA. BCOF, Occupation Zone Japan, "Disposal Report, Chemical Munitions: Operation Lewisite," May 8 to 30 Nov., 1946, RG 338, Entry FEC G-2 Library, Box 3807, NARA. 後者の所在は方善柱教授のご教示による。

(36)『フォローアップ調査報告書』二一七―二一八ページ。

(37) 第二復員局「各航空廠引渡目録」第二巻、および佐世保地方復員局「鹿児島地区(出水、人吉、富高、鹿屋を含む)引渡目録」一九四五年、環境省公表資料。

(38) 元海軍大佐(第一二航空廠総務科長)の証言、「旧海軍の化学兵器処理等調査票」一九七二年六月三〇日、環境省公表資料。

(39) "Disposal Report, Chemical Munitions: Operation Lewisite." 以下、大久野島の廃棄作業は特に断らない限りこれによる。

(40) 福島克之『帝人の歩み ⑤ 灰燼』帝人、一九七〇年、二〇一ページ。

(41) NHK広島放送局製作「毒ガス工場解体」一九九九年八月一六日、広島放送局放送。

(42) 『帝人の歩み ⑤ 灰燼』二〇五ページ。

(43) 環境事務次官から各都道府県知事あて「旧軍毒ガス弾等の調査について(依頼)」(環境総第一一六号)一九七二年六月一三日。

(44) 『参議院予算委員会第四分科会会議録』一九七三年四月六日。

(45) 『フォローアップ調査報告書』二三六ページ。

(46) 『フォローアップ調査報告書』九四ページ。

(47) 毒ガス被害者をサポートする会への青塚美幸さんのメッセージ、二〇〇三年八月三一日。青塚美幸さんからの聴取り(二〇〇四年四月五日、川田文子氏と共に)。

(48) このため、二〇〇三年、環境省が中心となって、一九七三年の調査のフォローアップ調査が実施され、詳細な報告書が公表された。その結果、毒ガスの保有は三四ヵ所、遺棄・投棄は四四ヵ所、投棄後の発見・処理・掃海・調査等は八二三件で、うち被災は六三件もあることが判明した(『フォローアップ調査報告書』一、一九―四三ページ)。

(49) "'Magic'—Far East Summary," SRS 523, August 26, 1945, RG 457, Entry 9001, Box 7, NARA. 林博史氏提供。

(50) 留守業務局「資料旬報」四八号、一九四八年八月二五日、防衛研究所図書館所蔵。

(51) 紀学仁『日本軍の化学戦』三四二ページ。

(52) 「陳述書」、東京地方裁判所・平成八年(ワ)第二四二三〇号日本軍毒ガス・砲弾遺棄被害損害賠償請求事件甲第一二一号証、二〇〇一年七月二三日。

(53) People's Republic of China, "Some information on discovered chemical weapons abandoned in China by a foreign State," CD/1127, CD/CW/WP. 384, Feb. 18, 1992, Conference on Disarmament.

(54) 王義傑・王仁学・陳延生「中国侵略日本軍が敦化に遺棄した毒弾およびその処理」『戦争責任研究』一二号、一九九六年六月、六二—六四ページ。なお、一九六五年から六六年にかけて埋設したものの中にはソ連式の焼夷弾や「毒弾」もあったという。

(55) 日本国際問題研究所『中国における遺棄化学兵器の状況に関する調査結果総括報告書』同研究所、一九九八年、三ページ。

(56) 東京地方裁判所・平成八年(ワ)第二四二三〇号「日本軍毒ガス・砲弾遺棄被害損害賠償請求事件訴状」(第一次訴訟訴状)、一九九六年一二月九日。歩平『日本の中国侵略と毒ガス兵器』明石書店、一九九五年、二七二—二七三ページ。

(57) 歩平『日本の中国侵略と毒ガス兵器』二七七—二七八ページ。

(58) ハルビンでの李臣さんからの聞取り、一九九五年一一月二八日、社会党・専門家調査団と共に。

(59) 『読売新聞』二〇〇三年八月九日。『朝日新聞』八月二三日。

(60) 同上、および『人民日報』日文版、二〇〇三年八月二七日。

おわりに

(1) 藤原彰『南京の日本軍』大月書店、一九九七年、七七—七八ページ、大日方純夫・山田朗編『講座 戦争と現代』三巻、大月書店、二〇〇四年、二四九—二五六ページ参照。山田氏は、日露戦争での日本軍は白兵突撃に頼らない火力主義だったとし、日露戦後に白兵主義に転換する理由として、日本の工業生産力と財政による制約、砲兵運用の誤り(榴弾ではなく、榴散弾を多用したことによる失敗)、白兵主義をとるロシアに対しては銃剣突撃はかなり有効だったことを挙げている。

(2) 白兵第一主義と毒ガス使用の関係については、松野誠也「日本陸軍による化学兵器の配備・実戦使用と十五年戦争」(専修大学修士論文、二〇〇〇年一月)が詳しく論じている。

(3) アンジェロ・デル・ボカ編『ムッソリーニの毒ガス――植民地戦争におけるイタリアの化学戦』大月書店、二〇〇〇年、一一—一四ページ。

(4) C. D. R. 5, "Enemy C. W. and Smoke Intelligence Summary," No. 115, May 31, 1949. 拙稿「日本軍の毒ガス戦とアメリカ」『戦争責任研究』四〇号、二〇〇三年六月、一一ページ参照。

(5) 重信卓三「大久野島毒ガス工場旧従業員の臨床的観察」『広島大学医学部雑誌』二一巻七・八号、一九七三年八月、八三ページ。

(6) 西本幸男『毒ガス障害研究のまとめ――退官記念最終講義』二〇〇〇年、私家版、二八ページ。山木戸道郎・西本両教授の研究によれば、一九五二年当時の毒ガス障害者一六三二名のうち、呼吸器系癌にかかった者は一九八二年までに一四一名になり、イペリット・ルイサイトの製造に従事した六七四名中では七四名に達していた。毒ガス障害者にみられる癌の特徴は「職業性肺癌として認識される」と結論づけられた(山木戸道郎・西本幸男「毒ガス障害者の気道癌――その後」『代謝』二三巻、臨時増刊号、一九八六年、四、七ページ)。

(7) 『毒ガス戦関係資料』五三五ページ。

(8) 『日本軍の化学戦』三三一ページ。

(9) Moon (1984), p. 31.

(10) 『日本軍の化学戦』三四七―三四八、三五二ページ。

(11) 秦郁彦『現代史の争点』文藝春秋、一九九八年、二八二―二八三ページ。

(12) 防衛庁戦史部「公文書の公開審査実施計画」一九八三年一二月二〇日、防衛庁提供。

(13) 二〇〇一年一〇月、防衛庁防衛研究所は糜爛性ガスの使用例九例を含む、陸軍習志野学校案「支那事変に於ける化学戦例証集」を公開した。防衛庁はこの重要資料を所蔵していたのであるから、戦史資料から「確認することが不可能でございました」というのは虚偽の答弁だったことになる。なお、防衛研究所所蔵のこの版は、表紙に英文で"IŌ JIMA 6 Aug."と書かれているので、一九四五年八月六日に米軍が硫黄島で捕獲したのであろう。また、"ATIS Enemy Publication," No. 310 (Jan. 23, 1945) と重複するもの、と書かれているから、米軍はもう一冊捕獲していたことになる(ATISが第三一〇号で実際に英訳したものは、別の資料だが)。

(14) 『ムッソリーニの毒ガス』四〇―四一ページ。この書面には長文の前置きがあり、最後に短く使用の事実を認めており、アンジェロ・デル・ボカ氏は「曖昧文の傑作」だと皮肉っている(四〇ページ)。

(15) 『毎日新聞』二〇〇三年一二月三一日。

あとがき

一九八四年に毒ガス戦の研究を開始してから、あっという間に二〇年が経過した。年月をかけた割には成果に乏しいという思いを禁じえないが、それでも思い出の多い仕事となった。

一九八八年、常石敬一さんのお勧めにより、カリフォルニア大学サンディエゴ校で開かれたシンポジウムで、日本軍の毒ガス戦に関する報告をはじめて英語で行なったが、その時の緊張感と冷や汗を、サンディエゴの晴れて乾いた気候とともに今でも思い出す。

翌年三月から二年間、メリーランド大学歴史学部に留学(遊学)し、マーリン・J・メーヨー教授にアドバイザーになっていただいた。アメリカ占領軍検閲の日本雑誌を見るかたわら、当時、スートランドにあった国立公文書館に通って毒ガス戦関係の資料を集めたが、自動車で往復した首都環状道路の光景がなつかしい。ローズベルト大統領図書館・マーシャル図書館・カナダ国立公文書館などを訪ねる旅も楽しいものだった。また、一九九一年初めにエッジウッド兵器廠があったアバディーン実験場に行き、歴史部で大量の資料を無料でコピーしていただいたことも忘れられない。ちょうど湾岸戦争が始まった時で、生物化学戦に対処する訓練が行なわれていて、化学戦部隊の色鮮やかな戦闘服をきた兵士が行き交っていたが、その基地に外国からの一研究者の入構を認めるおおらかさに感嘆したものである。

米国立公文書館には一九九二年以降も何度も渡米して通った。また、イギリス国立公文書館やオーストラリア戦争記念館・同国立公文書館でも資料を集めた。国内では、防衛庁防衛研究所図書館のほか、大久野島毒ガス資料館・毒ガス島歴史研究所などや辻田文雄氏に大変お世話になった。アジア歴史資料センターができ、関連資料の検索が容易かつ網羅的にできるようになったことも特筆したい。また、一九九五年には社会党の調査団(大脇雅子・栗原君子両参議院議員)に招かれて、山本戸道郎教授・綿貫礼子氏や常石さんとともに、ハルバ嶺・チチハル市フラルキ区などの遺棄毒ガスの状況や被毒者(佳木斯《ジャムス》)の調査に参加した。

こうして、多くの資料が集まったが、アメリカ政府による免責の決定的な資料は見つからず、本にまとめる踏ん切りがなかなかつかなかった。このため、二〇〇〇年八月にマッカーサー文書館でついに発見した時のうれしさは何ともいえなかった。ホテルに帰ってから、これで区切りがついたという思いが湧きあがってきた。

本書は、新稿を書き下ろすとともに、つぎのような拙稿がある部分はそれを取捨選択し、新資料を追加し、誤りを正し、一貫した著作にしたものである。

「日本軍の毒ガス戦――武漢作戦の場合」『学員時報』(中央大学学員会)一九八四年一一月一〇日号。

「毒ガス作戦の真実」『世界』四七九号、一九八五年九月(粟屋憲太郎氏と共同執筆)。

「日本軍の毒ガス作戦――中国・マレー・シンガポール・ビルマにおける使用の一端」『中央評論』一七四号、一九八五年一二月(藤原彰ほか編『南京事件を考える』大月書店、一九八七年に再録)。

「化学戦覚書」『中央大学論集』九号、一九八八年三月。

「日本軍の毒ガス作戦」、藤原彰監修『戦争の真実を授業に』あゆみ出版、一九八八年。

「旧日本軍は毒ガスを使っていた」『朝日ジャーナル』一九八八年一二月一六日号。

「米国の日本殲滅「毒ガス作戦」の全容」『現代』二五巻一〇号、一九九一年九月。

「日本軍はどのくらい毒ガスを生産したか」『戦争責任研究』五号、一九九四年九月。

「戦争犯罪と免責――アメリカはなぜ日本の毒ガス戦追及を中止したか」『戦争責任研究』二六号、一九九九年一二月。

「日本軍の毒ガス戦――シベリア戦争から徐州会戦・安慶作戦まで」『商学論纂』四二巻六号、二〇〇一年三月。

「日本軍の毒ガス戦――イペリット・ルイサイトの使用　1939–1941」『商学論纂』四四巻六号、二〇〇三年六月。

「日本軍の毒ガス戦とアメリカ」『戦争責任研究』四〇号、二〇〇三年六月。


毒ガス戦の史実を最初に本格的に掘り起したのが粟屋憲太郎さんであったことはすでにのべたが、その功績はいくら称えても称え過ぎではない。また、粟屋さんと藤原彰さんとの共同執筆「史料　陸軍習志野学校「支那事変ニ於ケル化学戦例証集」」(『歴史と人物』一六五号、一九八四年一一月)は研究の基礎を築いた大きな成果であった。当初は、粟屋さんと共同で本を書くはずであったが、私のわがままで、単独で書くことを許していただいた。また、松野誠也君とは、共同で資料集を刊行し、多くの資料を相互に融通した。彼はこのテーマですでに卒業論文・修士論文を執筆している。そして、今、その成果を本にまとめていると聞くが、その一日も早い刊行を期待したい。

本書が完成するまでには、粟屋・常石・松野各氏のほか、青塚美幸、荒敬、安藤正人、伊香俊哉、井上明美、上杉聰、遠藤十九子、太田昌克、岡田清、小原博人、糟川良谷、木畑洋一、倉岡栄太郎、斎藤道彦、田島一成、田中利幸、辰巳知司、辻田文雄、林博史、藤沢整、藤原彰、南典夫、村上初一、山木戸道郎、吉田裕、吉村敬子、方善柱各氏、Dr. Marlene J. Mayo, Dr. R. John Pritchard, Mr. Will Mahoneyをはじめ、多くの方々に助けていただいた。また、アメリカ国立公文書館・アメリカ議会図書館・ローズベルト大統領図書館・マーシャル図書館・マッカーサー文書館・オーストラリア戦争記念館・同国立公文書館・イギリス国立公文書館・防衛庁防衛研究所図書館・日本国立公文書館・国会図書館憲政資料室・三井鉱山株式会社・三井文庫・大久野島毒ガス資料館・毒ガス島歴史研究所・狭山市立博物館、竹原市役所・銚子市役所・環境省・中央大学図書館の方々のご援助を戴いた。記して厚くお礼申し上げたい。

本書は、中央大学一九八九年度在外研究、一九九九・二〇〇〇年度科学研究費補助金基盤研究(A)(2)「第二次世界大戦期アジアにおける文書記録史料の略奪・廃棄・流出等に関する調査」、二〇〇二・二〇〇三年度科学研究費補助金基盤研究(A)(1)「旧日本植民地・占領地におけるアーカイブズ政策と記録伝存過程の研究」、日中友好会館日中平和友好交流計画歴史研究支援事業二〇〇一年度助成「戦中戦後期における日中米関係の新資料に基づく総合的研究」による研究成果の一部である。

本書は、完成稿を作った上で出版社に刊行を依頼したいと夢想していたが、とんでもない誤りであった。いつまでも完成しないのである。そこで、岩波書店の吉田浩一氏にお願いしたところ、快諾していただき、彼の適切なアドバイスもあって、あっという間に完成していった。また、私の勝手な思い込みも一つひとつ訂正することができた。著者にとって編集者の存在がいかに重要であるか、改めて思い知った次第である。深く感謝したいと思う。

書き終わった現在、なお夢想していることがある。それは、毒ガス戦問題の今後の課題だが、日本はせっかく中国で大規模な廃棄事業を行なうのであるから、問題の根本的な解決を図るために、日本の国会で化学兵器完全廃絶・絶縁宣言を出すことにしたらどうであろうか、というものである。化学兵器禁止条約による義務を忠実に実行するというだけでなく、過去の毒ガス戦に関わる資料の全面的公開と真相究明、事実と責任の承認、個人賠償の実施、再発防止措置の実行を約束する廃絶・絶縁宣言である。過去の負の「遺産」を一掃し、日本の国際的信用を高め、とくに東アジアにおける相互信頼の世界を作り出すために、このような思いきった政策を展開することは、本当に不可能なことであろうか。

二〇〇四年六月一二日　八王子市東中野の中央大学研究室にて

吉見義明

■岩波オンデマンドブックス■

毒ガス戦と日本軍

2004年7月28日　第1刷発行
2004年10月15日　第2刷発行
2017年4月11日　オンデマンド版発行

著　者　吉見義明《よしみよしあき》

発行者　岡本　厚

発行所　株式会社　岩波書店
〒101-8002　東京都千代田区一ツ橋2-5-5
電話案内　03-5210-4000
http://www.iwanami.co.jp/

印刷／製本・法令印刷

ISBN 978-4-00-730587-0　　Printed in Japan